国家自然科学基金青年科学基金项目"企业战略性慈善行为：
基于不确定性环境的保险策略"（项目批准号：71702041）

高管早期经历
与企业战略决策研究

王文姣　傅　超　著

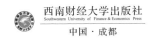

西南财经大学出版社
Southwestern University of Finance & Economics Press
中国·成都

图书在版编目(CIP)数据

高管早期经历与企业战略决策研究/王文姣,傅超著.—成都:西南财经大学出版社,2022.12
ISBN 978-7-5504-5533-7

Ⅰ.①高… Ⅱ.①王…②傅… Ⅲ.①企业—管理人员—影响—企业战略—战略管理—研究—中国 Ⅳ.①F279.24

中国版本图书馆 CIP 数据核字(2022)第 163866 号

高管早期经历与企业战略决策研究

GAOGUAN ZAOQI JINGLI YU QIYE ZHANLÜE JUECE YANJIU

王文姣 傅 超 著

责任编辑:李晓嵩
责任校对:王甜甜
封面设计:何东琳设计工作室
责任印制:朱曼丽

出版发行	西南财经大学出版社(四川省成都市光华村街 55 号)
网 址	http://cbs.swufe.edu.cn
电子邮件	bookcj@swufe.edu.cn
邮政编码	610074
电 话	028-87353785
照 排	四川胜翔数码印务设计有限公司
印 刷	四川五洲彩印有限责任公司
成品尺寸	170mm×240mm
印 张	16.5
字 数	320 千字
版 次	2022 年 12 月第 1 版
印 次	2022 年 12 月第 1 次印刷
书 号	ISBN 978-7-5504-5533-7
定 价	98.00 元

前言

　　早期经历对个人的性格特质和行事风格具有重要的影响，关注高管的早期经历对了解企业决策背后的逻辑具有十分重要的现实意义。已有研究基于高阶梯队理论、烙印理论等，从贫困饥荒经历、自然灾害经历、知青经历以及从军经历等角度研究高管早期经历对企业决策的影响。从军经历作为一种既特殊又重要的人生经历，对高管的认知模式、价值观以及行事风格的影响不容忽视。本书关注的高管早期经历即高管的从军经历。中国作为世界军事强国，现役军人规模庞大，军人退伍后进入企业等市场经济组织后，将成为中国市场经济中特殊而又重要的一类群体。基于中国"新兴+转型"期的市场制度背景，中国上市公司内外部治理机制仍不健全，公司面临的外部环境和自身的战略布局均存在特殊性，这使得高管在企业决策中的"人治"作用尤其突出。因此，研究中国上市公司高管从军经历对企业战略决策的影响是一项十分重要的课题。

一、主要研究内容

从军经历塑造了高管激进的性格特质与特立独行的行事风格，势必在企业的战略管理中有所体现（以下将具有从军经历的高管统称为"军历高管"）。战略定位作为企业战略管理过程中的关键环节，目的在于创造一个独特的、有价值的竞争地位。战略定位为企业战略目标的制定、战略决策的执行提供了依据，同时也反映出高管以往经验和背景所形成的认知特征和行事风格。因此，军历高管所在企业的战略定位有何特点成为本书首要明晰的问题。

进一步地，战略定位的关键在于企业资源往往是有限的，为了实现资源的最优配置，企业势必在资源投入的过程中有所取舍。因此，本书将研究视角从企业战略定位转移到具体的战略性投资。战略性投资是与企业战略发展密切相关的，有助于实现企业长期战略目标的经济资源投入。市场化战略与非市场化战略对企业获取与维持竞争优势都产生了重要影响，且两者在资源投入方向上存在较大差异。基于此，本书区分了市场化战略投资与非市场化战略投资，重点考察军历高管对这两种战略性投资的影响是否存在差异。市场化战略强调企业边界内的资源属性与能力，因此市场化战略投资着重在企业内部生产经营能力建设等方面进行资源投入。战略性并购作为企业市场拓展、战略调整的有效手段，在获取战略资源、实现资源优化配置和产业结构升级等方面具有关键的战略意义。因此，本书基于战略性并购的视角对军历高管与企业市场化战略投资的关系进行了深入考察。

相较于市场化战略投资强调企业边界内的资源属性与能力，着重在企业内部生产经营能力建设等方面进行资源投入，非市场化战略投资则强调企业与利益相关者（包括政府、社会公众、媒体等）建立关系，着重在"关系建设"等方面进行资源投入。中国作为新兴市场国家，其资本、技术以及产品等市场机制仍不十分健全，法律契约等各项正式制度有待进一步完善，除了市场化战略投资外，中国企业也愿意营造对企业发展有利的非市场环境，进行非市场化战略投资。慈善捐赠作为典型的非市场化战略投资，可以为企业带来声誉、关系等战略资源。基于此，本书从慈善捐赠的视角深入考察了军历高管与企业非市场化战略投资的关系。

二、主要研究结论

本书以2007—2014年沪深A股上市公司为研究样本对上述研究问题进行了实证检验。基于战略差异度的视角，本书考察军历高管与企业战略定位的关系。本书研究发现：第一，军历高管与企业战略差异度呈显著正向关系，即相较于非军历高管，军历高管所在企业战略定位与行业常规战略相比差异更大。第二，由于高管自主决策权受到企业体制的影响，军历高管与企业战略差异度的正向关系在国有企业中有所削弱。第三，由于高管决策偏好会随着任职期限的增加而有所改变，军历高管与企业战略差异度的正向关系随着高管任职期限的增加逐渐减弱。

基于战略性并购的视角，本书考察了军历高管与企业市场化战略投资的关系。本书研究发现：第一，相较于非军历高管，军历高管实施跨区域并购的概率更大。第二，这种正向关系在战略风格较为保守的公司中更加明显，即军历高管行事风格在战略风格较为保守的公司中更容易体现。第三，收购方公司所在地区税负较高时，军历高管与跨区域并购的正向关系更加明显。第四，目标公司所在地区税负较低时，军历高管与跨区域并购的正向关系更加明显。第五，并购双方同属于高税负地区或低税负地区时，军历高管与跨区域并购的正向关系不显著，说明区域性税收优惠是军历高管实施跨区域并购的重要因素之一。第六，相较于非军历高管，军历高管实施跨行业并购的概率更大。第七，这种正向关系在行业平均业绩较高时更加明显，在一定程度上体现出军历高管"居安思危""未雨绸缪"的战略意识。第八，并购双方均属于高新技术企业时，军历高管与跨行业并购的正向关系更为显著。

基于慈善捐赠的视角，本书考察军历高管与企业非市场化战略投资的关系。本书研究发现：第一，相较于非军历高管，军历高管进行慈善捐赠的意愿更弱，捐赠规模更小。第二，相较于资源禀赋较为匮乏的非国有企业，在资源禀赋较为丰富的国有企业中军历高管与慈善捐赠的负向关系更强。第三，通过对国有企业样本的进一步研究发现，相较于非垄断性国有企业，垄断性国有企业中军历高管与慈善捐赠的负向关系更强。第四，相较于与消费者直接接触的国有企业，在不与消费者直接接触的国有企业中，军历高管与慈善捐赠的负向关系更强。

综上所述，军历高管对企业战略决策产生了影响。本书研究发现，军历高管更倾向于实施差异化的战略定位，体现出军历高管特立独行的行事风格。本书将研究视角从企业战略定位转移到具体的战略性投资后发现，军历高管特立独行的行事风格在战略性投资中得以延续。具体而言，为了寻找和确定适合企业生存与发展的理想位置，出于有限资源的考虑，军历高管更倾向于市场化战略投资，即在"生产能力建设"上投入企业资源，而不倾向于非市场化战略投资，即不倾向于进行"关系建设"。因此，军历高管对企业战略性投资的影响并不能一概而论。对企业市场化战略投资与非市场化战略投资，他们表现出"有所为，有所不为"的特点。本书的研究有助于厘清军历高管影响企业战略决策背后的逻辑，对军历高管有更加深入的了解与认识。

三、致谢

本书受到国家自然科学基金青年科学基金项目"企业战略性慈善行为：基于不确定性环境的保险策略"（项目批准号：71702041）的资助，对相关单位及个人表示感谢。同时，本书参考了很多专家学者在期刊上发表的学术论文、出版的学术著作，也包括在互联网上未正式发表的工作论文。本书尽可能标注了引用或参考的资料来源，大多数以脚注或参考文献的方式列出，但也有一些地方难以一一注明。在此，我们对所有提供资料来源的作者、出版单位和相关网站表示衷心感谢！

本书错漏在所难免，敬请读者批评指正。

王文姣　傅超

2022 年 8 月

目录

1 导论

1.1 研究背景与研究意义

1.1.1 研究背景

早期经历对个人的认知模式、价值观和行事风格具有重要影响（Hambrick & Mason，1984），高管早期经历影响企业决策和业绩的研究得到越来越多国内外学者的关注（Bertrand & Schoar，2003；Xuan，2009；Kaplan et al.，2012；Fan et al.，2007；程令国和张晔，2011；汪小圈等，2015；许年行和李哲，2016）。全球 500 强洛克希德·马丁（Lockheed Martin）公司的原首席执行官（CEO）罗伯特·史蒂文斯（Robert J Stevens）曾明确表示他的领导能力不是来自商学院课程的培养学习，而是来自军队无时无刻潜移默化的影响。奥凯弗（O'Keefe，2010）研究发现，沃尔玛（Wal-Mart Stores）和通用电气（General Electric Company）等大型公司已经开始从曾在伊拉克或阿富汗战争期间服役的年轻军官中招聘管理者。可见，在国外，从军经历似乎是人才聘用中一个颇具分量的筛选特质。那么，从军经历究竟对我国高管的行事风格有怎样的影响，进而又如何影响到企业战略决策呢？

从军经历作为一种特殊且重要的人生经历，对高管的认知模式、价值观以及行事风格产生了不容忽视的影响。美国西点军校（The United States Military Academy at West Point）在 200 多年的办学历史中，最为人称道的地方在于为美国培养了大批优秀的军事人才。不仅如此，这些人在离开军队后同样能够成为社会各界，尤其是企业管理领域的精英。宝洁（Procter & Gamble）公司原 CEO 罗伯特·麦克唐纳（Robert A McDonald）在接受采访时指出，在部队的服役经历让他学会了做任何事情都不能半途而废。通用汽车公司（General Motors Corporation）原 CEO 丹尼尔·艾克森（Daniel Akerson）在提及从军生涯时无限感慨："军队经历教会我许多在商业生涯中能够用到的东西，比如作出艰难的决定、以身作则、正直不阿以及顾及他人等。"光辉国际（Korn/Ferry International）和经济学人智库（The Economist Intelligence Unit）基于标准普尔（S&P500）公司 CEO 的深入调查分析认为，拥有从军经历的高管①所在公司的平均回报率更高。就中国军人企业家而言，华为的任正非、联想的柳传志、万达的王健林、万科的王石等都是各行各业的领军人物，他们无一例外都经历了军队的洗礼，其创办或经营的企业都获得了巨大的成功。从军经历塑造了高管的认知模式和价值观，这些都体现在高管的行事风格中，也最终体现在企业战略管理中。

伴随着国防和军队改革稳步推进，2015 年 3 月，习近平总书记把军民融合②发展上升为国家战略，同年 9 月宣布我国将裁减军队员额 30 万。中国作为世界军事强国之一，现役军人规模庞大，军人退伍后进入企业等市场经济组织，将成为中国市场经济中特殊且重要的一类群体。基于中国"新兴+转型"期的市场制度环境背景，中国上市公司内外部治理机制仍不健全，公司面临的外部环境以及自身的战略布局均存在特殊性。这使得高管在企业中的"人治"作用尤其突出，研究中国上市公司军历高管对企业战略决策的影响是一项十分重要的课题。

---

① 本书将拥有从军经历的高管统称为"军历高管"，没有从军经历的高管统称为"非军历高管"。

② 军民融合就是把国防和军队现代化建设深深融入经济社会发展体系之中，全面推进经济、科技、教育、人才等各个领域的军民融合，在更广范围、更高层次、更深程度上把国防和军队现代化建设与经济社会发展结合起来，为实现国防和军队现代化提供丰厚的资源和可持续发展的后劲。

　　企业战略是指企业为了开发核心竞争力、获取竞争优势所采取的一系列约定和行动（Hitt et al.，2007），战略定位（strategic positioning）作为企业战略管理过程中的关键环节，目的在于创造一个独特的、有价值的竞争地位。换言之，战略定位就是选择与竞争对手不同的经营活动或以不同的方式完成类似的经营活动等（Porter，1996）。基于中国"新兴+转型"期的市场制度环境背景，中国上市公司面临的外部环境以及自身的战略布局均存在特殊性。因此，战略定位对这一环境下的中国企业既极具挑战又格外关键。战略定位是企业战略管理的核心内容，它要求企业与其所处的环境，尤其是产业结构之间建立联系，以期企业保持其核心竞争力（Porter，1980）。战略定位的本质在于企业在经营环境约束条件下，寻找和确定适合企业生存与发展的理想位置。任何一家企业所拥有的资源是有限的，因此从这个角度来说，战略定位的关键在于根据环境和自身能力的评估，对自身行为有所取舍，并有所坚持。

　　随着全球化的不断推进，世界范围内的制度环境处于变革之中，经济危机屡见不鲜，这些不确定的外部因素促使企业需要更加深入并动态地调整战略定位，在资源投入过程中有所取舍。中国作为新兴市场国家，其资本、技术以及产品等市场机制仍不健全，法律契约等各项正式制度有待完善。除了市场化战略外，非市场化战略对企业也产生了重要的影响。中国企业往往愿意为营造对企业发展有利的非市场环境投入公司资源。但是，企业市场化战略投资与非市场化战略投资在资源投入方向上存在较大的差异。资源基础理论认为，企业的内部异质性资源是获得与维持竞争优势的关键来源（Barney，1991），市场化战略强调企业边界内的资源属性与能力（Peng & Luo，2000）。因此，市场化战略投资着重在企业内部生产经营能力建设等方面进行资源投入。例如，企业通过战略性并购实现企业经营领域和经营地域的扩张，在获取战略资源、税收优惠、产业转移、市场拓展等方面增强企业内部资源的价值。非市场化战略是指企业与利益相关者

（包括政府、社会公众、媒体等）建立关系的策略（Baron，1995；田志龙等，2005），强调利用存在于高管外部社会网络中的声誉资本、关系等资源（张书军和苏晓华，2008）。因此，非市场化战略投资着重在"关系建设"等方面进行资源投入。例如，企业通过慈善捐赠建立企业良好的信誉，改善企业形象和声誉，从利益相关者中获得积极的反馈，并在一定程度上缓解了政府的财政压力，分担了社会责任，使得政府在政策资源等方面给予企业一定的支持。综上所述，从企业战略定位到具体的战略性投资，从市场化战略投资到非市场化战略投资都对企业生存与发展产生了重要的影响。

基于以上背景，本书认为，从军经历这一特殊的早期经历塑造了高管的认知模式和价值观，这些都体现在高管的行事风格中，也最终体现在企业战略管理中，对企业在不确定性环境下的生存发展中起到重要作用。基于此，本书从企业战略定位、市场化战略投资以及非市场化战略投资三个角度逐一展开研究，探讨了从军经历通过影响高管个人的行事风格进而对企业战略决策产生的影响。

1.1.2　研究意义

（1）理论意义

基于人格发展理论与高阶梯队理论，本书基于从军经历的视角丰富和拓展了高管早期经历影响企业决策的研究。早期经历对个人的性格塑造和行事风格具有重要的影响（Becker，1992；Schlag，1998，1999），学者们对早期有过经济大萧条（Malmendier et al.，2011）、饥荒（许年行和李哲，2016）、自然灾害（Bernile et al.，2017）等特殊经历的高管与企业决策的关系进行了研究。本书深入分析了从军经历对高管认知模式、价值观与行事风格的塑造，实证检验了军历高管对企业战略决策的影响，是对已有高阶梯队理论的又一次深入探讨，也为企业战略决策领域的研究提供了有益的补充。

本书从高管个人特征的研究视角，为企业战略决策提供了微观层面的经验证据，对企业战略决策领域进行了丰富和完善。现有文献从宏观层面，如制度环境（唐跃军等，2014）；中观层面，如行业因素（山立威等，2008）、地区特征（李彬和潘爱玲，2015；潘越等，2017）；微观层面，如政治关联（蔡庆丰等，2017）、产权性质（潘红波和余明桂，2011）等角度，为企业战略决策的影响因素提供了丰富的理论与经验证据。企业制定的战略决策反映了高管以往经验和背景所形成的认知特征与行事风格（Hambrick & Mason，1984），因此从军经历对高管行事风格的影响无疑会体现在企业的战略制定中。

本书从企业战略定位、市场化战略投资以及非市场化战略投资三个视角，深入剖析了军历高管对企业战略决策的影响，使得战略定位理论得到进一步拓展。战略定位的目的在于创造一个独特的、有价值的竞争地位。换言之，战略定位就是选择与竞争对手不同的经营活动或以不同的方式完成类似的经营活动等（Porter，1996）。在同一产业中，相对于竞争对手的战略和结构上的差异定位，往往是企业持续竞争优势和超额利润回报的重要来源（Oliver，1997）。在市场经济条件下，企业主要决策在于产品市场以及公司边界设置等市场化战略，但由于政府、非政府组织、社会公众以及新闻媒体等非市场主体对企业的生存与发展也造成了影响，因此除了市场化战略之外，许多企业将非市场化战略也一并纳入战略思考中（田志龙和高海涛，2005）。中国作为新兴市场国家，其资本、技术以及产品等市场机制仍不健全，法律契约等各项正式制度有待完善，企业更倾向于依赖非市场化战略来完成一些应由市场来完成的活动（Peng，2003），因此企业具有更强烈的动机从事非市场事项，进行非市场化战略投资。高海涛和田志龙（2007）发现，高管对待非市场化战略的态度会影响企业资源的投入，若企业高管对非市场活动的态度比较积极，则企业更可能倾向于非市场化战略投资。

那么，从军经历对高管的认知模式、价值观与行事风格的塑造在企业战略定位中有何体现？对企业战略定位产生了什么样的影响？针对企业市场化战略投资与非市场化战略投资，军历高管的表现是否一致？在各项正式制度有待完善的环境下，军历高管对非市场化战略投资是否表现出更为积极的态度？以上都是亟待回答的问题。因此，本书的研究有助于厘清军历高管与企业战略决策背后的逻辑，对进一步认识军历高管具有重要的理论意义。

（2）现实意义

第一，本书将有助于深刻认识军历高管的战略决策风格，对企业内部治理、重要人才聘任与战略管理有一定的参考价值。本书以更加客观和科学的实证研究方法，规范地分析了军历高管对企业战略决策的影响，有助于投资者等外部利益相关者把握企业战略部署，同时通过公司内部治理机制的完善对军历高管进行更好的激励与管理，扬长避短。此外，"军民融合"战略的实施，一方面使得中国民营企业大量涌入军工资本市场，参与国有军工企业的股份制改造中；另一方面使得大量军事人才进入民营企业，从事管理工作，如何协调不同体制的管理模式，有效发挥各自优势并形成合力，具有重要的现实意义。

第二，战略管理尤其是战略定位对于全球不确定环境下的企业而言，具有越来越重要且不可替代的现实价值。探索高管早期经历对企业战略管理的影响，对今后的战略人才培养具有指导和借鉴意义。因此，本书的研究对企业战略管理、人力资源管理工作的开展与完善具有一定的现实启示。

1.2 研究思路与研究方法

1.2.1 研究思路

围绕军历高管影响企业战略决策这一研究问题，基于人格发展理论、高阶梯队理论以及战略定位理论，本书结合相关文献，从企业战略定位、市场化战略投资以及非市场化战略投资三个方面展开了理论分析与实证检验。为了更加清晰深入地对研究问题进行剖析，本书的研究思路如图1-1所示。

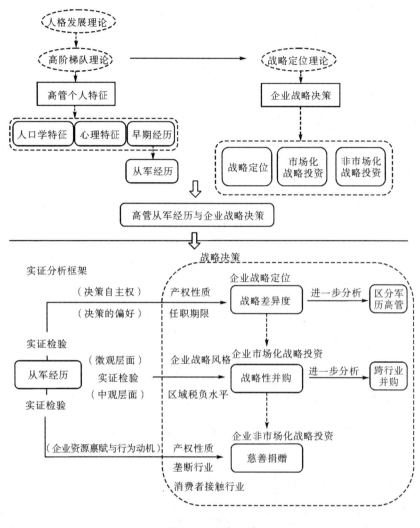

图 1-1 研究思路

在理论分析方面，本书主要基于人格发展理论、高阶梯队理论以及战略定位理论，对现有理论发展与实证检验文献进行了梳理和总结。首先，基于人格发展理论的介绍，已有研究明确了早期经历对高管认知模式以及行事风格的重要影响。其次，基于高阶梯队理论的发展，学者们从人口学特征、心理特征以及早期经历等方面对高管个人特征影响企业决策进行了研究。本书在早期经历这一分支文献的基础上，将高管从军经历作为研究的重点。本书梳理相关文献发现，目前军历高管影响企业决策的研究框架较为零散，学者们从不同的角度考察军历高管对企业决策的影响，对军历高管影响企业战略决策方面的研究仍是空白，这成为本书的研究出发点。再次，本书通过回顾战略定位理论，将研究重点放在企业战略决策上，沿着企业战略定位→市场化战略投资→非市场化战略投资的逻辑，从战略差异度、战略性并购以及慈善捐赠三个视角对相关文献进行梳理。最后，本书将上述理论发展与实证检验文献进行整合和述评，有助于厘清已有相关理论与文献的研究脉络，明确本书的研究问题，为本书实证分析的开展奠定基础。

在实证检验方面，本书沿着上述研究逻辑，对研究问题逐一展开剖析。战略定位作为企业战略管理过程中的关键环节，目的在于创造一个独特的、有价值的竞争地位。换言之，战略定位就是选择与竞争对手不同的经营活动或以不同的方式完成类似的经营活动等（Porter，1996）。战略定位为企业制定战略目标、执行战略决策提供了依据，同时也反映出高管以往经验和背景所形成的认知特征和行事风格（Hambrick & Mason，1984）。因此，基于战略差异度的视角，本书考察了军历高管与企业战略定位的关系。

进一步地，战略定位的关键在于企业的资源往往是有限的，为了实现资源的最优配置，企业势必在资源投入的过程中有所取舍。因此，本书将研究视角从企业战略定位转移到具体的战略性投资。战略性投资是与企业战略发展密切相关的，有助于实现企业长期战略目标的经济资源投入。市场化战略与非市场化战略对企业获取和维持竞争优势都产生了重要影响，并且两者在资源投入方向上存在较大差异。基于此，本书区分了市场化战略投资与非市场化战略投资，重点考察军历高管对这两种战略性投资的影响是否存在差异。市场化战略强调企业边界内的资源属性与能力，因此市场化战略投资着重在企业内部生产经营能力建设等方面进行资源投入。战略性并购作为企业市场拓展、战略调整的有效手段，在获取战略资源、实现资源优化配置和产业结构升级等方面具有关键的战略意义。因此，基于战略性并购的视角，本书对军历高管与企业市场化战略投资进行了深入考察。

相较于市场化战略投资强调企业边界内的资源属性与能力，着重在企业内部生产经营能力建设等方面进行资源投入，非市场化战略投资则强调企业与利益相关者（包括政府、社会公众、媒体等）建立关系，着重在"关系建设"等方面进行资源投入。中国作为新兴市场国家，其资本、技术以及产品等市场机制仍不健全，法律契约等各项正式制度有待完善。除了市场化战略投资外，中国企业也愿意为营造对企业发展有利的非市场环境，进行非市场化战略投资。慈善捐赠作为典型的非市场化战略投资，可以为企业带来声誉、关系等战略资源。基于此，本书从慈善捐赠的视角深入考察了军历高管与企业非市场化战略投资的关系。

1.2.2 研究方法

在研究方法上，本书通过理论分析与实证检验、定性分析与定量分析相结合的方式对军历高管和企业战略决策的关系进行了研究。在理论分析方面，本书采用定性分析法及文献综述法对人格发展理论、高阶梯队理论以及战略定位理论进行回顾，对军历高管、企业战略决策相关研究进行梳理和总结，运用归纳与演绎、分析与综合以及抽象与概括等方法对本书的研究问题进行逐层剖析，为本书奠定理论基础的同时，也为本书提出合理的研究假设，便于后文通过实证研究方法验证军历高管与企业战略决策的关系。在实证研究方面，本书主要采用定量分析的方法，运用 Stata 软件对手工搜集、公开数据库下载的数据进行描述性统计、差异性检验以及多元回归分析。结合本书变量，本书主要采用 OLS 回归模型、Logistic 回归模型、Tobit 回归模型对研究问题进行检验，并针对内生性问题进一步采用倾向评分匹配法（PSM）以及赫克曼（Heckman）两阶段法进行处理，以确保研究结论的可靠与稳健。最后，本书通过定性研究方法中的归纳、分析、综合以及概括等方法得出研究结论与启示。

1.3 内容结构安排

1.3.1 研究框架

根据上述研究思路，本书对研究问题进行了逐一剖析，共分为6章。研究框架如图1-2所示。

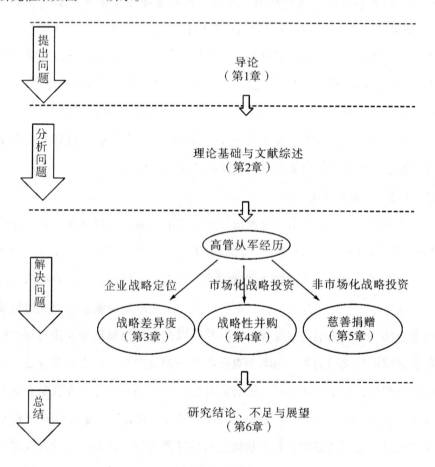

图 1-2 研究框架

1.3.2 研究内容

第1章 导论。首先，本章从社会现象与相关政策制度出发，阐明本书的研究背景，并结合理论与实践对研究意义进行了梳理，提出本书的主要研究问题。其次，本章通过深入剖析本书的研究问题，形成了明确的研究思路，并对研究方法做了简单的介绍。最后，本章对全书的研究内容与结构安排进行了提炼和总结，并指出本书的创新与贡献。

第2章 理论基础与文献综述。理论基础是全书研究立足的根本，结合相关理论深入思考本书的研究问题，有助于厘清本书的研究思路。结合本书的研究问题，本章理论基础部分首先对相关概念进行了界定，并对本书涉及的基础理论，包括人格发展理论、高阶梯队理论以及战略定位理论进行了介绍。结合本书的研究问题，本章文献综述部分通过梳理已有研究文献，对相关研究领域的整体研究情况进行了解与总结，从而对本书的研究定位与文献增量贡献有了基本的认识，有助于本书研究问题的丰富与深入。具体而言，文献综述部分主要包括以下内容：第一，高管个人特征研究。本部分文献主要涵盖了高管人口学特征、心理特征、早期经历等研究，以期为本书的研究奠定扎实的文献基础。第二，高管从军经历相关研究。本部分文献主要涵盖了军人特质相关研究以及军历高管与企业决策相关文献，以期明确本书的研究定位。第三，企业战略决策相关研究。本部分文献从企业战略定位、市场化战略投资以及非市场化战略投资的角度进行梳理，具体包括战略差异度、战略性并购以及慈善捐赠三个方面的相关研究，为本书的研究逻辑奠定了文献基础。第四，文献述评。本部分文献起着承上启下的作用，一方面对相关领域的前人研究成果、研究现状以及已有研究中存在的不足进行总结，另一方面明确本书的研究定位与研究问题，以期使本书在一定程度上弥补已有文献的不足与空白，并具有一定的现实启示。

第3章 高管从军经历与企业战略定位：战略差异度的视角。一方面，本章基于企业战略定位的视角，理论分析从军经历对高管特立独行的行事风格的塑造，实证检验了军历高管对企业战略差异度产生的影响，明确军历高管所在企业战略定位的特点；另一方面，本章考虑到不同产权性质对高管决策自主权的横向影响以及不同任职期限对高管决策偏好的纵向影响，考察了产权性质与任职期限对军历高管与企业战略差异度关系的影响。考虑到董事长和总经理对企业决策的影响往往存在一定的差异，本章进一步将高管从军经历区分为董事长从军经历与总经理从军经历，分别考察两者对企业战略差异度的影响。

第 4 章 高管从军经历与企业市场化战略投资：战略性并购的视角。战略定位的关键在于企业资源往往是有限的，为了实现资源的最优配置，企业势必在资源投入的过程中有所取舍。从战略定位的研究视角转移到具体的战略性投资。基于战略性并购的视角，本章深入考察了军历高管与企业市场化战略投资的关系。由于跨区域并购的战略特征尤其明显，本章以跨区域并购为研究切入点，检验了军历高管对跨区域并购的影响，并引入企业战略风格特征对两者的关系进行了进一步分析。同时，由于区域性税收优惠往往是影响企业跨区域并购的重要因素，因此本章还考察了收购方公司及目标公司地区税负特征对军历高管实施跨区域并购的影响。本章检验了军历高管与跨行业并购的关系，并从行业平均业绩的角度分析其对两者关系的影响。同时，由于高新技术行业是国家重点扶持行业，具有政策性税收优惠，因此本章检验了收购方公司及目标公司是否属于高新技术企业对军历高管实施跨行业并购的影响。

第 5 章 高管从军经历与企业非市场化战略投资：慈善捐赠的视角。中国作为新兴市场国家，其资本、技术以及产品等市场机制仍不健全，法律契约等各项正式制度有待完善，除了市场化战略投资外，企业也愿意为营造对企业发展有利的非市场环境而进行非市场化战略投资。本章基于慈善捐赠的视角，从理论与现实出发，研究了军历高管与企业非市场化战略投资的关系。为了验证本章的研究逻辑，本章还基于资源依赖理论，从资源禀赋的角度分析了不同产权性质对高管从军经历与企业非市场化战略投资关系的影响。此外，本章基于资源禀赋较为丰富的国有企业，从垄断行业及与消费者直接接触行业考察了不同资源禀赋条件、战略捐赠动机对军历高管与慈善捐赠关系的影响，以期进一步厘清军历高管影响企业非市场化战略投资的逻辑。

第6章 研究结论、不足与展望。首先，本章对全书的研究内容与研究结论进行了总结，得到本书的研究启示。其次，本章从企业重要人才聘任、退役军人就业指导等方面提出了相应的建议。最后，本章指出本书存在的局限与不足，并对研究的进一步深化以及未来的研究方向进行了展望。

1.4 研究创新与贡献

军历高管的行事风格对企业战略决策产生了影响。本书通过对企业战略定位、市场化战略投资以及非市场化战略投资三个方面的研究，厘清军历高管影响战略决策背后的逻辑，对深入认识军历高管具有一定的启发。相较于已有研究，本书的创新与贡献可归纳为如下几点：

第一，本书基于从军经历的研究视角拓展和丰富了高管个人特征文献中早期经历与企业决策的研究。贝克尔（Becker，1992）、施拉格（Schlag，1998，1999）认为，早期经历对个人的性格特质和行事风格具有重要的影响。为此，学者们对早期有过经济大萧条（Malmendier et al.，2011）、饥荒（许年行和李哲，2016）、自然灾害（Bernile et al.，2017）等经历的高管与企业决策的关系进行了研究。从军经历作为特殊且重要的人生经历，对高管决策产生的影响逐渐得到了财务会计界学者的关注（Benmelech & Frydman，2015；Malmendier et al.，2011；Lin et al.，2011；Law & Mills，2017；Luo et al.，2017）。本书从企业战略决策的角度出发，在已有文献的基础上，对高管从军经历与企业决策领域的研究提供了有益的补充。同时，本书的研究对企业战略决策领域进行了丰富和完善，从高管个人特征的研究视角为企业战略决策研究提供了微观层面的经验证据。现有文献从宏观层面,如制度环境(唐跃军等,2014);中观层面,如行业因素(山立威等,2008)、地区特征(李彬和潘爱玲,2015;潘越等,2017);微观层面,如政治关联(蔡庆丰等,2017)、产权性质(潘红波和余明桂,2011)等角度,为企业战略决策的影响因素提供了丰富的理论与经验证据。企业制定的战略决策反映了高管以往经验和背景所形成的认知特征与行事风格(Hambrick & Mason,1984),从军经历对高管行事风格的影响无疑会体现在企业的战略制定中。因此,本书从高管个人特征的研究视角为企业战略决策提供了微观层面的经验证据。

第二,本书较为深入地探讨了高管从军经历对企业战略决策的影响,形成了较为完整的逻辑框架与理论体系。本书以企业战略决策为研究切入点,从企业战略定位、市场化战略投资以及非市场化战略投资三个视角较为系统地验证了军历高管的重要影响,形成了统一的研究逻辑与框架。本书通过研究军历高管与企业战略决策的关系,发现军历高管表现出特立独行的行事风格,丰富了已有文献关于军历高管性格特质的内容。另外,出于企业资源分配的考虑,本书发现军历高管更愿意在市场化战略上投入资源,而不希望将企业资源耗费在非市场化战略方面,以获得诸如声誉资本、关系等战略资源。这说明军历高管对企业战略性投资的影响不是一概而论的,这有助于深刻认识军历高管战略决策背后的逻辑,对企业战略管理具有一定的启发意义。

第三,本书的研究结论具有现实意义。首先,根据军历高管对企业战略性投资"有所为,有所不为"的特点,在企业的战略管理过程中,军历高管的战略决策具有可预测性,在一定程度上缓解了公司与利益相关者的信息不对称,有助于公司股东更好地把握军历高管的战略决策方向。其次,针对军历高管行事风格影响企业战略决策的现象,企业需要建立更为完善的决策投票机制,保证军历高管能更多地参考其他管理层的意见进行科学的战略决策。再次，就人才聘任而言，企业应该注意聘任的管理者行事风格与企业发展理念、经营文化是否相符，以期管理者能够更好地融入企业文化之中。最后，积极引导退役军人从事相关行业，有助于发挥退役军人自身优势，优化人力资源结构，提升再就业质量。

2 理论基础与文献综述

2.1 理论基础

2.1.1 相关概念界定

（1）高管从军经历

从军经历来源于兵役制度的执行。兵役制度是国家关于公民参加军队和其他武装组织，承担军事任务或在军队外接受军事训练的一项重要的军事制度。就其性质而言，兵役制度基本上分为两种：一种是义务兵役制度。这种制度是指国家利用法律形式规定公民在一定的年龄内必须服一定期限的兵役，带有强制性，如韩国、新加坡、瑞士等。另一种是志愿兵役制度。这种制度是指公民凭自愿应招到军队服兵役，并与军方签订服役合同，如美国、英国、加拿大、澳大利亚等。我国的兵役制度经历了志愿兵役制度、义务兵役制度、义务兵役制度与志愿兵役制度相结合三个阶段。《中华人民共和国兵役法》规定，每年 12 月 31 日以前年满 18 周岁的男性公民，都应在当年 6 月 30 日以前进行兵役登记。进行兵役登记后，个人可根据意愿选择是否应征入伍，必要时国家可强制征集。虽然《中华人民共和国兵役法》规定每个符合条件的公民都有履行兵役的义务，但由于我国符合基本条件人口基数大，每年自愿入伍的人数已经满足了我国军队征兵所需，因此我国公民参军入伍没有体现出强制性，这使得从军经历不是每个个体都拥有的经历，它是一项特殊的人生经历。另外，本书研究的高管主要出生于 20 世纪五六十年代[①]，结合当时的时代背景，无论是出于对军营生活的向往或个人就业的考虑，还是出于当时社会对军人职业的认同，参军都不失为一个很好的选择，对社会各阶层都具有强大的号召力，这意味着当时选择参军的个体具有一定的随机性。因此，本书研究高管从军经历具有可行性。

本书定义的从军经历是指曾在中国人民解放军和中国人民武装警察部队服现役[②]的经历。本书将满足下列条件之一的高管视为有从军经历：第一，拥有军队服役、任职经历；第二，军事院校毕业或任职。

（2）企业战略定位

企业战略是指企业为了开发核心竞争力、获取竞争优势所采取的一系列约定和行动（Hitt et al.，2007），其关键是建立企业的竞争优势，通过低成本、差异化、集中化等战略组合提高经营的有效性（Porter，2001）。企业的战略定位是战略管理过程中的关键环节，目的在于创造一个独特的、有价值的竞争地位。换言之，战略定位就是选择与竞争对手不同的经营活动或以不同的方式完成类似的经营活动等（Porter，1996）。在同一产业中，相对于竞争对手的战略和结构上的差异定位，往往是企业持续竞争优势和超额利润回报的重要来源（Oliver，1997）。战略定位本身可以从多个角度进行理解，有学者将战略定位理解为企业的战略风格，如将企业战略定位界定为进攻型战略和防御型战略（Miles & Snow，1978；Bentley et al.，2013；孙健等，2016；王化成等，2016；刘刚和于晓东，2015），有学者将战略定位理解为企业的竞争战略，如将战略定位界定为成本领先战略和差异化战略（周兵等，2016），还有学者将战略定位理解为企业战略的行业定位，如战略差异度（赵晶等，2015；叶康涛等，2014，2015；

[①] 20 世纪五六十年代出生的高管占到总体样本的 80% 以上，目前他们的年龄分布在 53~72 岁，是上市公司高管的主力军。

[②] 现役（active duty）是指公民自入伍之日起至退伍之日止在中国人民解放军各军兵种和人民武装警察部队中所服的兵役。

Tang et al.，2011）。根据波特（Porter，1996）的定义，战略定位就是选择与竞争对手不同的经营活动或以不同的方式完成类似的经营活动等。因此，本书以战略差异度来衡量企业战略定位，刻画企业战略偏离行业常规战略的程度，反映了企业在行业层面中的战略定位。

（3）战略性投资

投资是为了获得未来的经济利益和竞争优势而把企业现有的经济资源投入经营活动或其他相关活动的行为。按照投资目的划分，企业投资可以分为财务性投资①与战略性投资。战略性投资（strategic investment）是近年来在战略管理和财务会计领域中备受关注的一个概念，是企业战略决策中的一个重要方面（Maritan，2001；Sanders & Carpenter，2003），对企业的稳定发展与股东财富创造具有重要的作用。相较于财务性投资，战略性投资往往与企业战略发展紧密相关，以实现企业的长期战略目标。狭义的战略性投资是指对企业未来发展产生长期影响的资本支出，主要包括新产品的开发、新的生产技术或生产线的引进、新领域的进入、兼并收购、资产重组、生产与营销能力的扩大等。广义的战略性投资不仅仅从企业内部的视角关注其生产经营能力建设，还从企业外部的视角关注有助于企业获取与维持竞争优势的其他能力建设。本书的战略性投资就是广义的战略性投资，是指与企业战略发展密切相关的，有助于获取和维持企业竞争优势与战略地位，以实现企业长期战略目标的经济资源投入。考虑到市场化战略与非市场化战略对企业获取和维持竞争优势都产生了重要影响，且两者在企业资源投入方向上存在较大的差异，本书区分市场化战略投资与非市场化战略投资对企业的战略性投资进行了考察。

（4）市场化战略投资

根据资源基础理论的观点，市场化战略将企业的内部异质性资源视作

①　财务性投资是指以获取中短期财务价值为目的的，主要通过溢价退出实现资本增值的交易行为。

企业获得和维持竞争优势的关键来源（Barney，1991），强调企业边界内的资源属性与能力（Peng & Luo，2000），因此市场化战略投资着重在企业内部生产经营能力建设等方面进行资源投入，主要包括新产品的开发、新的生产技术或生产线的引进、新领域的进入、兼并收购、资产重组、生产与营销能力的扩大等。其中，并购尤其是战略性并购①作为企业实现外延式、跨越式成长和扩张的有效方式，是企业实现资源优化配置和产业结构升级的重要途径（韦斯顿等，2006）。无论是并购双方在人才、技术、财务等方面的资源整合，以提高企业的研发能力和管理效率，还是快速扩大生产经营规模，以提高规模经济效益，战略性并购都有助于企业获取和维持在行业中的竞争优势与战略地位。战略性并购关注的是企业的长期发展，作为企业战略调整的有效手段（方军雄，2008），在获取战略资源、税收优惠、产业转移、市场拓展等方面具有关键的战略意义。因此，本书从战略性并购的视角对企业市场化战略投资进行了考察。

（5）非市场化战略投资

非市场化战略是指企业与利益相关者（包括政府、社会公众、媒体等）建立关系的策略（Baron，1995；田志龙等，2005），强调利用存在于高管外部社会网络中的声誉资本、关系等资源（张书军和苏晓华，2008）。波特和克雷默（Porter & Kramer，2002，2006）指出，企业可以通过非市场化战略（如公益行为、政治行为、环保行为等）来获取持续性竞争优势。因此，非市场化战略投资着重在"关系建设"等方面进行资源投入，以提升企业的竞争地位。慈善捐赠作为企业获取声誉资本等战略资源的重要手段，是与政府、社会公众、媒体等建立关系的常用方式（Wang &

---

① 与战略性并购相对应的概念是财务性并购。财务性并购并非从企业发展战略的高度出发，收购方公司对目标公司进行大规模甚至整体资产置换，通过改变目标公司主业并注入收购方公司自身利润来改善目标公司业绩，目的常为提高目标公司的资信等级以拓宽其融资渠道，即常说的"买壳上市"，或者包装目标公司以利于未来的重新出售，或者在拥有控制权时获得控制权私人收益。财务性并购由于只关注短期交易收益，因此更关注目标公司的股权结构、收购成本、融资能力和转手后的收益。

Qian, 2011；Su & He, 2010；Li et al., 2015)，有助于建立企业良好的信誉，改善企业的形象和声誉，使企业从社会公众、媒体中获得积极的反馈。这也在一定程度上缓解了政府的财政压力、分担了社会责任，使得政府在政策资源等方面给予企业一定的支持，不仅有助于企业提升其战略地位，又体现在企业绩效上（Godfrey, 2005；Porter & Kramer, 2002)。因此，慈善捐赠在企业非市场化战略投资中具有重要的地位。基于此，本书从慈善捐赠的视角对企业非市场化战略投资进行了考察。

2.1.2　人格发展理论

随着人格发展理论的不断完善，越来越多的学者意识到人格①并不是天生的，而是个体在后天各种因素的交互作用下逐渐形成并发展的。美国神经病学家埃里克森（Erikson, 1959, 1964）将人格发展过程分为八个阶段，从生物、心理、社会环境三个方面考察了人格的自我发展，提出了人格发展阶段说。与弗洛伊德（Freud, 1923）认为人格的形成主要来源于儿童期（6 岁之前）的早期经历不同，埃里克森（Erikson, 1959）认为人格发展包括机体的成熟、自我成长以及社会关系这三个不可分割的过程，贯穿整个人生，八个人格发展阶段具体包括：婴儿前期（0~1.5 岁）、婴儿后期（1.5~3 岁）、幼儿期（3~6 岁）、童年期（6~12 岁）、青年期（12~18 岁）、成年早期（18~25 岁）、成年中期（25~65 岁）、成年后期（65 岁以上）。埃里克森（Erikson, 1959）认为人格发展的每一个阶段都存在着一种发展危机（development crisis），成功解决危机有助于自身力量的增强和对环境的适应，反之则会削弱自身力量，阻碍对环境的适应。青年期是童年期向成年早期发展的过渡阶段，在该阶段中个体生理已趋成

---

①　中国社会科学院语言研究所词典编辑室所编纂的《现代汉语词典》（第 7 版）对"人格"词条的解释为：一是人的性格、气质、能力等特征的总和。二是个人的道德品质。三是人作为权利、义务的主体资格。本书的"人格"释义采用第一条解释，即人格是指人的性格、气质、能力等特征的总和。

熟，人格的各方面需要重新加以整合，形成自我同一性①。青年期是青少年在追求性别、职业、信念、理想等方面同一性的标准化时期，此阶段的自我同一性是一种不断增长的信念、一种在过去经历中形成的内在的恒常性和同一感（心理上的自我），是形成认知模式和行事风格的根源（Erikson，1964，1968）。

不同的认知模式实际上是由不同的信息加工方式造成的，从而表现出不同的行事风格。当个体遇到各种刺激时，必须了解与适应这些刺激，从而对周围的环境保持一种预期感，以降低对生活的不确定感。为了获得预期感，个体就会进行模板匹配，即个体会把自己曾经形成的对外部环境或外部刺激的认知套用在正在经历的事件上去。因此，个体的认知模式会影响和制约个体的思维方式，决定了个体与外界接触的方式和在特定情境下的行事风格。另外，人格发展理论中的机体模式认为，认知模式的形成存在"烙印效应"，即个体经历"环境敏感期"会形成与外部环境相匹配的特点（Milanov & Fernhaber，2009），即使外部环境发生变化，这些特殊时期外部环境形成的特征也会持续影响个体和组织行为，不会轻易消失（Marquis & Tilcsik，2013）。因此，本书认为，在青年期乃至成年早期这一特定时期中，外部环境发生的某些事件或某些刺激对个体认知模式与行事风格具有决定性的力量。

从军经历作为一项特殊的早期经历，对个人的认知模式、价值观与行事风格产生了重要且深远的影响。一方面，结合20世纪七八十年代的征兵制度与背景，个体往往在18岁左右参军，由于青年期或成年早期是形成认知模式与行事风格的关键时期，因此从军经历必然会影响个体的认知模式与行事风格，对未来决策产生持续性的影响（Elder et al.，1991）。另一方

---

① 自我同一性是指青少年的需要、情感、能力、目标、价值观等特质整合为统一的人格框架，是青少年同一性的人格化，是指一种熟悉自身的感觉、一种"知道个人未来目标"的感觉、一种从他信赖的人们中获得所期待的认可的内在自信。

面，军人必须完全执行与服从军队严格的纪律和制度要求，从着装到军事训练都高度统一。无论是从自身的角度还是周围环境的角度，军人都会不断受到军队作风的强化刺激，形成内在的恒常性和同一感。另外，军队奖罚分明的制度，也会不断促使军人的认知模式、行事风格与军队作风和信念达成一致。因此，无论是形成认知模式、行事风格的关键时期还是军队这种特殊的环境刺激，从军经历对高管性格特质与行事风格的影响不容忽视。

2.1.3 高阶梯队理论

在早期研究中，为了达到简化的目的，新古典经济学理论提出理性经济人假说，认为个体之间的特质差异不会对企业决策产生影响，可以将高管视为同质的个体（Weintraub，2002）。克里斯滕森和弗尔森（Christensen & Feltham，2001）认为，高管存在特质差异，但监管活动及契约激励的存在导致高管在面临相似经济环境时会作出相似的决定，即高管的特质差异对企业决策的影响会因为外部环境等合法性约束及社会化选择进程等因素而受到限制，这使得以往研究都忽略了个人差异性特质的影响。汉布端克和梅森（Hambrick & Mason，1984）开创性地提出了高阶梯队理论（Upper Echelons Theory），认为由于战略决策的复杂性和高管的有限理性，高管会基于其认知模式和价值观进行战略选择，组织则成为他们个人特征的反映（Hambrick，2007）。这对早期认为高管领导无关企业绩效的理论（Lieberson & O'Connor，1972）造成了不小的冲击。高阶梯队理论成为战略管理领域最为重要的领导力理论，以高管及高管团队（top management team，TMT）为研究对象，开启了研究企业战略决策及公司绩效等战略关系的新篇章，成为近30年来最为活跃的研究领域之一（Carpenter et al.，2004；汪金爱和宗芳宇，2011）。

高阶梯队理论认为，领导者进行战略决策时，需要综合考虑大量的信息（Mintzberg，1973），基于认知的内在动因，高管作为行为主体只拥有有限理性，不可能完全理性地处理从公司内外部搜集的全部信息，因此其主导的选择和决策会受到认知路径①的显著影响（Walsh，1995；Haley & Stumpf，1989）。按照个人的视野（信息来源方向）→选择性感知（获取的信息）→解释说明（理解的信息）→决策制定（对信息的反应）这一作用路径，高管在进行战略决策时会遵循不同的认知路径，根据自己对信息的理解，对他们认为关键或重要的信息作出合理的反应（Finkelstein & Hambrick，1990），从而影响企业战略的不同选择，是一个"仁者见仁，智者见智"的过程。汉布瑞克和芬克尔斯坦（Hambrick & Finkelstein，1987）的战略领导理论指出，高管可以观察到的经历（observable experiences）会影响他们对所面临情况的判断，进而影响企业的战略决策（Eisenhardt & Schoonhoven，1990；Hambrick et al.，1996），管理者与组织战略之间的匹配将最终决定组织绩效（Thomas et al.，1991；Thomas & Ramaswamy，1996）。

高阶梯队理论将高管个人特征作为高管认知框架的指标，在实证研究方面取得了巨大的进展，但也面临着严峻的挑战。有学者对运用高管个人特征作为其认知模式与行事风格的替代变量提出了质疑，认为这类研究并没有真正揭示高管影响企业决策的作用机制，个人特征影响企业决策的反应过程仍然停留在"黑箱"之中（Boal & Hooijberg，2000；Priem et al.，1999），存在可能的替代性解释。管理层的决策自主权是高阶梯队理论预测中的关键（Crossland & Hambrick，2007；Finkelstein & Hambrick，1990）。汉布瑞克和芬克尔斯坦（Hambrick & Finkelstein，1987）通过引入影响管理者决策自主权的调节变量，更加准确地反映高管个人特征对组织行为的影响。此外，还有学者从高管权力（Finkelstein，1992）、行为整合（Li & Hambrick，2005）等方面对高阶梯队理论的发展进行了完善。

①　认知路径是指行为主体把复杂的信息和动态变化的环境转化为可理解、可认知的信息和情境的思维模式。管理者的认知路径是在过去经历中形成的，能够反映其对以往经历的总结和环境的回应（Karaevli & Zajac，2013）。

在高阶梯队理论的早期应用中，学者们对高管团队异质性展开了研究（Bantel & Jackson，1989；Buyl et al.，2011）。随后有学者出于对团队决策影响力与重要性的考虑，将管理团队异质性的研究重点放在董事长、总经理的个人特征上，对其多方面特征（如年龄、性别、学历、任期等）与企业决策的关系同时进行检验。从多方面探讨高管背景特征较为全面，但也存在一定的局限。该类研究不能对高管某一种特征的作用机制进行较为深入的分析，不利于后续研究工作的开展，因此高阶梯队理论的研究重点从高管多方面特征转移到某一种特征。

本书将高管从军经历作为研究重点，认为从军经历对高管的认知模式、价值观以及行事风格等产生了重要的影响，同时由于战略决策的复杂性和决策者的有限理性，军历高管会基于其认知模式、价值观等进行企业战略选择，从而使得企业战略决策在一定程度上反映出军历高管的行事风格。具体而言，军历高管在进行战略决策时，难以完全理性地处理从公司内外部搜集的全部信息。在信息搜集、信息获取、信息理解过程中，军历高管根据自己对信息的理解，依赖认知路径对他们认为关键或重要的信息作出合理的反应，对企业所面临的情况作出判断，从而影响企业的战略决策。本书认为，军历高管在处理从公司内外部搜集的信息时，对风险信息的规避程度与敏感度较低，并且会更多关注公司本身的发展，较少受到"同伴效应"的影响，因此军历高管所在公司的战略决策会体现出其激进的性格特质与特立独行的行事风格。

2.1.4　战略定位理论

战略管理是一门综合管理学、经济学、社会学、心理学等诸多领域的学科，其本质在于战略决策者对企业未来发展和环境因素的分析、把握、选择、匹配以及对战略的制定、执行和评估。战略定位是战略管理过程中的关键环节，其本质在于在企业经营环境约束条件下，寻找和确定适合企业生存与发展的理想位置。定位理论（positioning）由里斯和特劳特（Ries &

Trout) 于 1972 年提出①，主要基于企业产品营销策略的创新思考，其后被广泛应用于产品定位、市场定位、品牌定位、文化定位等企业经营策略中。1980 年，波特（Porter）将定位理论引入企业战略中，并成为企业战略管理的核心内容，形成最初的战略定位理论。波特（Porter，1991）深入阐述了战略定位对企业战略管理的重要性。他认为，企业战略的目标是企业获得成功，成功与否取决于企业是否有一个有价值的相对竞争地位，而有价值的相对竞争地位来源于企业相对于竞争对手的持续竞争优势。另外，企业竞争优势必然要涉及竞争范围（包括产品、顾客、区域等）。因此，竞争范围的选择成为企业战略定位的一个重要内容。企业在追求几种优势类型或不同竞争范围时，通常可能存在逻辑上的冲突，因此战略定位就成为企业战略管理中的核心内容。

随后，针对理论界和实务界对战略定位的种种认识误区，波特（Porter，1996）进行了深刻的分析，澄清了战略定位与营运效率的区别，界定了战略定位的本质，并进一步丰富和发展了企业战略定位的理论与方法。他明确指出，战略定位的目的在于创造一个独特的、有价值的竞争地位。换言之，战略定位就是选择与竞争对手不同的经营活动或以不同的方式完成类似的经营活动等。在同一产业中，相对于竞争对手的战略和结构上的差异定位，往往是企业持续竞争优势和超额利润回报的重要来源（Oliver，1997）。为了获取与维持竞争优势，企业往往需要在生产经营或其他方面投入资源。由于企业拥有的资源往往是有限的，对经营活动资源投入的增加必然会导致对其他相关活动资源投入的减少，因此企业必须明确自身的战略定位，在资源投入范围或方向上进行选择与权衡。因此，战略定位的关键是企业资源往往是有限的，为了实现资源的最优配置，企业势必在资源投入的过程中有所取舍。

---

① 1972 年，艾·里斯（AI Ries）和杰克·特劳特（Jack Trout）在美国《广告时代》（Advertising Age）发表了一篇名为《定位时代的来临》的文章。

　　企业内外部环境是企业战略定位的起点，对战略定位理论的发展至关重要，围绕内外部客观环境因素展开的企业战略定位研究逐渐深入（Barney，2008）。同时，学者们也逐渐意识到除了客观环境的影响之外，"人治"对企业战略管理的影响同样重要（Hambrick & Mason，1984；Hitt et al.，2008）。有关 CEO、董事会和高管团队等决策主体影响企业决策过程和结果的研究层出不穷，推动着企业战略管理理论的不断发展。谭力文和丁靖坤（2014）通过关键词词频的分析发现，在战略管理理论的研究中，"高管团队（TMT）""决策制定（decision making）""管理认知（managerial cognition）""董事会（board of directors）"等词汇已越来越凸显，高管已成为企业战略管理研究中的一个重点。

　　综上所述，战略定位理论为本书的研究主题提供了逻辑主线。战略定位是企业战略管理过程中的关键环节，为企业战略目标的制定、战略决策的执行提供了依据，同时也反映出高管以往经验和背景所形成的认知特征与行事风格（Hambrick & Mason，1984）。因此，本书首先考察了军历高管所在企业战略定位的特点。进一步地，战略定位的关键在于企业资源往往是有限的，为了寻找和确定适合企业生存与发展的理想位置，实现资源的最优配置，企业势必在资源投入过程中有所取舍。在市场经济条件下，企业主要决策在于产品市场、公司边界设置等市场化战略，市场化战略投资着重在企业内部生产经营能力建设等方面进行资源投入。但是，政府、非政府组织、社会公众以及新闻媒体等非市场主体对企业的生存与发展产生了重要的影响，因此除了市场化战略之外，许多企业将非市场化战略一并纳入战略思考中（田志龙和高海涛，2005）。中国作为新兴市场国家，其资本、技术以及产品等市场机制仍不健全，法律契约等各项正式制度有待完善，企业更倾向于依赖非市场化战略来完成一些应由市场来完成的活动（Peng，2003），进行非市场化战略投资。因此，本书将研究视角从企业战略定位转移到具体的战略性投资。市场化战略与非市场化战略对企业获取与维持竞争优势都产生了重要影响，且两者在资源投入方向上存在较大差异。基于此，本书区分了市场化战略投资与非市场化战略投资，重点考察军历高管对这两种战略性投资的影响是否存在差异。

2.2 文献综述

围绕军历高管如何影响企业战略决策这一问题，本书对相关文献进行了梳理和总结，以明确本书的研究定位、创新与研究贡献。高阶梯队理论作为本书的核心基础理论之一，是研究高管个人特征的逻辑起点。本书首先对高管个人特征相关研究进行了梳理概述，包括人口学特征、心理特征以及早期经历的相关文献。其次，本书延续高管早期经历相关研究这一文献脉络，对高管从军经历相关研究进行了全面回顾，包括军人特质相关研究及军历高管与企业决策的相关研究，重点突出目前军历高管相关文献的研究现状与不足，明确本书的研究贡献。再次，本书基于企业战略决策的视角对相关文献进行了梳理和总结。本书沿着企业战略定位、市场化战略投资与非市场化战略投资的逻辑，从企业战略差异度、战略性并购以及慈善捐赠三个方面对相关研究进行了梳理和总结。最后，本书在厘清现有文献的研究脉络之后，对研究现状与不足进行了总结，并明确了本书的研究定位与研究问题。

2.2.1 高管个人特征相关研究

个人不同的早期经历会形成具有差异性的认知模式与价值观，这些都体现在个人的行事风格中（Becker，1992；Schlag，1998，1999）。汉布瑞克和梅森（Hambrick & Mason，1984）认为，企业决策反映了高管以往经验和背景所形成的认知模式、价值观以及行事风格，即高管在不确定的环境中往往会根据其认知模式与行事风格作出不同的决策。随后，公司财务领域大量涌现出研究高管个人特征影响企业决策的文献（Bertrand & Schoar，2003；Xuan，2009；Kaplan et al.，2012；Fan et al.，2007）。通过对相关文献的梳理，本书将高管个人特征相关研究主要分为高管人口学特征、心理特征以及早期经历相关研究三个部分。

（1）高管人口学特征相关研究

对高管认知模式、价值观与行事风格的直接度量有助于研究结论的准确与客观，但由于高管认知模式、价值观是抽象的，难以直接度量，因此学者们将人口学中诸如性别、年龄、学历、职业、教育专业、工作经历以及任期等在一定程度上反映高管认知模式和价值观（Hambrick, 1995; Simsek, 2007）的背景特征指标进行量化，并展开了相关研究。

在高管背景特征的早期研究中，学者们对高管团队异质性展开了研究（Bantel & Jackson, 1989; Buyl et al., 2011; 肖挺, 2016）。有学者出于对团队决策影响力与重要性的考虑，将管理团队异质性的研究重点放在董事长、总经理的背景特征上，对管理者多方面特征与企业决策的关系同时进行检验。有学者从企业投资行为（李焰等, 2011; 张兆国等, 2013; 姜付秀等, 2009）、财务重述行为（何威风和刘启亮, 2010）、会计稳健性（张兆国等, 2011）、负债融资行为（何瑛和张大伟, 2015）等角度研究了高管多方面特征对企业决策的影响。从多方面探讨高管背景特征较为全面，但也存在一定的局限。该类研究不能对某一种特征的作用机制进行较为深入的分析，不利于后续研究工作的开展，因此文献的研究重点从高管多方面的背景特征转移到某一种背景特征。

第一，高管性别研究。心理学研究表明，女性的行为更为谨慎（Zuckerman, 1994; Byrnes et al., 1999），因此管理者性别必然对企业决策造成影响。有学者从女性高管的视角研究了其对公司的并购决策的影响（Huang & Kisgen, 2013），也有学者从女性董事的视角研究其对企业投资（金智等, 2015）、公司治理（Adams & Ferreira, 2009）、企业价值（Campbell & Minguez-Vera, 2008）等的影响。此外，还有学者研究女性董秘对企业信息披露的影响（林长泉等, 2016）。目前，对女性高管的研究结论尚未达成一致。有研究发现了女性高管的积极作用（Carter et al.，2003；Huang & Kisgen，2013；Adams & Ferreira，2009；Campbell & Minguez-Vera，2008），也有研究得出了截然相反的结论（金智等，2015；林长泉等，2016）。

第二，高管年龄研究。伯特兰德和舒勒（Bertrand & Schoar，2003）认为，高管年龄与其风险偏好、管理风格相关。有学者认为，年轻高管需要积累一定的职业声誉，因此他们在企业决策中更厌恶风险（Hirshleifer & Thakor，1992；Holmstrom，1999；Zwiebel，1995）。然而，普伦德加斯特和斯特勒（Prendergast & Stole，1996）则发现了相反的结论，即年轻高管在决策中更为偏好风险以示其拥有优秀的管理能力。瑟夫林（Serfling，2014）通过对企业研究与试验发展（R&D）投入及经营负债的研究发现，管理者年龄越大，R&D 投入越少，经营负债水平越低，与年轻管理者偏好风险的研究保持一致。伊姆（Yim，2013）、森特和卢埃林（Jenter & Lewellen，2015）研究 CEO 年龄与企业并购的关系也得出了类似的结论。也有学者从企业财务报告质量（Huang et al.，2012）、R&D 投入（刘运国和刘雯，2007）等角度研究高管年龄的影响。此外，还有学者从社会资本的角度研究高管年龄对薪酬契约的影响（李四海等，2015），研究发现随着高管年龄的增长，其拥有的政治资源等社会资本积累逐渐增加，增强了其在薪酬契约签订中的谈判力和控制力。

第三，高管教育背景研究。教育经历是专业能力的重要来源（Chevalier & Ellison，1999；姜付秀等，2009）。有学者从高管学历的视角进行了研究（Wiersema & Bantel，1992；池国华等，2014；黄继承和盛明泉，2013），也有学者对高管专业背景进行了分析，从金融和财经类专业（Guner et al.，2008；张兆国等，2011；Jensen & Zajac，2004）、法律类专业（何威风和刘巍，2017）、海归经历（刘青等，2013；代昀昊和孔东民，2017）等视角进行了探索。

第四，高管任职经历研究。芬克尔斯坦等（Finkelstein et al.，1996）认为，高管的任职背景会对认知模式、价值观等个体心理因素产生影响，从而影响企业决策和绩效。已有研究从财务经历（姜付秀等，2009；李焰等，2011；姜付秀和黄继承，2013；姜付秀等，2016）、法律经历（Barker & Mueller，2002）、审计经历（蔡春等，2015）、技术类经历（冯海红等，2015；秦令华等，2012；潘玉香等，2015）、学术经历（周楷唐等，2017）、政府任职经历（Fan et al.，2007；罗党论和甄丽明，2008；逯东等，2012）等研究视角，对企业决策等进行了研究。葛永波等（2016）研究发现，当管理者具有同行业的工作经历时，在投资行为方面表现得更为理性。

第五，高管任期研究。米勒（Miller，1991）、米勒和夏姆斯（Miller & Shamsie，2001）指出，高管任期会对公司决策造成影响。有学者从高管任期的角度对投资（李培功和肖珉，2012；刘亚伟和张兆国，2016）、R&D支出（刘运国和刘雯，2007；张兆国等，2014）、盈余管理（Ali & Zhang，2015）、企业绩效（Simsek，2007）等方面进行了探讨。

第六，高管婚姻状况研究。吉尔伯特（Gilbert，2010）提到，婚姻不仅是个人的爱情故事，更是具有真实经济后果的公众事件。克里斯滕森等（Christiansen et al.，2010）关注高管离异对其风险倾向的影响，发现离婚会使得男性选择更为冒险的投资组合，使女性选择更为安全的投资组合。尼科洛西和约尔（Nicolosi & Yore，2015）探讨了标准普尔（S&P1500）公司CEO的婚姻状况与企业决策的关系，研究发现CEO婚姻重组与公司的风险偏好正相关，离异CEO会增加公司并购以及大规模资本支出的概率。尼兰德（Neyland，2012）则得出截然相反的结论，即离异CEO的风险容忍度降低。国内学者徐莉萍等（2015）深入考察高管婚变对公司治理、股票价格表现以及公司绩效等方面的影响，研究表明高管离异对公司造成了一定程度的负面影响。

第七，其他研究。有学者从高管境外居留权等特征展开了研究。刘行等（2016）发现，民营上市公司的实际控制人具有境外居留权时，其所在企业面临着更为严格的监管，从而显著降低了企业的避税程度。张胜等（2016）进一步区分了企业的税负水平发现，当企业的税负水平越高时，避税收益越高，实际控制人具有境外居留权的民营上市公司的避税程度越高；当企业的税负水平越低时，避税收益越低，实际控制人具有境外居留权的民营上市公司的避税程度越低。

（2）高管心理特征相关研究

虽然人口学特征在一定程度上能够反映出高管的认知模式等（Hambrick，1995；Simsek，2007），但相关的衡量指标并没有实现高管决策偏好的直接度量。因此，学者们在衡量指标方面进行了不断的尝试，以期用更直接的方式对高管心理特征，如自负、过度自信、乐观、自恋、情绪稳定性、自我评价等方面进行度量，并以此为基础展开研究（Finkelstein & Hambrick，1996）。

有学者（Jia et al.，2014）以1996—2010年标准普尔（S&P1500）公司为研究样本，使用CEO面部特征来衡量其风险偏好。其研究认为，由于受到男性荷尔蒙睾酮素的影响，个人面部特征反映了男子气概，这往往影响着个体扩张、自负、冒险以及社会地位维持等行为，在一定程度上反映出个人风险偏好。其研究发现，当CEO面部长宽比越高时，CEO的男子气概越明显，CEO越偏好风险，导致企业财务错报风险相应越高。进一步的研究表明，高管偏好风险的行为会导致证券交易委员会将其视作重点审查目标，并可以作为预测内幕交易与期权回溯行为发生概率的指标。有学者（Rashad Abdel-Khalik，2015）通过CEO薪酬等指标构建相对风险报酬系数来衡量CEO的风险偏好，系数越大表明CEO越偏好风险。其研究表明，相对风险报酬系数与企业R&D投入之间呈正向关系，即CEO越偏好风险，企业R&D投入越多。此外，有研究表明，在面临相似的经济环境下，CEO

个人行为与其在公司决策上的行为保持高度一致（Cronqvist et al.，2012）。克隆奎斯特等（Cronqvist et al.，2012）发现当 CEO 个人贷款水平较高时，其所在公司负债水平也相应较高，即两者呈显著正相关关系。凯恩和麦基翁（Cain & Mckeon，2016）延续了这一研究逻辑，以 CEO 是否考取飞机驾驶执照来衡量其风险偏好，认为考取飞机驾驶执照的 CEO 在生活中更偏好风险，因此其偏好风险的特质在企业决策中也会有所体现。其研究结果表明，当 CEO 拥有飞机驾驶执照时，企业在负债融资、并购决策、薪酬结构设计上也表现出偏好风险的特点，即公司的负债水平较高、公司并购活动更频繁以及在薪酬契约设计中更多涉及企业业绩等项目。森德等（Sunder et al.，2017）认为，拥有飞机驾驶执照的 CEO 具有冒险与渴望新奇体验的特性，这与创造力有关。研究发现，当 CEO 拥有飞机驾驶执照时，企业的创新性更强，以专利和引用数衡量的创新绩效更高，创新更多样化并且更多原创。

哈姆等（Ham et al.，2017）以首席财务官（CFO）署名大小来衡量其自恋程度，署名越大表明 CFO 越自恋。研究发现，CFO 的自恋程度越高，公司盈余管理程度越高，损失确认越不及时，内部控制质量越低，财务重述的概率越大。有学者（Zhu et al.，2015）以年报中 CEO 照片的大小来衡量 CEO 的自恋程度。研究者以公司并购战略及国际多元化战略为研究切入点，发现自恋的 CEO 会过度重视自己过去的战略经验，忽视其他董事的战略经验。当 CEO 过去的地位较高、权力较大时，这种行为会得到加强。另外，自恋的 CEO 并不会直接抵制其他董事提出战略建议，而是通过采取与战略建议背道而驰的战略方案以获得优越感。此外，弗里诺等（Frino et al.，2014）研究了 CEO 的自恋程度与盈余管理之间的关系，研究表明 CEO 的自恋程度越高，其进行正向盈余操纵的可能性越大。上述研究均是关注到 CEO 的自恋程度对企业内部决策的影响。贾德等（Judd et al.，2015）则从外部审计师的角度进行了分析，研究发现自恋的 CEO 所在公司的外部审计费用更高。进一步分析发现，自恋的 CEO 增加了审计师辞职的可能性。

过度自信作为研究认知偏差中最为普遍的现象，在高管心理特征研究中逐渐兴起。格里芬和特韦尔斯基（Griffin & Tversky，1992）、克劳斯曼等（Klayman et al.，1999）指出，过度自信会在一定程度上高估自身能力、知识以及判断准确性等。国外关于过度自信的度量方法比较丰富，主要包括以下几种：第一，高管行权期内持股数量的变化（Malmendier & Tate，2005）；第二，消费者情绪指数（Oliver，2005）；第三，管理层盈利预测偏差（Lin et al.，2005）；第四，实施并购的频率（Doukas & Petmezas，2007）；第五，主流媒体对 CEO 的评价（Hirshleifer et al.，2012；Hribar & Yang，2016；Malmendier & Tate，2008）；第六，个人投资组合（Campbell et al.，2011）；第七，CEO 相对薪酬（Hayward & Hambrick，1997）；第八，管理层身份（企业创始人或经理人）（Lee et al.，2015）等方式。由于国内媒体具有较强的主观性（江伟，2010），目前国内过度自信衡量的方式主要包括以下几种：第一，企业景气指数（余明桂等，2006）；第二，个人特征综合指标（构建包括性别、年龄、学历、教育背景、"两职合一"五个指标在内的综合指标）（余明桂等，2013）；第三，业绩预告偏差（余明桂等，2006；王霞等，2008；姜付秀等，2009；李云鹤，2014）；第四，高管相对薪酬（姜付秀等，2009）；第五，高管持股数变动（肖峰雷等，2011；孙光国和赵健宇，2014；梁上坤，2015）等。过度自信的各种衡量方法各有利弊，李云鹤（2014）等学者指出，由于我国股权激励实施的公司有限以及 2006 年以前的《中华人民共和国公司法》规定公司董事、监事、经理应当向公司申报所持有的本公司股份并在任职期间内不得转让，因此用高管持股数量的变化来度量过度自信存在一定的问题。目前，国内学者运用较为普遍的方法为业绩预告偏差或盈利预测偏差。国内外学者从成本黏性（梁上坤，2015；Kuang et al.，2015）、会计稳健性（孙光国和赵健宇，2014）、内部控制（Chen et al.，2014）、投资（王霞等，2008；李云鹤，2014）、融资（余明桂等，2006；刘彦文和郭杰，2012）、创新（Galasso & Simcoe，2011；王山慧等，2013；易靖韬等，2015）、盈余预测偏差（Chen et al.，2015）、盈余管理（Hsieh et al.，2014）、并购次数（Brown & Sarma，2007；Billett & Qian，2008；姜付秀等，2009）、并购溢价（Hayward & Hambrick，1997；Malmendier & Tate，2008）、薪酬结构（Humphery-Jenner et al.，2016）、企业税收政策（Chyz et al.，2014）、社会责任（Tang et al.，2015）、风险产品（Simon & Houghton，2003）、企业风险（Roll，1986；Li & Tang，2010；余明桂等，2013；毕晓方等，2015；徐朝辉和周宗放，2016）、企业危机（Ho et al.，2016）等角度探索了高管过度自信的影响。

（3）高管早期经历相关研究

人类行动的依据来自人们对过去的知识和经验的记忆。通过条件反射和学习，人们会形成对当前和未来行动的指导（Freud，1915）。早期经历（Becker，1992）以及如自然灾害、饥荒、金融危机等造成的负面冲击的经历（Hanaoka et al.，2015），对个人认知模式、风险偏好以及行事风格的影响尤其明显。

第一，饥荒经历。程令国和张晔（2011）使用 2002 年中国家庭收入项目调查数据研究早年经历饥荒人群的家庭储蓄行为。研究认为，童年时期的饥荒经历使得人们形成了节俭的消费习惯并留下了心理创伤，造成了他们非理性的预防性心理动机。节俭的消费习惯与非理性的预防性心理动机正是造成他们高储蓄倾向的原因。哈博（Harbaugh，2004）认为，对大饥荒的记忆是中国居民倾向于高储蓄的原因，且饥荒强度和居民的储蓄倾向正相关。汪小圈等（2015）利用 2010 年中国家庭追踪调查横截面数据估计了幼年饥荒经历对个体自雇选择的影响，研究发现幼年时期经历了大饥荒的人群表现出较高的风险厌恶程度以及较低的风险承担能力，进而成年后更不愿意自主经营及更不愿进行金融风险投资。此外，出于"移情"等情感，许年行和李哲（2016）研究了 CEO 的贫困经历与企业慈善捐赠的关系。他们的研究认为，慈善捐赠是"利他"行为（Sharfman，1994；Batson & Slingsby，1991），有贫困经历的高管（出生地贫困或童年具有饥荒经历）更能主动履行社会责任，所在企业的慈善捐赠水平也更高。他们进一步检验有贫困经历的 CEO 的在职消费水平发现，有贫困经历的 CEO 在职消费更少，能做到对别人慷慨而对自己节俭。

第二，自然灾害。花冈等（Hanaoka et al.，2015）以 2011 年日本东部大地震为外部冲击检验了负面的外部冲击是否会改变人们的风险偏好，即遭受高频度地震地区的人们是更愿规避风险还是更愿冒险。研究表明，那些遭受高频度地震地区的男性变得更加冒险激进；而对于女性来说，证据显示有相反的作用，即高频度地震地区的女性变得更加保守，但针对女性风险偏好的研究结果并不稳健。伯尼等（Bernile et al.，2017）研究发现，CEO 童年经历过重大灾难与公司的风险决策之间存在非单调性关系。具体而言，当灾难并没有造成严重后果时，经历了灾难的 CEO 在公司财务决策中表现得更激进冒险；当灾难对当地造成了严重后果时，经历了灾难的 CEO 在公司财务决策中表现得更保守。

第三，经济负面冲击。有学者关注到诸如经济危机、股灾、大萧条、通货膨胀等宏观经济冲击对个体风险偏好及承担风险意愿的影响（Friedman & Schwartz，1963；Blanchard，2010；Malmendier & Nagel，2011）。弗里德曼和施瓦茨（Friedman & Schwartz，1963）认为，经济大萧条时期的经历影响了股票市场投资者情绪，市场很长一段时间笼罩着消极的投资情绪，并造成投资者对资本市场的不信任情绪（Graham & Narasim-han，2004；Schoar，2007）。布兰查德（Blanchard，2010）认为，2008 年的金融危机给人们的心理造成了深深的伤害，将会长时间影响市场的供给和需求。马尔门迪和纳格尔（Malmendier & Nagel，2011）利用 1960—2007

年美国消费者金融调查报告的相关数据研究经历了宏观经济冲击的个体是否会影响他们对金融风险的态度。研究发现，控制了年龄、年度以及家庭的特征等变量后，经历过股票市场低谷的人群更不愿意承担金融风险。这具体表现为参与到股票市场的可能性更小，即使参与到股票市场中，他们较少投资自己的流动性资产，并对股票市场的未来回报率的预期表现消极。对债券市场的研究也得到了同样的结论。另外，这种经历发生时间越近，其影响越显著，尤其在年轻人群中更为明显。马尔门迪等（Malmendier et al.，2011）以早年经历了美国经济大萧条的 CEO（1920—1929 年出生）为研究样本，发现在经济大萧条时期成长的 CEO 对风险资本市场态度更为谨慎，不愿意公司负债，会过度地依赖公司内部资金进行融资。

第四，从军经历。从军经历作为特殊且重要的早期经历受到学者们的普遍关注（Malmendier et al.，2011；Lin et al.，2011；Benmelech & Frydman，2015；赖黎等，2016；Luo et al.，2017；Law & Mills，2017）。后文对高管从军经历相关文献进行详细梳理。

2.2.2　高管从军经历相关研究

（1）军人特质相关研究

埃德尔等（Elder et al.，1991）以 1904—1930 年出生的美国男性为研究对象，研究了军队经历（1940—1955 年，包括第二次世界大战时期）对退役军人的影响。研究发现，成年早期的参军经历对退役军人今后的生活选择和决策都有持续性的影响，甚至对其职业发展与改变都有积极的影响。由于军队的特殊性，从军经历对个体认知模式、价值观以及行事风格都有一定的影响。本书通过对已有文献的梳理，将军人特质主要总结为以下几个方面：

第一，激进冒险。基尔戈尔等（Killgore et al.，2008）研究发现，有激烈的战斗经历的退伍军人会更偏好风险，风险承担能力更强。埃德尔和克利普（Elder & Clipp，1989）以加州大学伯克利分校人类发展研究所提供的 149 名退役军人信息为研究样本，研究发现相较于没有战斗经历或经历小型冲突战役的军人，经历了激烈战斗的军人战后情绪和行为都更加冒险。贝尔科维奇和莱佩奇（Berkowitz & Lepage，1967）以 100 位男性大学生为实验对象，研究分析实验者与枪支的接触是否引起他们过激的行为反应。研究表明，相较于没有与枪支直接接触的实验者，与枪支直接接触的实验者的行为表现更加激进。万瑟斯基等（Wansink et al.，2008）通过对 526 名经历了二战的退伍军人进行问卷调查发现，领导力、忠诚和冒险是军人的三个不同特征。其中，他们认为冒险精神具有自发性、适应性以及敢作敢当的特点。

第二，保守主义。有学者发现与激进冒险完全相反的性格特质。弗兰克（Franke，2001）通过对美国西点军校学员和锡拉丘兹大学本科生的价值观与人生态度进行问卷调查发现，军校学员表现出更保守的性格特质。格尔兹和汉格斯特（Goertzel & Hengst，1971）通过问卷调查对陆海军官学校学员与一般综合性大学的男性本科生进行个人特质的研究，发现军队学员在保守主义等方面的得分更高。索伊特斯（Soeters，1997）通过对军事学院的学生价值观进行对比分析发现，军事学院的学生对模糊性的容忍程度较低，性格更为保守。

第三，道德感。弗兰克（Franke，1998，2001）研究发现，军队经历往往强调责任感、奉献与自我牺牲等，这塑造了个体正直、忠诚的价值观，使得有此经历的人往往将集体利益置于个人利益至上，更有道德感。格里菲斯（Griffith，2002）、达布等（Daboub et al.，1995）也发现了同样的品质。索伊特斯（Soeters，1997）通过对军事学院的学生价值观进行对比分析发现，军事学院的学生评价更为客观并且在个人利益面前能够保持正直的品行。辛德（Snider，2008）认为，军人对"做正确的事"，即符合法规的事情会充满责任感和荣誉感，这是军队文化的一部分。杜菲

（Duffy，2006）、万瑟斯基等（Wansink et al.，2008）也发现军人具有强烈的道德感。

第四，领导力。有研究者（Wong et al.，2003）借鉴胡特（Hunt，1991）多级领导模型，从系统领导力、组织领导力以及直接领导力三个方面对军人的领导力进行了检验分析，发现军队经历是培养个体领导力的沃土，领导力①与军队经历是密不可分的。杜菲（Duffy，2006）认为，军队训练造就了如下六个方面的领导特质：较强的团队合作意识、良好的组织能力、娴熟的沟通技巧、明确的目标并激励他人完成目标、强烈的道德感、良好的抗压能力。奥凯弗（O'Keefe，2010）研究发现，沃尔玛和通用电气公司声称现在的年轻管理者缺乏领导力和奉献精神，因此两家公司开始招募曾在伊拉克和阿富汗服役的美国年轻军官以解决公司领导才能短缺的问题。万瑟斯基等（Wansink et al.，2008）的研究也发现了军人的领导才能。他们通过比较美国西点军校入学生、毕业生与美国陆军战争学院的高级军官在爱国主义、全球化、权力主义的态度，发现军人在职业生涯的不同阶段有着不同的认知，以期适应角色的快速转变。埃德尔（Elder，1986）以1928—1929年出生并于20世纪40年代末参与朝鲜战争的214位美国退役军人为研究对象，考察了军队经历是否成为他们的人生转折点。研究表明，军队经历的确为研究对象带来了更加光明的未来。

（2）高管从军经历与企业决策相关研究

从军经历对个体认知模式、价值观与行事风格产生了影响，塑造了军人优秀或独特的品质。那么，军历高管的性格特质与行事风格在企业决策中是否有所体现？军历高管对企业决策究竟有什么样的影响？有学者对此展开了研究。本书通过对相关文献的梳理与总结发现，军人不同特质在企业决策中都有所体现。

第一，激进冒险。在融资方面，马尔门迪等（Malmendier et al.，

---

① 美国陆军在官方愿景中宣称"领导力是我们的存货，它让我们变得与众不同"。

2011）以 1980—1994 年 263 家美国上市公司为研究样本，通过人工搜集 CEO 从军经历的数据考察了军历 CEO 与企业融资决策之间的关系。研究表明，相较于非军历 CEO，军历 CEO 与公司的负债水平呈正向关系。赖黎等（2016）基于我国 2007—2014 年董事长与总经理的从军经历数据，实证检验了军历高管对企业融资偏好以及经营业绩的影响。研究发现，军历高管显著提高了公司的负债和贷款水平，企业债务期限结构更短，债务成本更高，现金持有水平更低，经营业绩表现更差。他们在进一步区分企业的产权性质后发现，上述效应在非国有企业中表现更为明显。上述研究表明，军历高管在企业决策中表现出偏好风险的特征，决策更为激进。在投资并购方面，赵民伟和晏艳阳（2016）研究发现，当公司持有现金水平较高时，有参军经历的管理者所在公司投资过度的程度更大。查道林和李宾（2021）研究发现，军历高管风险偏好、过度自信等特征使其会愿意持有更多现金进行如并购、创新等风险性较高的活动。赖黎等（2017）基于企业并购的视角，发现军历高管所在企业更偏好并购，并购风险更高。曾宪聚等（2020）进一步发现，拥有从军经历的高管在并购活动中倾向于支付更高的并购溢价。在其他决策方面，权小锋等（2019）认为，军历高管所在公司应计盈余管理和真实盈余管理程度更高，财务表现更为激进。傅超等（2021）基于战略差异度的视角，认为军历高管行事风格更为激进，因此更倾向于企业采取差异性战略，企业战略差异度更高。于连超等（2019）研究表明，高管从军经历会显著地促进企业金融化，其作用路径为高管从军经历提高了管理者过度自信的程度和企业战略激进的程度。陈伟宏等（2019）研究认为，军历高管风险承担水平更高，所在企业研发投入会更多。郎香香和尤丹丹（2021）也得到了与此一致的结论。

第二，保守主义。有学者得出了与激进特质截然相反的结论。本米莱克和弗莱德曼（Benmelech & Frydman，2015）基于 1980—2006 年的 CEO 从军经历数据，探讨了军历高管与企业决策以及企业绩效之间的关系。研究发现，军历 CEO 所在公司的资本性支出更少，R&D 投入更少，企业市场负债水平更低。研究结果表明，军历 CEO 所在企业的决策风格更为保守。有研究者（Bamber & Wang，2010）考察了军历高管与企业自愿性信息披露决策的关系。研究发现，军历高管所在企业的信息披露风格更为保守，具体表现为在管理层业绩预告中，军历高管盈利预测范围更小，更偏好精确的预测。王元芳和徐业坤（2019）认为，从军经历使得管理者更为保守而非更为激进，表现为公司风险承担水平显著下降。

第三，道德感。在高管违规腐败行为方面，本米莱克和弗莱德曼（Benmelech & Frydman，2015）在探讨了军历高管与企业财务决策的关系后，还进一步考察了军历高管与企业财务欺诈行为的关系。研究发现，军历高管所在公司的财务欺诈行为更少。科赫和韦尼克（Koch & Wernicke，2013）考察了军历 CEO 与公司不道德行为之间的关系。研究发现，军历 CEO 所在企业会更少地出现财务欺诈以及非法回溯股票期权日期的行为。杜菲（Duffy，2006）也得出了类似的结论，认为军历高管表现出强烈的责任心与道德感，公司涉及的欺诈行为更少，公司业绩表现更佳，同时也使得军历高管的任职期限更长。许楠等（2019）研究发现，军历高管所在企业高管违规行为更少。钟熙等（2021）研究发现，军历高管因遵循着更为严格的道德准则，所在企业会更少参与商业腐败行为。在盈余管理等机会主义行为方面，张静等（2019）研究发现，高管从军经历能够产生积极的公司治理效应、能够显著抑制企业的盈余管理行为，许楠等（2019）也得到了一致的结论，认为军历高管更加遵守市场规则。王元芳和徐业坤（2020）则在民营企业中找到军历高管积极治理效应的证据，发现有过从军经历的高管所在民营上市公司被出具非标审计意见的可能性以及实施盈余管理的程度相对更低。曹雅楠和蓝紫文（2020）认为，高管从军经历的"烙印效应"会对高管产生自我约束，军历高管较高的道德水准会削弱其隐瞒坏消息的可能，从而抑制公司股价崩盘的风险。在慈善捐赠方面，有研究者（Luo et al.，2017）从慈善捐赠的视角出发，认为从军经历赋予高管的道德感使其对慈善捐赠这种可能存在不合法性或争议性的行为不认同，因此军历高管所在公司的慈善捐赠水平更低。朱沆等（2020）则基于从军经历的道德感发现了相反的结论，研究认为从军经历形成的奉献观念会促进企业家积极承担个人社会责任，有从军经历的企业家慈善捐赠更多，并且会让企业获得更多的政府补助（邵剑兵和吴珊，2018）。在公司其他决策方面，有研究者（Jiang et al.，2014）以 1973—2007 年财务会计准则委员会（FASB）成员为研究对象，考察了不同背景的委员会成员与投票表决的关系。研究发现，有从军经历的委员会成员更可能在财务会计准则公告的制定中投反对票，军历高管的责任心与道德感得以体现。劳和米尔斯（Law & Mills，2017）从税收筹划的角度发现，军历高管认为税收筹划行为与政府要求的合法性行为存在一定的出入，属于游走在法律法规边缘的"灰色地带"。因此，相较于其他类型的管理者而言，军历高管所在公司的税收筹划程度更低，更少利用"避税天堂"进行避税。刘钻扩和王洪岩（2021）研究发现，军历高管因强烈的道德动机和利他偏好，会主动增强对环境监管的支持作用，所在企业更倾向于进行绿色创新。邵剑兵和赵文玉（2020）研究认为，军历高管因强烈的爱国主义精神和责任感等特征，会使得所在企业显著提升对"一带一路"倡议的响应度。在经济后果方面，吴树畅等（2021）研究发现，高管从军经历能够通过减少管理者自利行为，缓解代理问题，从而抑制企业的成本黏性。廖方楠等（2018）认为，军历高管的道德感和纪律性会对企业内部控制质量产生积极的影响。权小锋等（2018）认为，军历高管所在企业的审计费用更低，其原因在于军历高管的道德感降低了公司的代理成本，从而使得审计客户公司的固有风险有所降低。有研究者（Lin et al.，2011）从并购绩效的角度，检验 CEO 从军经历的影响。研究表明，收购方公司 CEO 若具备从军经历，由于其责任心、道德感使然，其更愿意将公司利益置于个人利益之上，与股东之间的代理成本更低，因此并购绩效更好。这具体表现在并购公告日的股票异常收益更高，并且这些交易表现出更高的短期和长期的协同效应。

第四，领导力。希因（Shein，2011）在一本描写企业发展转折的书中提到，当企业面临的环境充满了不确定性时，军历高管在企业危机中更能表现出勇气与领导力。杜菲（Duffy，2006）发现，当企业面临压力或危机时，军历高管在企业决策中更能表现出领导力的存在，能作出更加明智的决策。本米莱克和弗莱德曼（Benmelech & Frydman，2015）基于行业环境压力，检验了军历高管所在企业的业绩表现。研究表明，在行业环境压力较大的时候，军历高管所在企业的业绩表现更为突出。赖黎等（2017）发现军历高管所在企业并购绩效更好，是提升企业价值的重要作用路径。于连超等（2019）虽然找到了军历高管加剧企业金融化的证据，但发现高管从军经历弱化了企业金融化对企业主营业务发展的挤出效应，企业未来主营业务业绩有所提升。权小锋等（2019）研究发现，军历高管所在企业的创新程度更高，并且基于压力情景的探索发现，相较于经济正常时期，经济下行时期高管从军经历的创新效应更加显著。本书通过梳理军人特质研究，军历高管与企业决策、绩效方面的研究发现，军历高管的确在企业决策中具有重要的影响。

2.2.3 企业战略决策相关研究

汉布瑞克和芬克尔斯坦（Hambrick & Finkelstein，1987）的战略领导理论指出，高管可以观察到的经历会影响他们对所面临情况的判断，进而影响企业的战略决策。管理者与组织战略之间的匹配又将最终决定组织绩效（Thomas et al.，1991；Thomas & Ramaswamy，1996）。关于企业战略决策的研究，有学者从企业总体战略的角度进行了探讨（Bentley et al.，2013；刘刚和于晓东，2015；王化成等，2016；周兵等，2016），也有学者从企业某一类战略决策，如从并购战略（杨忠智，2011；靳云汇和贾昌杰，2003）、多元化战略（周建等，2017）等角度进行了研究。

企业战略定位作为战略管理中的关键环节，目的在于创造一个独特的、有价值的竞争地位。根据波特（Porter，1996）的定义，战略定位就是选择与竞争对手不同的经营活动或以不同的方式完成类似的经营活动等，因此本书从战略差异度的视角梳理了企业战略定位的相关文献。市场化战略投资强调企业边界内的资源属性与能力，着重在企业内部生产经营能力建设等方面进行资源投入。战略性并购关注的是企业的长期发展，作为企业战略调整的有效手段（方军雄，2008），在获取战略资源、税收优惠、产业转移、市场拓展等方面具有关键的战略意义。非市场化战略投资强调企业与利益相关者（包括政府、社会公众、媒体等）建立关系，着重在"关系建设"等方面进行资源投入。慈善捐赠作为典型的非市场化战略投资，是与政府、社会公众、媒体等建立关系的常用方式（Wang & Qian，2011；Su & He，2010；Li et al.，2015），有助于企业获取声誉资本等战略资源。基于此，本书从企业战略差异度、企业战略性并购、企业慈善捐赠的视角梳理了相关研究。

（1）企业战略差异度的相关研究

本书从战略差异度的视角考察企业的战略定位。战略差异度刻画了企业战略偏离行业常规战略的程度，反映了企业在行业层面中的战略定位。战略差异度对企业的发展不能一概而论。一方面，与行业常规战略趋同有助于避免与现有制度法规产生冲突，使得企业易于获取存续发展所需资源，降低经营过程中的不确定性（Meyer & Rowan，1977；DiMaggio & Powell，1983；Tang et al.，2011），在一定程度上满足企业自身合法性需求，并降低其决策成本；另一方面，采用常规战略的企业往往面临着更为激烈的同质竞争（Geletkanycz & Hambrick，1997；Deephouse，1999），企业很难获得竞争优势进而使其利润率降低。基于此，战略差异度越大，企业越有可能取得极端的优秀或失败的成果（Tang et al.，2011；Finkelstein &

Hambrick，1990；Hiller & Hambrick，2005）。

有学者对企业战略差异度的影响因素进行了研究（Tang et al.，2011；赵晶等，2015）。赵晶等（2015）从家族企业传承人合法性的角度，以家族企业继任者进入企业决策层的时点作为代际传承时点进行准自然实验，检验了家族企业代际传承对企业战略差异度的影响。他们研究发现，家族企业在代际传承的窗口期内会实施更具差异化的企业战略，即企业战略差异度更高。进一步地，他们研究发现，传承者合法性越低，继任者实施差异化战略的动机就越强烈，从而导致战略差异度越大，证明了战略合法性路径。有学者（Tang et al.，2011）从 CEO 权力的角度，基于 1997—2003年电脑行业公司对战略差异度进行了研究，发现 CEO 在高管团队中的相对权力越大，企业的战略差异度也会越大。多数文献对企业战略差异度的经济后果进行了检验。卡彭特（Carpenter，2000）研究发现，企业战略差异度越高，利益相关者对企业经营模式越难以预测与评估，企业与外部利益相关者之间的信息不对称程度越严重。基于此，叶康涛等（2014，2015）分别从企业盈余管理行为、会计信息价值相关性的视角进行了检验。叶康涛等（2014）发现，企业战略差异度越大，其经营风险、信息不对称会让投资者要求更高的回报率作为不确定性的补偿，这将会提升企业的融资成本，从而造成会计利润价值相关性的下降和所有者权益相关性的增强。叶康涛等（2015）发现，当企业战略与行业常规战略偏离程度较大时，由于信息不对称程度的加剧导致企业盈余管理被发现的概率较小，企业倾向于采取更易操纵的应计盈余管理，而较少进行隐蔽程度更高但实施难度更大的真实盈余管理。从企业绩效的角度，有学者发现，企业的战略差异度会显著提高企业财务业绩的波动性，即企业战略偏离行业平均值越大的企业，其业绩波动性也会越大，既可能造成收益的增加，又可能造成损失的增加（Tang et al.，2011；Finkelstein & Hambrick，1990；Hiller & Hambrick，2005）。有学者（Lee，2017）进一步探索了企业如何通过实施差异的战略来实现企业绩效的提升。一般研究将市场相似战略或者差异化战略完全独立开来，而 Lee（2017）将两者整合起来分析，认为当企业战略符合市场显著特征，但偏离行业常规的战略时能获得更好的业绩。

（2）企业战略性并购的相关研究

战略性并购是指企业从自身发展战略高度出发，通过优化资源配置的方式在适度的范围内继续强化主营业务，产生协同效应，培育企业核心竞争能力，实现企业在经营领域和经营地域的扩张，旨在创造大于各自独立价值之和的企业价值（周晓苏和唐雪松，2006）。战略性并购关注的是企业的长期发展，因此更看重目标公司的行业属性、经营模式、重建难度和地域差异。跨区域并购具有明显的战略规划特点，有助于企业实现经营地域的扩张，是战略性并购的重要形式。

早期文献基于地方保护主义发现，政府干预往往导致地区之间的市场分割（Wong，1992；Young，2000；严冀和陆铭，2003），跨区域并购的推进障碍重重（李增泉等，2005；方军雄，2008，2009；潘红波和余明桂，2011）。李增泉等（2005）在 1998—2001 年发生的 416 起上市公司收购非上市公司事件中发现，异地并购仅有 46 起，相对于本地并购而言微乎其微。方军雄（2008）将企业实际控制人区分为地方政府控制以及中央政府控制后发现，当企业被地方政府直接控制时，更容易实施本地并购，较少进行跨区域并购；中央政府直接控制的企业更容易实施跨区域并购，说明中央政府直接控制的企业可以突破地方政府设置的地域障碍，这在一定程度上说明地方保护主义的确导致地区之间的市场分割，对企业跨区域并购造成了影响。潘红波和余明桂（2011）通过分析地方政府干预的背景下不同所有权性质对企业并购决策的影响发现，相较于民营企业，国有企业实施跨区域并购的概率越小，并且相较于同地并购，国有企业跨区域并购造成了一定的负面影响，表现为市场反应更为消极。以上结论表明，当国有企业实施跨区域并购后，地方政府对其支持力度有所减弱，支撑了地方政府对国有企业是"支持之手"的观点，同时也说明了地方政府对国有企业的支持会阻碍民营企业资源的获取，对民营企业而言是"掠夺之手"的存在。有学者对此进行了证明。孙自愿和许若琪（2017）以2008—2014年发生异地并购事件的企业为样本，发现异地并购会缓解政企关系对企业经营效率的损害，规避政府掠夺对企业带来的抑制效应。此外，乔薇（2012）基于并购溢价的视角，发现地方保护主义不利于企业的跨区域并购实施的证据。研究发现，地方政府直接控制的企业或不被地方政府直接控制但受到地方政府干预的企业在转让控制权时，收购方公司与目标公司不属于同一地域，转让控制权的企业获得的转让溢价更高，即地方政府的干预使得异地企业收购当地企业时，需要突破区域壁垒支付更高的并购溢价。

方军雄（2009）研究发现，虽然地方保护主义使得企业实施跨区域并购难度增加，但随着市场化程度的提高，跨区域并购的障碍得到了有效的缓解，市场分割状况得到改善。越来越多的学者关注到除地方保护主义、政府干预之外影响跨区域并购的其他因素。在政策制度方面，李彬和潘爱玲（2015）探讨了差异性税收制度与企业跨区域并购的关系，研究发现区域性税收优惠对跨区域并购具有一定的诱导效应，但对企业价值提升的效果并不明显。进一步的研究发现，当企业战略为规模扩张战略时，区域税负差异对企业跨区域并购的诱导效应更强。王凤荣和苗妙（2015）进一步引入区域环境因素，分析发现虽然地区间的税收竞争优势加剧了企业的跨区域并购，但企业并没有获得节税收益，即企业跨区域并购并不是出于节税的考虑，更多是考虑目标公司的区域环境为企业带来的成长效应。有学者从高管政治关联的视角进行研究。夏立军等（2011）基于1997—2003年上海证券市场和深市证券市场首次公开募股（IPO）公司为研究对象，探讨了高管政府任职背景对企业异地投资（跨省开设下属公司或跨省并购）的影响。研究发现，政企纽带能够促进企业的异地投资，但前提是企业高管的政治关联要达到厅局级以上并且公司被地方政府直接控制才能有显著的影响。他们进一步分析非政府控制公司样本发现，高管在中央部门的任职经历也有助于帮助企业实现跨省投资，但这种显著关系在中央政府直接控制的公司中反而被削弱。蔡庆丰等（2017）以2005—2014年中小板民营上市公司的并购交易为研究样本，发现企业家政治关联层级越高，企业越多进行跨市并购，越少进行跨省并购。他们进一步分析发现，企业家存在利用政治关联进行政策套利型并购的现象，即企业家的政治关联层级越高，越倾向于进入经济欠发达地区及市场化程度较低地区，但收购方公司来自经济发达地区及市场化程度较高地区时，这种政策套利型并购的现象有所减弱。魏江等（2013）进一步区分了高管政治关联的类型，研究发现高管与本地政府存在政企纽带时，有助于企业在本产业内实施跨区域并购，而高管与中央政府存在政企纽带时则有助于企业在本产业外实施跨区域并购。

也有学者关注到异地并购绩效的问题，并对其影响因素进行了探讨。唐建新和陈冬（2010）以2003—2008年发生的非关联异地并购为研究样本，探讨了地区投资者保护对异地并购绩效的影响。他们研究发现，目标公司所在地区投资者保护程度越高，收购方公司的异地并购收益越高。另外，当目标公司所在地区投资者保护程度高于收购方公司时，收购方公司的异地并购收益比较高，研究结论表明地区投资者保护有助于节约交易成本，减少市场摩擦，为异地并购带来协同效应。姚益龙等（2014）以2003—2009年非关联股权标的并购事件为研究对象，检验了不同产权性质下要素市场发展差异对企业异地并购绩效的影响。一方面，中央国企与地方国企对要素市场落后地区企业实施并购时，随着双方要素市场发展差异的加剧，两者的并购绩效表现有所不同。具体而言，中央政府控制的企业凭借其政治权威获得的政治寻租利益越大，并购绩效越高，而地方国企在并购后重建时"支持之手"的政治寻租成本越大，并购绩效越低。另一方面，地方国企与民营企业对要素市场更为成熟的地区的企业实施并购时，随着双方要素市场发展差异的加剧，两者的并购绩效表现有所不同。具体而言，地方国企摆脱"掠夺之手"的作用越显著，并购绩效越高。民营企业要素市场扭曲带来的资源错配效应及市场摩擦越大，导致并购绩效越低。王艳和阚铄（2014）从并购双方企业文化融合的角度研究对并购绩效的影响。研究发现，对于跨省份并购而言，并购双方企业文化融合难度加大，收购方公司文化强度越强，对企业并购绩效的负面影响越明显。刘春等（2015）发现了异地独立董事在企业异地并购中的咨询功能。研究表明，异地独立董事来自目标公司所在地时，收购方公司的异地并购的效率显著更高，且目标公司所处地区的地方保护主义程度越严重，异地独立董事对异地并购效率的提升作用越明显，但该效应只在收购方公司为民营企业时存在。周昌仕和宋献中（2013）从并购竞争优势的角度检验了跨区域并购后的公司治理溢出效应。他们以股权分置改革后781起并购事件为样本，发现地方国企和中央国企跨区域并购与同区域并购的竞争优势形成反差，即地方国企跨区域并购竞争优势显著劣于同区域并购，中央国企跨区域并购竞争优势略优于同区域并购，地方国企的跨区域并购不仅没有对公司治理产生溢出效应，反而损害了股东利益。

此外，还有学者关注到跨区域并购对宏观经济的影响。胡杰武等（2012）通过整理2002—2008年中国企业跨区域并购的研究样本发现，跨区域并购使得中国的资源型企业存在向资源富集地区转移，加工型企业存在向配套措施完善的经济发达地区转移的迹象，具有促进区域产业结构优化和区域经济增长的作用。白雪洁和卫婧婧（2017）也得到了同样的研究结论。他们基于2011—2013年中国异地并购样本发现，异地并购形式的产业转移能够实现产业升级，在一定程度上反映出中国地方政府以竞争性引资政策布局超越比较优势的产业结构，从而加速了产业升级进程。

（3）企业慈善捐赠的相关研究

战略性慈善（strategic philanthropy）是企业为获取声誉资本等重要的战略资源而进行的慈善捐赠，不仅有助于企业提升其战略地位，也最终体现在企业绩效上（Godfrey，2005；Porter & Kramer，2002）。作为一项典型的非市场化战略投资，慈善捐赠在中国这一高速发展的转型社会被赋予了更多的"期望"，往往视作与外界建立关系的工具（Chen et al.，2008）。关于慈善捐赠动机的研究文献较为丰富，主要划分为战略动机、政治动机、管理层自利动机以及利他动机（Atkinson & Galaskiewicz，1988；Brown et al.，2006；Campbell & Slack，2006；Marquis & Lee，2013；Wang & Qian，2011；Zhang et al.，2010）。在已有研究中，多数文献支持企业进行慈善捐赠是出于战略动机或政治动机的观点，认为慈善捐赠是与政府、社会公众、媒体等建立关系的常用方式（Wang & Qian，2011；Su & He，2010；Li et al.，2015）。慈善捐赠有助于建立企业良好的信誉，改善企业形象、提升企业声誉，从社会公众、媒体中获得积极的反馈，并在一定程度上缓解了政府的财政压力、分担了社会责任，使得政府在政策资源等方面给予企业一定的支持，体现出非市场化战略的特点。

企业出于战略动机进行慈善捐赠在学界达成了共识（Saiia et al.，2003；Brammer et al.，2006；Sanchez，2000）。学者们普遍认为，企业慈善捐赠可以建立良好的信誉，改善企业形象、提升企业声誉，从利益相关者中获得积极的反馈，包括投资者和媒体的良好评价、对潜在员工和合作伙伴的吸引以及客户支付溢价的强烈意愿（Lev et al.，2010；Porter & Kramer，2002；Wang & Qian，2011）。慈善捐赠在不同利益相关者中所建立的声誉资本也可以在一定程度上缓解企业在其他社会领域不佳的表现，如较差的员工关系、环境问题、产品安全等（Chen et al.，2008）。慈善捐赠往往作为企业危机管理的工具，减少企业负面行为对企业形象的损害（Godfrey，2005；Koehn & Ueng；2010）。例如，有研究者（Du，2015；

Koehn & Ueng，2010）发现，面临环境问题或被迫对其可疑利润进行解释的企业，往往会通过慈善捐赠行为减少企业的负面宣传，转移公众的注意力（高勇强等，2012）。那么，是什么因素影响了企业进行慈善捐赠呢？傅超和吉利（2017）以 2008—2013 年沪深 A 股上市公司为研究样本，对企业诉讼风险与慈善捐赠的关系进行了探讨。研究发现，企业诉讼风险显著提高了企业的慈善捐赠水平，并且前期的败诉经历加剧了企业当期进行慈善捐赠的意愿，证明了慈善捐赠具有"声誉保险"功能。山立威等（2008）、潘越等（2017）发现，当企业属于行业竞争激烈或属于产品与消费者直接接触的行业时，企业慈善捐赠更多。李四海等（2016）基于"穷"[①] 企业的捐赠行为发现了慈善捐赠对企业具有增值效应的证据。研究表明，业绩下滑的企业并没有因为自身盈利能力的下降而减少捐赠，反而对捐赠支出表现出更积极的态度。这种慈善捐赠行为降低了利益相关者对企业下滑业绩的风险感知，抑制了企业商业信用资源流失的风险；同时，企业业绩下滑情景下的捐赠信息对会计盈余信息在信贷契约中的作用产生了替代效应。

　　也有学者认为，企业进行慈善捐赠的目的是维系政企纽带，获取政治资源（Nevin-Gattle，1996；李维安等，2015；张振刚等，2016）。内文-加特（Nevin-Gattle，1996）基于美国工业历史的研究发现，企业往往将慈善捐赠作为减少政府干预企业经营自由的被动性策略。在制度环境不发达的经济体中，政府往往扮演着重要的角色，企业将慈善捐赠视作正式制度的一种替代，以期与政府保持良好的互动关系从而有利于保护企业产权及获取政策性优待（Sanchez，2000；Su & He，2010；Li et al.，2015）。在作为经济转型国家的中国，政府在社会经济发展中的作用尤为重要，企业将慈善捐赠作为战略行为更加明显（戴亦一等，2014）。张振刚等（2016）研究发现，企业的慈善捐赠在一定程度上缓解了政府的财政压力，分担了社

---

　　① 李四海等（2016）文中"穷"的企业是指业绩下滑或业绩亏损的企业。

会责任，使得政府在科技资源获取方面给予企业一定的支持。李维安等（2015）基于债务融资的研究视角，发现了民营企业通过慈善捐赠获取债务融资的证据，认为慈善捐赠是为寻求金融资源而与政府互惠的一种战略行为。张敏等（2013）、李四海等（2012）也发现了企业通过慈善捐赠获取政府补贴的证据。本书通过梳理相关文献发现，目前学者主要从制度环境变迁（唐跃军等，2014）、高管政治关联（张建君，2013；贾明和张喆，2010）等方面进行研究，较少关注高管早期经历的影响。

2.2.4 文献评述

本书通过对相关文献的梳理发现，目前关于高管个人特征影响企业战略决策的相关研究成果较为丰富，学者们从多个角度进行了深入探索，为本书提供了扎实的理论基础与经验证据。但是，前人的研究仍存在一定的不足，这为本书提供了一定的研究空间，使本书具有学术价值与现实启示。

在高管个人特征研究中，高管从军经历与企业决策是近年来学者较为关注的研究领域，但目前将高管从军经历与企业战略决策相结合的研究较为缺乏，本书完善了这一领域的研究。在战略定位的相关研究中，学者们更多地对企业战略定位带来的经济后果进行了实证检验，较少关注到影响因素的研究，更缺少对高管个人特征的关注。这为本书将高管从军经历作为检验企业战略定位的影响因素提供了一定的研究空间。在战略性并购的相关研究中，学者们更多地关注地方保护主义、税收政策以及高管政治关联等影响因素，缺少对高管个人特征尤其是高管早期经历的关注。同样，在慈善捐赠的相关研究中，学者们对慈善捐赠的不同动机进行了检验，并检验其影响因素与经济后果，涉及高管个人特征的研究十分缺乏。虽然有学者对高管早期贫困经历与企业慈善捐赠进行了关注（许年行和李哲，2016），但研究逻辑是出于"移情"的心理学理论，并不是出于战略动机或政治动机的考虑，并不能体现慈善捐赠的非市场化战略特点。因此，企业战略决策中高管从军经历的研究空白成为本书的研究起点。本书根据人格发展理论、高阶梯队理论以及战略定位理论，从军历高管的性格特质与行事风格出发，对军历高管是否影响及如何影响企业战略决策进行了实证检验，进一步拓展和丰富了企业战略决策的相关研究。

更为重要的是，目前高管从军经历与企业决策的相关研究较为零散，并没有形成系统的研究框架。学者们往往基于企业不同的决策发现了军历高管不同的特质。例如马尔门迪等（Malmendier et al.，2011）发现在企业融资决策中军历高管体现出激进的风格，而在盈利预测（Bamber & Wang，2010）、税收筹划（Law et al.，2017）等方面体现出保守谨慎的风格。有学者认为，这些是军历高管道德感的体现（Luo et al.，2017；Koch et al.，2013）。那么，既然激进抑或保守两种看似矛盾的性格特质在军历高管身上都有所体现，为什么军历高管在某些决策中表现激进，而在某些决策中表现谨慎？现有研究尚未对此进行解答。通过梳理高管从军经历与企业决策的相关研究，本书认为，军历高管对企业决策的影响不能一概而论，将军历高管的性格简单地等同过度自信具有一定的局限性（Malmendier et al.，2011）。本书以企业战略决策为研究切入点，通过对企业战略定位、市场化战略投资与非市场化战略投资的研究，将军历高管性格特质与行事风格进行整合和统一，构建较为系统的研究框架，有助于深刻认识军历高管战略决策行为背后的逻辑，以期对企业战略管理研究提供理论和经验支撑。

3 高管从军经历与企业战略定位：战略差异度的视角

高管是企业战略的决策者，从军经历对高管行事风格的影响是否反映在企业战略决策中？思考这一问题有助于深入认识、理解甚至预测企业的战略决策。战略定位作为企业战略管理中的关键环节，目的在于创造一个独特的、有价值的竞争地位。换言之，战略定位就是选择与竞争对手不同的经营活动或以不同的方式完成类似的经营活动等（Porter，1996）。战略定位为企业战略目标的制定、战略决策的执行提供了依据，同时也反映出高管以往经验和背景所形成的认知特征与行事风格（Hambrick & Mason，1984）。因此，本书基于战略差异度的视角考察军历高管与企业战略定位的关系。

3.1 问题的提出

高阶梯队理论（Hambrick & Mason，1984）认为，高管异质性对企业行为和业绩具有决定性的影响，强调了高管在企业决策中的重要地位。已有研究多从人口学特征出发，探讨了高管个人特征对企业决策的影响，却较少深入分析高管认知模式、性格特质以及行事风格对企业决策和业绩的影响。已有文献认为，早期经历对个人的性格特质和行事风格具有重要的影响（Becker，1992；Schlag，1998，1999；程令国和张晔，2011；汪小圈等，2015）。例如，全球 500 强洛克希德·马丁公司的原 CEO 罗伯特·史蒂文斯曾明确表示他的领导能力不是来自商学院课程的培养学习，而是来自军队无时无刻潜移默化的影响。除此以外，沃尔玛和通用电气等大型公司已经开始从曾在伊拉克或阿富汗战争期间服役的年轻军官中招聘管理者（O'keefe，2010）。可见，在国外，从军经历似乎是人才聘用中一个颇具分量的筛选特质。那么，从军经历究竟对我国高管的性格特质以及行事风格有怎样的影响，进而又如何影响到企业的战略定位呢？

从军经历塑造了个体激进（Elder，1986；Elder & Clipp，1989；Elder et al.，1991；Berkowitz & Lepage，1967）和偏好风险的性格特质（Elder，1986；Elder & Clipp，1989；Elder et al.，1991；Wansink et al.，2008；Killgore et al.，2008）。基于公司视角的研究表明，军历高管提高了公司的负债水平，其融资决策更为激进（Malmendier et al.，2011；赖黎等，2016）。但是，也有文献研究发现，军历高管所在公司的 R&D 投入与负债水平更低（Benmelech & Frydman，2015）。另外，还有一批国外研究发现，从军经历对高管道德感会产生影响（Franke，1998，2001）。有学者（Bamber & Wang，2010）研究发现，军历高管对模糊信息的可接受度较低，其发布的盈利预测报告数字更为精确，试图为信息使用者提供更为准确的信息，尽管可能是负面信息。劳和米尔斯（Law & Mills，2017）研究发现，军历高管税收筹划程度更低，更遵守税法规定。有学者（Lin et al.，2011）的研究表明，从军经历使高管更为正直、忠诚，缓解了股东与管理者的代理问题，从而提高了并购绩效。因此，军历高管对其公司的经营决策和业绩表现会产生显著的影响。中国作为世界军事强国之一，现役军人规模庞大，军人退伍进入企业等市场经济组织，将成为中国市场经济中既特殊而又重要的一类群体（赖黎等，2016）。基于中国"新兴+转型"期的市场制度环境背景，中国上市公司内外部治理机制仍不健全，公司面临的外部环境及自身的战略布局均存在特殊性，这使得高管在企业中的"人治"作用尤其突出，研究中国上市公司的军历高管与企业战略决策的关系是一项十分重要的课题。

战略定位是企业战略管理中的关键环节，目的在于创造一个独特的、有价值的竞争地位。换言之，战略定位就是选择与竞争对手不同的经营活动或以不同的方式完成类似的经营活动等（Porter，1996）。企业制定的战略决策反映了高管以往经验和背景所形成的认知特征与行事风格（Hambrick & Mason，1984），因此从军经历对高管性格特质与行事风格的影响无疑会体现在企业的战略定位中。从军经历是众多类型的人生经历中十分特殊的一种，本章从企业战略差异度的角度来检验军历高管是否会影响企业战略定位。

3.2   理论分析与研究假设

企业战略的关键是建立企业的竞争优势，通过低成本、差异化、集中化等战略组合提高经营的有效性（Porter，2001）。行业的发展成熟会逐渐形成一套常规的战略模式（Meyer & Rowan，1977；DiMaggio & Powell，1983），而战略差异度就是用于刻画企业战略偏离行业常规战略的程度，反映了企业在行业层面中的战略定位。战略差异度比较中性，其对企业业绩的影响并不能一概而论。一方面，与行业常规战略趋同有助于避免与现有制度法规产生冲突，使得企业易于获取存续发展所需资源，降低经营过程中的不确定性（Meyer & Rowan，1977；DiMaggio & Powell，1983；Tang et al.，2011），在一定程度上满足企业自身合法性需求，并降低其决策成本；另一方面，采用常规战略的企业往往面临着更为激烈的同质竞争（Geletkanycz & Hambrick，1997；Deephouse，1999），企业很难获得竞争优势进而导致利润率的降低。基于此，战略差异度越大的公司越有可能取得极端的优秀或失败的成果（Tang et al.，2011；Finkelstein & Hambrick，1990；Hiller & Hambrick，2005），即高的战略差异度往往是企业运营高风险的一个表征，这类公司并不寻求保守的公司战略，跟随行业同伴（Geletkanycz & Hambrick，1997；DiMaggio & Powell，1983；Leary & Roberts，2014；Gao & Hafsi，2015）并不是这类公司的战略风格。高管的战略决策过程是复杂的，理论上高管决策不应带有个人主观色彩，但是在现实中，高管的决策往往受到自身的认知局限、行事风格等影响（Cyert & March，1963；March & Simon，1958）。

高管的从军经历影响其行事风格，在公司的战略中更可能体现出"不走寻常路"的特点。有从军经历的企业家王健林将万达集团成功的原因总结为："仅仅模仿、照搬别人的项目和模式是远远不够的，商业模式的不断探索与创新才是万达集团成功的经验。"华为创始人任正非 44 岁从军队退役后，创办华为并带领华为创造了许多商业奇迹。但现代管理学很难解释华为为何发展如此迅速，华为高度分散的股权、员工持股、轮流 CEO 制度、拒绝上市以及外部融资等现状并不符合现代管理学"产权明晰、授权制衡、治理公开"的要求，华为发展模式显得特立独行，甚至"离经叛道"。这些都体现了有从军经历的企业家特立独行的行事风格。那么，从军经历是如何塑造其"有主见""不跟随"的行事风格？本章从认知心理学角度进行了解释。认知路径理论（Walsh，1995；Haley & Stumpf，1989）基于认知的内在动因，认为高管作为行为主体只拥有有限理性，不可能完全理性地处理从公司内外部搜集的全部信息，因此其主导的选择和决策会受到认知路径的显著影响。认知路径是指行为主体把复杂的信息和动态变化的环境转化为可理解、可认知的信息和情境的思维模式。管理者的认知路径是在过去经历中形成的，能够反映其对以往经历的总结和环境的回应（Karaevli & Zajac，2013）。不同经历的高管在分析环境时会遵循不同的认知路径，并影响企业的战略选择。已有研究发现，具有从军经历的人，容易表现出偏好风险和激进的性格特质，并且相信自己能够更好地适应高压力、高风险的情境（Duffy，2006）。万瑟斯基等（Wansink et al.，2008）

调查发现，在二战中服役的美国士兵认为其取得成功的关键在于侵略性。军事心理学文献表明，从军经历塑造了个体激进（Elder，1986；Elder & Clipp，1989；Elder et al.，1991；Berkowitz & Lepage，1967）和偏好风险的性格特质（Elder，1986；Elder & Clipp，1989；Elder et al.，1991；Wansink et al.，2008；Killgore et al.，2008）。具体而言，一些学者（Elder，1986；Elder & Clipp，1989；Elder et al.，1991）研究发现，军事训练会影响军人的性格与能力，让军人在退役后表现出更强的风险偏好。贝尔科维奇和莱佩奇（Berkowitz & Lepage，1967）通过调查发现，与武器频繁接触的军人在性格上更具有侵犯性。基尔戈尔等（Killgore et al.，2008）的研究指出，有作战经历的军人在退役后的冒险行为有所增加，相较于非军人而言，退役军人更偏好风险。因此，本书认为，从军经历会改变个人的认知路径。军历高管在处理从公司内外部搜集的信息时，对风险信息的规避程度与敏感度较低，造成他们激进的性格特质，往往会为了达到某一目的主动采取高风险行为。军历高管会更多地关注公司本身的发展，较少受到"同伴效应"的影响，因此军历高管所在公司的战略决策会体现出特立独行的特点。

早期经历对个人后期行为的影响不容忽视（Becker，1992；Schlag，1998，1999；程令国和张晔，2011；汪小圈等，2015），当拥有从军经历的个人作为公司高管进行重要决策时，其特立独行的行事风格会体现在企业战略定位中。军历高管倾向于采取异于行业常规的战略，使得企业面临更高的不确定性，并且认同较大的战略差异度会给企业带来好的业绩，尽管这可能会导致利益相关者难以理解和评估企业的经营决策模式，加剧企业与外部利益相关者之间的信息不对称，也可能会给企业与利益相关者之间的有效沟通制造一定的障碍。企业在这种差异化战略的制定和实施过程中，往往需要一个激进的、有主见的高管进行主导与控制，而军历高管最可能具备这种特质，"不进则退""骁勇善战"等军事思维训练塑造并强化了其行事作风。从企业角度的研究已表明，军历高管导致公司的融资决策更为激进（Malmendier et al.，2011；赖黎等，2016）。同时，中国的相关制度和公司章程尚待进一步完善，制度约束力有限，公司经营决策过程中体现出更多的"人治"的特点。另外，职业经理人市场的"声誉机制"尚未完善，股权集中往往导致公司被大股东控制，董事长拥有绝对的话语权，这些因素都导致强势的"一把手"文化，即企业决策相对而言缺乏内外部的监督和制衡，放大了高管特质对企业战略决策影响的可能性。基于此，本章提出假设3-1。

假设3-1：军历高管会显著提高企业的战略差异度。

克劳斯兰德和汉布瑞克（Crossland & Hambrick，2007）指出，管理者拥有较高自主决策权才能有助于管理者在动态环境中不断调整，按照自己的意愿实施变革，以应对外界的变化。拥有自主权是高管进行战略决策和实施的前提条件。只有具备这一条件，企业战略才可能反映高管的认知模式与行事风格。因此，高管的决策自主权直接影响军历高管在战略差异度上的表现，这种决策自主权会受到公司内部治理水平和外部环境压力的影响。

在特定制度背景下，国有企业仍接受着政府的明显干预，包括"扶持之手"和"掠夺之手"两个方面（Shleifer & Vishny，1998）。国有企业受到政府在股权和人事任命上的双重控制。雪莉和沃尔什（Shirley & Walsh，2001）曾讨论国有企业的困境，并表示如果一个公司像政府部门的下属单位一样运行，其管理层直接由部门领导任命，政治干预将会非常容易并且频繁。基于此，相较于非国有企业，国有企业高管的自主权明显受限，主要体现在以下两个方面：第一，国有企业决策自主权受到政府的干预。在政府干预下，国有企业要被迫承担政策性负担（Lin & Tan，1999；曾庆生和陈信元，2006；Lin et al.，1998；林毅夫和李志赟，2004；林毅夫等，

2004；龚强和徐朝阳，2008；廖冠民和沈红波，2014），包括战略性政策负担①和社会性政策负担②（Lioukas et al.，1993；林毅夫和李志赟，2004）。除额外的政策性负担外，国有企业的内部经营决策也受到政府的干预（覃家琦和邵新建，2016），包括投资活动、融资活动、并购决策等都会受到政府的干预（赵静和郝颖，2014；孙铮等，2005；方军雄，2008；潘红波等，2008）。总体而言，国有企业的决策制定与执行受制于政府的行政指示（韩朝华，2003），这造成了国有企业高管受到政府的影响，其真实的战略自主权会明显被削弱。第二，国有企业高管的选聘和人事任命往往受托于国资委等政府机关，即行政命令对国有企业高管的自主权也是一种限制。在这种情况下，具有相应的行政级别的国有企业高管往往拥有强烈的政治晋升诉求（Cao et al.，2011；郑志刚等，2012；杨瑞龙等，2013；王曾等，2014；郑志刚等，2014；陈仕华等，2015），他们一方面迎合政府的政治绩效考核，另一方面抱着"不求有功，但求无过"的心理，这使得高管特有的行事风格很难在国有企业中得到充分发挥。

基于国有企业本身经营决策自主性的缺失和国有企业高管政治晋升诉求的存在，国有企业高管在企业战略上的决策自主性很大程度被削弱，高管的行事风格在企业战略决策中的体现可能受到很大阻力。刘鑫和薛有志（2013）提出，CEO自主权对新任CEO进行战略变革会起到调节作用。赖黎等（2016）指出，高管决策不仅受到个人经历的影响，还取决于公司的治理状况和外部制度环境。基于此，本章提出假设3-2。

假设3-2：相对于非国有企业，国有企业军历高管对企业战略差异度的影响被削弱。

有研究表明，高管任期会对企业战略决策造成影响（Miller，1991；Miller & Shamsie，2001）。首先，新上任的公司高管会对外部环境信息保持

---

① 战略性政策负担主要针对国家安全、国家经济命脉和国计民生的重要行业等领域。
② 社会性政策负担主要针对解决就业、社会安定等问题。

更加开放的心态，随着任职期限的增加，他们会缩小信息搜索的范围，在一定程度上，不再如新上任时一般拥有开放的视野（Hambrick & Fukutomi，1991）。加巴罗（Gabarro，1987）研究发现，大多数公司的变革是发生在高管上任后的 2.5 年之内，在这之后较少可能出现变动。其次，新上任的高管具有更强的学习动机，在产品设计、市场开发、更新整体战略方向等方面探索行为都易于发生在这一阶段（Levinthal & March，1993；March，1991）。随着在任时间的增长，这种探索的热情会逐渐消退。现有岗位任职时间过长，将会造成高管维持现状的惰性较强（Finkelstein & Hambrick，1990；Hambrick et al.，1993；Ndofor et al.，2009；Mcclelland et al.，2010）。这种惰性可能导致高管不再耗费精力去制定具有差异性的企业战略。最后，从风险偏好的角度，随着任期的增加，高管的风险偏好会随之降低（Miller & Shamsie，2001），而保持战略差异性需要公司和高管愿意承担较大的不确定性风险。基于以上分析，本书认为，即使是军历高管也可能因为任期的推进不再维持较高的战略差异度，更倾向于选择行业常规战略，进而趋同于大部分同伴公司。综上所述，随着任职期限的增加，军历高管对战略差异度的影响会逐渐减弱。基于此，本章提出假设3-3。

假设 3-3：随着任职期限的增加，军历高管对战略差异度的影响逐渐减弱。

3.3 实证研究设计

3.3.1 样本选择与数据来源

本章以 2007—2014 年上海证券交易所和深圳证券交易所 A 股上市公司为研究样本，研究使用的数据分为两个部分：第一部分数据主要是公司财务数据，来自希施玛（CSMAR）数据库与万得（Wind）数据库；第二部分是上市公司董事长和 CEO 的从军经历等个人特征数据。其中，本章高管从军经历数据是在 CSMAR 数据库、锐思（RESSET）数据库以及 Wind 数据库披露的高管个人简历基础上进行了手工整理①。手工数据来源于新浪财经网、问财财经搜索、和讯人物网、百度等，笔者通过逐一阅读有披露董事长、总经理的个人简历的网页或其他资料，以判断董事长、总经理是否拥有从军经历。另外，本书还通过追踪军人企业家系列报道，进一步对高管的从军经历进行了补充完善。本章样本的筛选过程如下：第一，剔除特别处理公司（ST、＊ST 公司）；第二，剔除金融保险行业公司；第三，剔除净资产收益率指标异常的公司；第四，剔除主要变量存在缺失的样本数据。本章最终获得 2 433 家上市公司样本（共计 13 804 个观测值）。为了消除极端值对本章结果的影响，本章对所有连续变量进行上下 1% 的 Winsorize 处理。

3.3.2　变量说明

（1）战略差异度（DEV_STRATEGY）

该指标衡量企业战略偏离行业常规战略的程度，体现企业在行业中的战略定位。本章利用战略维度指标对被解释变量战略差异度（DEV_STRATEGY）进行测量，参考已有研究（Tang et al.，2011）的计算方法。战略差异度（DEV_STRATEGY）指标的计算公式如下：

$$DEV\_STRATEGY_{it} = \frac{1}{6} \left[\sum_{j=1}^{6} \frac{|x_{j,it} - \bar{X}_{j,kt}|}{sd(x_{j,kt})} \right] \tag{3-1}$$

其中，$\bar{X}_{j,kt}$ 表示 t 年度 k 行业 x_j 指标的平均值，$sd(x_{j,kt})$ 表示 t 年度 k 行业 x_j 指标的标准差。战略差异度指标计算涉及六个维度：广告和宣传投入（销售费用/营业收入）；研发投入（无形资产净值/营业收入）；资本密

---

① 在 2007—2014 年 CSMAR 数据库披露的高管简历中涉及"陆军""海军""空军""参军""入伍""服役""退役""战士""战役""部队""解放军""军队""军校""军区""国防""武警"等字样的高管样本共 363 个，占比为 1.1%。笔者通过手工搜集高管简历信息发现军历高管样本达到 1 034 个，占比为 3.12%。通过手工处理的高管从军经历数据更加完整，尽可能避免了由于测量误差导致结论不可靠。

集度（固定资产/员工人数）；固定资产更新程度（固定资产净值/固定资产原值）；管理费用投入（管理费用/营业收入）；企业财务杠杆（负债总额/权益账面价值）。$x_{j,\,it}$ 下标 i、j 和 t 分别表示公司、指标维度和年度。由于中国上市公司较少单独披露广告费用和研发费用，本书参照已有文献分别采用销售费用和无形资产净值来近似代替广告费用和研发费用（赵晶等，2015；叶康涛等，2014，2015）。

战略差异度指标的具体计算过程如下：首先，本章将企业六个战略维度指标予以标准化（分别减去同行业当年该指标的平均值，再除以该指标的标准差，并取绝对值）。这样，本章就得到了每一个战略维度上偏离行业平均值的程度。其次，本章对六个标准化后的战略维度指标取平均值，得到战略差异度指标。在稳健性分析中，本章剔除了销售费用和无形资产净值这两个指标重新计算战略差异度，结果不变。

（2）高管从军经历（MILITARY）

本书将满足下列条件之一的高管视作有从军经历：第一，拥有军队服役、任职经历；第二，军事院校毕业或任职。由于中国高管的从军经历信息披露不完全，本书高管从军经历数据是在 CSMAR、RESSET 以及 Wind 数据库披露的高管个人简历数据基础上进行了手工搜集与整理。手工数据来源于新浪财经网、问财财经搜索、和讯人物网、百度等，笔者通过逐一阅读披露董事长、总经理的个人简历的网页或其他资料，将高管简历中涉及"陆军""海军""空军""参军""入伍""服役""退役""战士""战役""部队""解放军""军队""军校""军区""国防""武警"等字样的董事长、总经理视作军历高管。本书将上市公司董事长、总经理中至少有一人具备从军经历的样本公司赋值为 1，其余样本公司赋值为 0。

（3）调节变量

本章将公司产权性质（SOE）与高管任职期限（TENURE）作为研究的调节变量。产权性质（SOE）根据万得数据库下载的实际控制人性质进行划分，国有企业赋值为 1，否则为 0。高管任职期限（TENURE）参考李培功和肖珉（2012）的研究，数据来源于万得数据库上市公司深度资料库中的任期数据。与已有研究相比，万得数据库上市公司深度资料库中的任期数据不仅涵盖了上市公司历任和现任董事长与总经理的具体任职起止时间（精确到日），还将数据追溯到他们首个任期，并合并连续任期，由此计算的高管任期（TENURE）更为准确。

（4）控制变量

本章主要参考已有研究（Tang et al.，2011），选取公司规模（SIZE）、营运资金比率（WORK_CAPITAL）、董事会规模（BOARDSIZE）、总经理年龄（CEO_AGE）、董事长年龄（DIR_AGE）为控制变量，另外参考已有研究（连燕玲等，2015；Zhang & Rajagopalan，2010）的做法，本章的控制变量还包括两职兼任（DUAL）、董事会权力（BPOWER）、股权集中度（SHRHFD5）、控股股东变动（CTRL _ CHANGE）、高管更替（TOP_CHANGE）、总经理持股比例（CEO_SHR）、董事长持股比例（DIR_SHR）、总经理学历（CEO_EDU）、董事长学历（DIR_EDU）、上市公司年限（AGE_FIRM），此外还控制公司成长性（GROWTH）、行业竞争程度（HERFINDAHL）、年度（Year）以及行业（Industry）哑变量。变量的定义与说明如表 3-1 所示。

表 3-1　变量的定义与说明

变量	变量的定义与说明
DEV_STRATEGY	战略差异度，计算方法参考已有研究（Tang et al.，2011；赵晶等，2015；叶康涛等，2014，2015）
MILITARY	高管从军经历，董事长与总经理至少一人具备从军经历的公司取值为 1，反之为 0
SOE	产权性质，根据实际控制人性质来划分，国有企业取值为 1，反之为 0
TENURE	任职期限，公司董事长与总经理平均既有任期

表3-1(续)

变量	变量的定义与说明
SIZE	公司规模，公司总资产的自然对数
GROWTH	公司成长性，公司营业收入同比增长率
WORK_CAPITAL	营运资金比率，公司营运资本/营业收入
BPOWER	董事会权力，将外部独立董事所占比例和董事会持股水平分别进行标准化后相加
BOARDSIZE	董事会规模，董事会人数的自然对数
SHRHFD5	股权集中度，公司前五大股东持股比例的赫芬达尔指数
DUAL	两职兼任，董事长兼任总经理取值为1，反之为0
TOP_CHANGE	高管更替，公司董事长或总经理至少一人当年发生变更取值为1，反之为0
CTRL_CHANGE	控股股东变动，公司控股股东发生变动取值为1，否则为0
CEO_AGE	总经理年龄，当年年份-总经理出生年份
CEO_EDU	总经理学历，当年总经理最高学历，1表示高中及以下学历、2表示专科学历、3表示本科学历、4表示硕士学历、5表示博士学历
CEO_SHR	总经理持股比例，总经理持股数/总股数
DIR_AGE	董事长年龄，当年年份-董事长出生年份
DIR_EDU	董事长学历，当年董事长最高学历，1表示高中及以下学历、2表示专科学历、3表示本科学历、4表示硕士学历、5表示博士学历
DIR_SHR	董事长持股比例，董事长持股数/总股数
HERFINDAHL	行业集中程度，各行业营业收入前五名上市公司计算赫芬达尔指数
AGE_FIRM	上市年限，公司上市年份数加1的自然对数
Industry	行业哑变量，根据2001年中国证监会《上市公司行业分类指引》划分
Year	年度哑变量，当公司属于t年度时，该虚拟变量取值为1，否则为0

3.3.3 模型设定

为了检验军历高管对企业战略差异度的影响（假设3-1），本章设定回归模型（3-2）。

$$\text{DEV\_STRATEGY}_{i,t} = \beta_0 + \beta_1 \text{MILITARY}_{i,t} + \sum \beta_i \text{Control}_{i,t} + \eta_{i,t}$$

$$(3-2)$$

为了检验产权性质对军历高管与企业战略差异度两者关系的调节效应（假设3-2），本章将模型（3-2）按照产权性质进行分组回归。

为了检验高管任职期限对军历高管与企业战略差异度两者关系的调节效应（假设3-3），本章在模型（3-2）的基础上加上任职期限变量（TENURE）、高管从军经历与任职期限的交乘项（MILITARY_TENURE），回归模型（3-3）如下：

$$\text{DEV\_STRATEGY}_{i,t} = \gamma_0 + \gamma_1 \text{MILITARY}_{i,t} + \gamma_2 \text{MILITARY\_TENURE}_{i,t} +$$

$$\gamma_3 \text{TENURE}_{i,t} + \sum \gamma_i \text{Control}_{i,t} + \delta_{i,t} \qquad (3-3)$$

模型中涉及的变量及定义详见表3-1。其中，使用DEV_STRATEGY衡量企业战略差异度，MILITARY表示高管从军经历。在模型（3-2）中，β_1是企业战略差异度与军历高管的回归系数，衡量军历高管对企业战略差异度的影响。本章预期β_1显著为正，即军历高管能够提高企业的战略差异度。模型（3-3）中，γ_1是企业战略差异度与军历高管的回归系数，γ_2为高管从军经历与任职期限的交乘项的回归系数，γ_3是高管任职期限的回归系数。本章预期γ_1显著为正，γ_2显著为负，即高管的任职期限对军历高管与战略差异度两者的关系呈负向调节作用。

3.4 实证结果分析

3.4.1 描述性统计

考虑到军历高管可能拥有一定的政治资源，使其更容易进入由国家控制的垄断行业，如石油行业、烟草行业、电力行业以及房地产业等，本章对军历高管样本按照不同行业进行了描述性统计（见表3-2）。结果显示，在2007—2014年上海证券交易所和深圳证券交易所（以下简称"沪深"）A股上市公司的观测样本中，按照分行业军历高管的所占比例排序，排名前五的行业分别为社会服务业（11.324%），房地产业（11.279%），食品、饮料制造业（10.659%），传播与文化产业（10.526%），农、林、牧、渔业（9.804%）。在纺织、服装、皮毛制造业以及批发和零售贸易中，军历高管的占比分别为8.564%和7.852%。在电力、煤气及水的生产和供应业中，军历高管占比为6.119%；在金属、非金属制造业中，军历高管占比为2.920%；在石油、化学、塑胶、塑料制造业中，军历高管占比为2.654%；在采掘业中，军历高管占比为1.651%。另外，在木材、家具制造业以及其他制造业中，公司董事长或总经理均没有从军经历。结果表明，军历高管所分布的行业并没有呈现出明显的垄断特征。与之相反，在竞争性行业，如社会服务业，食品、饮料制造业，纺织、服装、皮毛制造业，批发和零售贸易中，军历高管所占比例较高。

表3-2　军历高管样本分行业的描述性统计

行业	观测值	军历高管	非军历高管	军历高管占比/%
农、林、牧、渔业（A）	204	20	184	9.804
采掘业（B）	424	7	417	1.651
食品、饮料制造业（C0）	516	55	461	10.659
纺织、服装、皮毛制造业（C1）	362	31	331	8.564
木材、家具制造业（C2）	56	0	56	0
造纸、印刷制造业（C3）	237	5	232	2.110
石油、化学、塑胶、塑料制造业（C4）	1 319	35	1 284	2.654
电子制造业（C5）	760	16	744	2.105

表3-2(续)

行业	观测值	军历高管	非军历高管	军历高管占比/%
金属、非金属制造业（C6）	1 096	32	1 064	2.920
机械、设备、仪表制造业（C7）	2 511	72	2 439	2.867
医药、生物制品制造业（C8）	880	44	836	5.000
其他制造业（C9）	133	0	133	0
电力、煤气及水的生产和供应业（D）	523	32	491	6.119
建筑业（E）	334	10	324	2.994
交通运输、仓储业（F）	504	27	477	5.357
信息技术业（G）	1 164	67	1 097	5.756
批发和零售贸易（H）	866	68	798	7.852
房地产业（J）	860	97	763	11.279
社会服务业（K）	521	59	462	11.324
传播与文化产业（L）	228	24	204	10.526
综合类（M）	306	16	290	5.229
合计	13 804	717	13 087	—

表3-3列示了主要变量的描述性统计结果。结果显示，在2007—2014年沪深A股上市公司13 804个观测样本中，战略差异度（DEV_STRATEGY）的均值为0.516，最大值为1.869，最小值为0.158；高管从军经历（MILITARY）的均值为0.052，说明中国上市公司董事长和总经理至少有一人拥有从军经历的比例为5.20%；企业规模（SIZE）的均值为21.794，最大值为25.723，最小值为19.238；成长性（GROWTH）的均值为0.176，最大值为1.801，最小值为 - 0.542；营运资金比率

（WORK_CAPITAL）的均值为 0.548，最大值为 5.296，最小值为 -2.212；
董事会权力（BPOWER）的最大值为 4.893，最小值为 -1.849。样本期间，
中国上市公司两职兼任情况（DUAL）的均值为 22.80%。此外，总经理年
龄（CEO_AGE）的均值为 47.457，最大值为 63，最小值为 33；董事长年
龄（DIR_AGE）的均值为 50.916，最大值为 69，最小值为 35；企业上市
年限（AGE_FIRM）的均值为 1.956，最大值为 3.091，最小值为 0。其余
变量在此不再一一赘述。

表 3-3　主要变量的描述性统计结果

变量	观测值	均值	标准差	最小值	中位数	最大值
DEV_STRATEGY	13 804	0.516	0.289	0.158	0.446	1.869
MILITARY	13 804	0.052	0.222	0	0	1
SIZE	13 804	21.794	1.256	19.238	21.631	25.723
GROWTH	13 804	0.176	0.331	-0.542	0.130	1.801
WORK_CAPITAL	13 804	0.548	1.034	-2.212	0.302	5.296
BPOWER	13 804	0.019	1.411	-1.849	-0.457	4.893
BOARDSIZE	13 804	2.171	0.200	1.609	2.197	2.708
SHRHFD5	13 804	0.177	0.122	0.015	0.149	0.576
DUAL	13 804	0.228	0.420	0	0	1
TOP_CHANGE	13 804	0.239	0.426	0	0	1
CTRL_CHANGE	13 804	0.165	0.371	0	0	1
CEO_AGE	13 804	47.457	6.195	33	47	63
CEO_EDU	13 804	3.541	0.788	2	4	5
CEO_SHR	13 804	0.039	0.103	0	0	0.510
DIR_AGE	13 804	50.916	6.817	35	50	69
DIR_EDU	13 804	3.525	0.879	1	4	5

表3-3(续)

变量	观测值	均值	标准差	最小值	中位数	最大值
DIR_SHR	13 804	0.061	0.129	0	0	0.546
HERFINDAHL	13 804	0.285	0.098	0.204	0.240	0.576
AGE_FIRM	13 804	1.956	0.887	0	2.303	3.091

表3-4依据高管从军经历（MILITARY）将上述变量进行分组检验，从战略差异度（DEV_STRATEGY）来看，军历高管样本（MILITARY＝1）的均值为0.533，而非军历高管样本（MILITARY＝0）的均值为0.516，低于军历高管样本组，说明军历高管所在公司的战略差异度更高，但这种差异在统计水平上并不显著。相较于非军历高管所在公司（MILITARY＝0），军历高管所在公司（MILITARY＝1）中的营运资金比率（WORK_CAPITAL）、两职兼任（DUAL）在1%统计水平上显著更低，股权集中度（SHRHFD5）在5%统计水平上显著更低，董事会权力（BPOWER）在10%统计水平上显著更低，行业集中程度（HERFINDAHL）在10%统计水平上更低，说明军历高管所在公司属于行业集中程度更低、行业竞争程度更高的行业，与表3-2得到的结论一致。另外，在军历高管样本（MILITARY＝1）中，总经理年龄（CEO_AGE）和董事长年龄（DIR_AGE）的均值分别为47.838和53.153，显著高于非军历高管样本（MILITARY＝0）总经理年龄（CEO_AGE）的均值47.436和董事长年龄（DIR_AGE）的均值50.794。就学历而言，军历高管样本（MILITARY＝1）总经理学历（CEO_EDU）和董事长学历（DIR_EDU）的均值分别为3.474和3.406，显著低于非军历高管样本（MILITARY＝0）总经理学历（CEO_EDU）的均值3.544和董事长学历（DIR_EDU）的均值3.532。就持股比例而言，军历高管样本（MILITARY＝1）总经理持股（CEO_SHR）和董事长持股（DIR_SHR）的均值分别显著低于非军历高管样本（MILITARY＝0）总经理持股（CEO_SHR）和董事长持股（DIR_SHR）的均值。就公司上市年限

（AGE_FIRM）而言，军历高管样本（MILITARY = 1）的均值在 1% 统计水平上显著高于非军历高管样本（MILITARY = 0），说明军历高管所在公司的上市年限更长。其他变量在统计水平上不存在明显的差异，在此不再一一赘述。

表 3-4　分组差异性分析

变量	MILITARY = 1		MILITARY = 0		T 检验
	观测值	均值	观测值	均值	
DEV_STRATEGY	717	0.533	13 087	0.516	0.017
SIZE	717	21.800	13 087	21.794	0.006
GROWTH	717	0.188	13 087	0.175	0.127
WORK_CAPITAL	717	0.431	13 087	0.554	−0.123***
BPOWER	717	−0.075	13 087	0.024	−0.100*
BOARDSIZE	717	2.171	13 087	2.171	0.000
SHRHFD5	717	0.168	13 087	0.178	−0.010**
DUAL	717	0.093	13 087	0.236	−0.142***
TOP_CHANGE	717	0.247	13 087	0.238	0.008
CTRL_CHANGE	717	0.146	13 087	0.166	−0.020
CEO_AGE	717	47.838	13 087	47.436	0.403*
CEO_EDU	717	3.474	13 087	3.544	−0.070**
CEO_SHR	717	0.014	13 087	0.040	−0.026***
DIR_AGE	717	53.153	13 087	50.794	2.360***
DIR_EDU	717	3.406	13 087	3.532	−0.126***
DIR_SHR	717	0.039	13 087	0.062	−0.023***
HERFINDAHL	717	0.277	13 087	0.285	−0.007*
AGE_FIRM	717	2.120	13 087	1.947	0.173***

注：* $p<0.1$，** $p<0.05$，*** $p<0.01$，本书下同。

3.4.2 Pearson 相关系数表

表 3-5 为本章主要变量之间的 Pearson 相关系数表。结果表明，高管的从军经历（MILITARY）与战略差异度（DEV_STRATEGY）呈正相关关系，相关系数为 0.013，即军历高管所在公司的战略差异度更高，但两者相关关系在统计水平上不显著。企业规模（SIZE）、营运资金比率（WORK_CAP-ITAL）与战略差异度（DEV_STRATEGY）均呈显著负相关关系，表明企业规模越大，企业实施的战略差异度越低；企业营运资金比率越高，企业战略差异度越低。董事会规模（BOARDSIZE）、股权集中度（SHRHFD5）与战略差异度（DEV_STRATEGY）呈显著负相关关系，这说明董事会规模越大、股权集中程度越高，企业战略差异度越低。高管变更（TOP_CHANGE）与战略差异度（DEV_STRATEGY）均呈显著正相关关系，表明高管变更能够加剧企业战略差异度。高管年龄（DIR_AGE）、高管持股比例（CEO_SHR、DIR_SHR）与战略差异度（DEV_STRATEGY）均呈显著负相关关系，表明高管年龄越大，企业实施的战略差异度越低；高管持股比例越高，企业战略差异度越低。此外，公司上市年限（AGE_FIRM）与战略差异度（DEV_STRATEGY）均呈显著正相关关系，相关系数为 0.106，表明公司上市年限越长，公司战略差异度越高。为了检验解释变量之间是否存在多重共线性，本章采用方差膨胀因子（VIF）进行检验，发现解释变量之间的 VIF 值均小于 4，表明解释变量之间并不存在多重共线性。

3.4.3 高管从军经历与战略差异度的回归结果分析

实证部分首先检验了本章假设 3-1。表 3-6 的（1）列为高管从军经历与公司战略差异度的回归结果。结果显示，高管从军经历（MILITARY）的回归系数为 0.022，在 5% 统计水平上显著为正。从经济意义上看，相较于非军历高管而言，军历高管所在公司的战略差异程度上升了 4.93%（0.022/0.447）。结果表明，军历高管特立独行的行事风格使其愿意承担高战略差异度可能带来的风险，因此军历高管所在公司的战略差异度更

表 3-5　Pearson 相关系数表

变量	(1)	(2)	(3)	(4)	(5)	(6)	(7)	(8)	(9)	(10)
(1) DEV_STRATEGY	1									
(2) MILITARY	0.013	1								
(3) SIZE	-0.062***	0.001	1							
(4) GROWTH	-0.011	0.009	0.010	1						
(5) WORK_CAPITAL	-0.047***	-0.026***	-0.175***	0.004	1					
(6) BPOWER	0.007	-0.016*	-0.141***	0.072***	0.179***	1				
(7) BOARDSIZE	-0.054***	0	0.279***	-0.016*	-0.147***	-0.373***	1			
(8) SHRHFD5	-0.029**	-0.018**	0.296***	0.011	0.016*	0.022**	0.022***	1		
(9) DUAL	0.013	-0.075***	-0.191***	0.026***	0.153***	0.210***	-0.166***	-0.052***	1	
(10) TOP_CHANGE	0.039***	0.004	0.027	-0.008	-0.069***	-0.061***	0.009	0.033***	-0.101***	1
(11) CTRL_CHANGE	-0.006	-0.012	-0.104***	0.055***	0.133***	0.098***	-0.019***	0.019***	0.063***	0.047***
(12) CEO_AGE	-0.013	0.014*	0.135***	-0.070***	-0.040***	-0.061***	0.059***	0.042***	0.141***	-0.095***
(13) CEO_EDU	-0.001	-0.020**	0.165***	0.016*	-0.008	-0.055***	0.061***	0.031***	-0.039***	0.028***
(14) CEO_SHR	-0.027***	-0.056***	-0.223***	0.060***	0.227***	0.493***	-0.154***	0.000	0.505***	-0.132***
(15) DIR_AGE	-0.071***	0.077***	0.184***	-0.078***	-0.055***	-0.104***	0.085***	0.055***	-0.139***	-0.100***
(16) DIR_EDU	0.009	-0.032***	0.158***	0.004	-0.009	-0.080***	0.073***	0.054***	-0.035***	0.042***
(17) DIR_SHR	-0.034***	-0.040***	-0.256***	0.070***	0.263***	0.613***	-0.201***	-0.004	0.312***	-0.108***
(18) HERFINDAHL	-0.003	-0.017*	-0.016*	0.001	-0.037***	-0.039***	-0.001	-0.050***	0.003	-0.001
(19) AGE_FIRM	0.106***	0.043***	0.287***	-0.097***	-0.310***	-0.373***	0.084***	-0.139***	-0.254***	0.109***

表3-5（续）

变量	(11)	(12)	(13)	(14)	(15)	(16)	(17)	(18)	(19)
(11) CTRL_CHANGE	1								
(12) CEO_AGE	-0.053***	1							
(13) CEO_EDU	-0.011	-0.168***	1						
(14) CEO_SHR	0.108***	-0.007	-0.039***	1					
(15) DIR_AGE	-0.058***	0.304***	-0.028***	-0.123***	1				
(16) DIR_EDU	-0.027***	-0.015*	0.407***	-0.055***	-0.242***	1			
(17) DIR_SHR	0.113***	-0.067***	-0.087***	0.765***	-0.102***	-0.125***	1		
(18) HERFINDAHL	-0.105***	-0.008	0.087***	0.013	-0.028	0.068***	0.014	1	
(19) AGE_FIRM	-0.321***	0.089***	0.088***	-0.434***	0.078***	0.144***	-0.522***	0.072***	1

高，与本章假设 3-1 预期相符。在控制变量方面，企业规模（SIZE）的估计系数为 -0.029，在 1% 统计水平上显著负相关，表明企业规模越大，企业实施的战略差异度越低；董事会权力（BPOWER）的估计系数为 0.011，在 1% 统计水平上显著为正，表明企业董事会权力越大，公司战略差异度越高；股权集中度（SHRHFD5）的估计系数为 0.060，在 1% 统计水平上显著为正。此外，两职兼任（DUAL）、高管变更（TOP_CHANGE）、控制人变更（CTRL_CHANGE）的估计系数显著为正，表明当董事长兼任总经理职位时，公司的战略差异度更高；公司总经理或董事长发生更替后，或者公司控制人发生变更后，公司战略差异度更高。

表 3-6　高管从军经历、产权性质与战略差异度

变量	DEV_STRATEGY		
	全样本 （1）	国有企业 （2）	非国有企业 （3）
MILITARY	0.022 **	0.009	0.027 *
	［0.047］	［0.568］	［0.065］
SIZE	-0.029 ***	-0.007 **	-0.047 ***
	［0.000］	［0.045］	［0.000］
GROWTH	0.010	0.007	0.009
	［0.180］	［0.571］	［0.311］
WORK_CAPITAL	-0.003	-0.032 ***	0.006 *
	［0.336］	［0.000］	［0.070］
BPOWER	0.011 ***	0.006	0.011 ***
	［0.000］	［0.122］	［0.001］
BOARDSIZE	-0.020	0.010	-0.014
	［0.147］	［0.615］	［0.466］
SHRHFD5	0.060 ***	0.079 **	0.091 ***
	［0.006］	［0.014］	［0.002］

表3-6(续)

变量	DEV_STRATEGY		
	全样本 （1）	国有企业 （2）	非国有企业 （3）
DUAL	0.022 ***	−0.012	0.032 ***
	[0.001]	[0.323]	[0.000]
TOP_CHANGE	0.013 **	0.009	0.019 **
	[0.021]	[0.248]	[0.015]
CTRL_CHANGE	0.026 ***	0.033 ***	0.020 **
	[0.000]	[0.003]	[0.020]
CEO_AGE	−0.000	−0.001 **	0.000
	[0.270]	[0.041]	[0.961]
CEO_EDU	0.004	−0.007	0.009 *
	[0.267]	[0.196]	[0.052]
CEO_SHR	−0.052	1.966 ***	−0.088 **
	[0.193]	[0.000]	[0.037]
DIR_AGE	−0.003 ***	−0.002 ***	−0.003 ***
	[0.000]	[0.001]	[0.000]
DIR_EDU	−0.002	0.015 ***	−0.009 **
	[0.554]	[0.005]	[0.029]
DIR_SHR	−0.063 *	−1.307 **	−0.079 **
	[0.070]	[0.011]	[0.034]
HERFINDAHL	−0.027	0.045	−0.043
	[0.498]	[0.512]	[0.387]
AGE_FIRM	0.052 ***	0.046 ***	0.064 ***
	[0.000]	[0.000]	[0.000]
Intercept	1.281 ***	0.723 ***	1.648 ***
	[0.000]	[0.000]	[0.000]
Industry/Year	控制	控制	控制
Observations	13 804	5 623	8 181

表3-6(续)

变量	DEV_STRATEGY		
	全样本 (1)	国有企业 (2)	非国有企业 (3)
Adjusted R^2	0.074	0.077	0.103
F-value	25.356	11.426	21.788

注：方括号内为变量回归系数对应的 p 值，经 white 异方差调整，* p<0.1，** p<0.05，*** p<0.01，下同。

3.4.4 基于产权性质的调节效应分析

为进一步检验研究假设3-2，本章根据企业产权性质将研究样本区分为国有企业与非国有企业，研究产权性质对军历高管与战略差异度两者关系的调节效应，回归结果如表3-6的（2）列、（3）列所示。

结果显示，非国有企业高管的从军经历（MILITARY）与战略差异度（DEV_STRATEGY）的回归系数为0.027，在10%统计水平上显著为正，而在国有企业中没有发现两者存在显著的关系。相较于非国有企业，国有企业的军历高管对战略差异度的影响被削弱，研究结果与本章假设3-2的预期相符。国有企业本身经营决策自主性的缺失和国有企业高管政治晋升诉求的存在使得国有企业军历高管在战略定位上的行事风格不容易体现。

3.4.5 基于任职期限的调节效应分析

为检验研究假设3-3，本章进一步考察了高管任期对军历高管与企业战略差异度两者关系的影响。

表3-7的（1）列、（2）列、（3）列结果表明，高管任期（TENURE）与战略差异度（DEV_STRATEGY）的回归系数在1%统计水平上呈显著为负，表明高管既有任期越长，企业战略差异度越低，并且这种负向关系无论是在国有企业还是在非国有企业中均成立。从表3-7的（1）列可以看出，高管从军经历（MILITARY）的回归系数为0.078，在1%统计水平上显著为正，高管从军经历与高管任期交乘项（MILITARY_TENURE）的回

归系数为−0.015，在1%统计水平上显著为负，结果表明高管任期越长，军历高管对战略差异度的影响越弱，假设3−3成立。表3−7（2）列、（3）列显示，区分产权性质后发现，高管任期对军历高管与战略差异度两者关系的负向调节作用仅在非国有企业中显著。

表3-7　高管从军经历、任职期限与战略差异度

变量	DEV_STRATEGY		
	全样本 （1）	国有企业 （2）	非国有企业 （3）
MILITARY	0. 078 ***	0. 037	0. 085 ***
	[0. 000]	[0. 257]	[0. 004]
MILITARY_TENURE	−0. 015 ***	−0. 009	−0. 014 ***
	[0. 000]	[0. 149]	[0. 006]
TENURE	−0. 008 ***	−0. 006 ***	−0. 011 ***
	[0. 000]	[0. 000]	[0. 000]
SIZE	−0. 024 ***	−0. 003	−0. 038 ***
	[0. 000]	[0. 342]	[0. 000]
GROWTH	0. 017 **	0. 017	0. 014
	[0. 028]	[0. 187]	[0. 155]
WORK_CAPITAL	0. 007 **	−0. 022 ***	0. 015 ***
	[0. 017]	[0. 000]	[0. 000]
BPOWER	0. 012 ***	0. 007 *	0. 011 ***
	[0. 000]	[0. 065]	[0. 001]
BOARDSIZE	−0. 016	0. 021	−0. 016
	[0. 253]	[0. 319]	[0. 401]
SHRHFD5	0. 040 *	0. 067 **	0. 064 **
	[0. 076]	[0. 048]	[0. 033]
DUAL	0. 024 ***	−0. 005	0. 032 ***
	[0. 001]	[0. 689]	[0. 000]

表3-7(续)

变量	DEV_STRATEGY		
	全样本 (1)	国有企业 (2)	非国有企业 (3)
TOP_CHANGE	−0.013 **	−0.009	−0.015 *
	[0.045]	[0.326]	[0.096]
CTRL_CHANGE	0.017 **	0.027 **	0.011
	[0.015]	[0.022]	[0.224]
CEO_AGE	−0.000	−0.001 *	0.000
	[0.578]	[0.084]	[0.657]
CEO_EDU	0.004	−0.011 *	0.010 **
	[0.290]	[0.053]	[0.021]
CEO_SHR	−0.059	1.889 ***	−0.086 **
	[0.137]	[0.000]	[0.039]
DIR_AGE	−0.002 ***	−0.002 ***	−0.002 ***
	[0.000]	[0.007]	[0.000]
DIR_EDU	−0.003	0.012 **	−0.008 **
	[0.408]	[0.028]	[0.038]
DIR_SHR	−0.060 *	−1.312 ***	−0.068 *
	[0.084]	[0.010]	[0.066]
HERFINDAHL	−0.018	0.073	−0.040
	[0.662]	[0.323]	[0.412]
AGE_FIRM	0.060 ***	0.050 ***	0.075 ***
	[0.000]	[0.000]	[0.000]
Intercept	1.138 ***	0.621 ***	1.447 ***
	[0.000]	[0.000]	[0.000]
Industry/Year	控制	控制	控制
Observations	12 813	5 086	7 727
Adjusted R^2	0.079	0.079	0.110
F−value	24.473	10.340	21.252

3.5 稳健性检验

在稳健性检验部分，本章基于战略差异度替代指标（度量方式的替换）、军历高管继任、战略调整程度、排除替代性解释、内生性分析五个方面进行了测试，本章的研究结论保持一致，确保了本章最终研究结论的可靠性。

3.5.1 战略差异度替代指标的回归结果分析

根据以往文献的研究（Tang et al., 2011；赵晶等，2015；叶康涛等，2014，2015），本章在稳健性检验中，考虑到中国上市公司对广告费用与研发费用缺少准确的披露，因此剔除广告和宣传投入、研发投入两个战略维度，利用其余四个战略维度——资本密集度、固定资产更新程度、管理费用投入和企业财务杠杆构建替代性战略差异度指标 DEV_STRATEGY_2，回归结果如表 3-8 所示。表 3-8 的（1）列结果表明，高管从军经历（MILITARY）与战略差异度指标（DEV_STRATEGY_2）在模型中依然呈现稳健的正向关系，回归系数为 0.029，本章假设 3-1 依然得到验证。区分产权性质后，表 3-8 也为本章假设 3-2 提供了支持证据。表 3-8 的（2）列、（3）列显示，高管从军经历（MILITARY）与战略差异度指标（DEV_STRATEGY_2）的正向关系在非国有企业中显著，回归系数为 0.038，在 5%统计水平上显著，国有企业未发现两者的显著关系。

表 3-8　稳健性检验（一）：假设 3-1、假设 3-2 战略差异度替代指标

变量	DEV_STRATEGY_2		
	全样本（1）	国有企业（2）	非国有企业（3）
MILITARY	0.029 **	0.009	0.038 **
	[0.017]	[0.634]	[0.014]

表3-8(续)

变量	DEV_STRATEGY_2		
	全样本 (1)	国有企业 (2)	非国有企业 (3)
SIZE	-0.028***	-0.007	-0.046***
	[0.000]	[0.114]	[0.000]
GROWTH	0.010	0.015	0.007
	[0.209]	[0.302]	[0.465]
WORK_CAPITAL	-0.014***	-0.038***	-0.006*
	[0.000]	[0.000]	[0.073]
BPOWER	0.013***	0.007	0.012***
	[0.000]	[0.110]	[0.000]
BOARDSIZE	-0.010	-0.019	0.021
	[0.530]	[0.419]	[0.303]
SHRHFD5	0.097***	0.119***	0.124***
	[0.000]	[0.002]	[0.000]
DUAL	0.015**	0.008	0.014
	[0.044]	[0.563]	[0.124]
TOP_CHANGE	0.014**	0.014	0.015*
	[0.027]	[0.138]	[0.068]
CTRL_CHANGE	0.036***	0.027**	0.039***
	[0.000]	[0.035]	[0.000]
CEO_AGE	-0.001	-0.001*	-0.000
	[0.141]	[0.100]	[0.586]
CEO_EDU	-0.002	-0.016**	0.005
	[0.634]	[0.012]	[0.295]
CEO_SHR	-0.032	1.347**	-0.038
	[0.476]	[0.023]	[0.404]
DIR_AGE	-0.003***	-0.003***	-0.003***
	[0.000]	[0.000]	[0.000]

表3-8（续）

变量	DEV_STRATEGY_2		
	全样本 （1）	国有企业 （2）	非国有企业 （3）
DIR_EDU	−0.003	0.013**	−0.009**
	[0.454]	[0.036]	[0.026]
DIR_SHR	−0.087**	−0.908	−0.107***
	[0.023]	[0.131]	[0.008]
HERFINDAHL	−0.021	0.089	−0.046
	[0.639]	[0.271]	[0.382]
AGE_FIRM	0.062***	0.057***	0.071***
	[0.000]	[0.000]	[0.000]
Intercept	1.232***	0.787***	1.536***
	[0.000]	[0.000]	[0.000]
Industry/Year	控制	控制	控制
Observations	13 804	5 623	8 181
Adjusted R^2	0.082	0.072	0.113
F-value	28.327	10.745	24.126

表3-9检验了高管任职期限对军历高管与企业战略差异度两者关系的调节效应，回归结果如表3-9所示。表3-9的（1）列表明，高管从军经历（MILITARY）的回归系数为0.083，在1%统计水平上显著，高管从军经历与任期交乘项（MILITARY_TENURE）的回归系数为−0.010，在1%统计水平上显著为负。结果表明随着高管任期的增加，军历高管对战略差异度的影响逐渐减弱，假设3-3结论稳健。表3-9的（2）列、（3）列显示，区分产权性质后发现，高管任期的负向调节效应仅在非国有企业中显著，与前文的发现一致。

表 3-9　稳健性检验（一）：假设 3-3 战略差异度替代指标

变量	DEV_STRATEGY_2		
	全样本（1）	国有企业（2）	非国有企业（3）
MILITARY	0.083***	0.023	0.099***
	[0.001]	[0.537]	[0.001]
MILITARY_TENURE	−0.010***	−0.007***	−0.014***
	[0.000]	[0.000]	[0.000]
TENURE	−0.014***	−0.008	−0.014**
	[0.001]	[0.285]	[0.010]
SIZE	−0.022***	−0.002	−0.036***
	[0.000]	[0.560]	[0.000]
GROWTH	0.000**	0.000*	0.000
	[0.033]	[0.056]	[0.303]
WORK_CAPITAL	−0.004	−0.026***	0.002
	[0.189]	[0.000]	[0.566]
BPOWER	0.014***	0.009*	0.013***
	[0.000]	[0.053]	[0.000]
BOARDSIZE	0.001	−0.002	0.025
	[0.952]	[0.922]	[0.226]
SHRHFD5	0.036	0.103***	0.060*
	0.071***	0.103***	0.088***
DUAL	[0.004]	[0.009]	[0.006]
	[0.010]	[0.258]	[0.075]
TOP_CHANGE	−0.017**	−0.008	−0.024**
	[0.020]	[0.476]	[0.013]
CTRL_CHANGE	0.027***	0.020	0.028***
	[0.001]	[0.151]	[0.003]

表3-9(续)

变量	DEV_STRATEGY_2		
	全样本 （1）	国有企业 （2）	非国有企业 （3）
CEO_AGE	−0.000	−0.001	0.000
	[0.549]	[0.285]	[0.914]
CEO_EDU	−0.002	−0.020***	0.007
	[0.674]	[0.003]	[0.147]
CEO_SHR	−0.039	1.223**	−0.034
	[0.373]	[0.035]	[0.442]
DIR_AGE	−0.002***	−0.002***	−0.002***
	[0.000]	[0.008]	[0.000]
DIR_EDU	−0.003	0.010	−0.007*
	[0.438]	[0.135]	[0.082]
DIR_SHR	−0.082**	−0.922	−0.098**
	[0.030]	[0.118]	[0.013]
HERFINDAHL	−0.005	0.141	−0.042
	[0.919]	[0.101]	[0.424]
AGE_FIRM	0.071***	0.063***	0.085***
	[0.000]	[0.000]	[0.000]
Intercept	1.036***	0.636***	1.267***
	[0.000]	[0.000]	[0.000]
Industry/Year	控制	控制	控制
Observations	12 813	5 086	7 727
Adjusted R^2	0.086	0.075	0.118
F−value	26.666	9.721	23.032

3.5.2 军历高管继任与战略差异度的回归结果分析

李维安和徐建（2014）研究表明，公司高管在继任时获得了执行战略变化的能力，因此新任高管有较大的权力实施战略决策。本章认为，新任

083

高管较大的决策自主权更能够体现高管行事风格，因此考察军历高管继任与公司战略差异度的关系是对军历高管影响公司战略差异度在特殊情境下的检验。本部分参考已有研究（Lin et al.，2011）从高管更替因素方面进一步考察从军经历对公司战略差异度的影响，军历高管继任使用MILITARY_TURNOVER 变量衡量。本章将 $t_0 \sim t_1$ 年度由非军历高管变更为军历高管（MILITARY_TURNOVER = 1）作为实验组样本，通过倾向评分匹配法（PSM）将 $t_0 \sim t_1$ 年度没有从军经历高管（MILITARY_TURNOVER = 0）的公司运用最近邻匹配形成控制组样本，将实验组与控制组样本作为回归样本，对本章假设进行检验。从表 3-10 可知，在（1）列全样本中，军历高管继任（MILITARY _ TURNOVER）与战略差异度（DEV _ STRATEGY）的回归系数在 1% 统计水平上显著为正，回归系数为 0.115。进一步区分产权性质后，如表 3-10 的（2）列、（3）列所示，在非国有企业中军历高管继任（MILITARY _ TURNOVER）与战略差异度（DEV _ STRATEGY）的回归系数在 5% 统计水平上显著为正，回归系数为 0.132，而国有企业未发现显著结果。研究表明，军历高管继任会提升企业的战略差异度，在国有企业中两者的关系有所削弱，与前文的发现一致。

表 3-10　稳健性检验（二）：军历高管继任与公司战略差异度

变量	DEV_STRATEGY		
	全样本 （1）	国有企业 （2）	非国有企业 （3）
MILITARY_TURNOVER	0.115 ***	0.080	0.132 **
	[0.007]	[0.137]	[0.050]
SIZE	−0.034 ***	−0.011	−0.057 ***
	[0.000]	[0.164]	[0.000]
GROWTH	−0.026	−0.050 *	−0.011
	[0.164]	[0.060]	[0.684]

表3-10（续）

变量	DEV_STRATEGY		
	全样本 （1）	国有企业 （2）	非国有企业 （3）
WORK_CAPITAL	−0.059***	−0.058***	−0.059***
	[0.000]	[0.000]	[0.000]
BPOWER	0.007	0.012	0.000
	[0.317]	[0.161]	[0.980]
BOARDSIZE	−0.046	0.009	−0.056
	[0.212]	[0.842]	[0.361]
SHRHFD5	0.021	0.043	0.027
	[0.687]	[0.544]	[0.738]
DUAL	0.008	−0.052*	0.038
	[0.724]	[0.100]	[0.210]
CTRL_CHANGE	0.047***	0.043*	0.039
	[0.010]	[0.073]	[0.152]
CEO_AGE	0.000	0.001	0.001
	[0.776]	[0.634]	[0.619]
CEO_EDU	0.006	0.011	0.004
	[0.491]	[0.371]	[0.779]
CEO_SHR	−0.387	1.564	−0.710
	[0.676]	[0.683]	[0.481]
DIR_AGE	−0.001	−0.002	−0.000
	[0.231]	[0.232]	[0.757]
DIR_EDU	0.002	0.019	−0.007
	[0.806]	[0.127]	[0.581]
DIR_SHR	0.053	0.582	0.032
	[0.586]	[0.864]	[0.783]
HERFINDAHL	−0.152	−0.241	0.038
	[0.195]	[0.156]	[0.817]

表3-10(续)

变量	DEV_STRATEGY		
	全样本 (1)	国有企业 (2)	非国有企业 (3)
AGE_FIRM	0.043 ***	0.040 **	0.056 ***
	[0.001]	[0.030]	[0.002]
Intercept	1.411 ***	0.789 ***	1.825 ***
	[0.000]	[0.000]	[0.000]
Industry/Year	控制	控制	控制
Observations	2 436	1 285	1 151
Adjusted R^2	0.079	0.068	0.111
F-value	5.844	3.243	4.329

3.5.3 战略调整程度的回归结果分析

战略差异度指标用来衡量每一年企业战略偏离行业常规战略的程度，是一项静态指标。考虑到战略定位是需要随着企业内外部环境的变化而不断寻找高质量"差异"的动态过程，本章借鉴连燕玲等（2014）的指标计算方法，构建战略调整程度指标（STR_ADJUST），通过测量组织战略资源配置在年度区间上的波动来测量战略调整的程度，以此作为战略差异度的另一替代指标。具体测量过程如下：获取企业战略资源六个维度指标，包括三个基本资源配置指标和三个费用结构指标。六个维度指标分别为广告支出与销售收入比率、研发支出与销售收入比率、固定资产净值与固定资产总值比率、非生产性支出与销售收入比率、存货与销售收入比率、财务杠杆系数。本章分别以2007年、2008年、2009年、2010年和2011年为基期 T，测算出上述每一个指标在5年内（$T-1$，$T+3$）的方差①，将获得的年度方差基于行业进行标准化，并将上述分别进行标准化后的六个指标值

---

① 方差计算公式为 $\sum (x_t - x_T)^2/(n-1)$，其中 x_t 表示计算区间内的 t 年的指标，x_T 表示计算区间内的基期 T 年的指标，n 表示方差计算的年度区间，本章 n 赋值为5。

进行相加，即得到每个企业每年度的战略调整指标（STR_ADJUST）。如果战略资源的配置在年度区间上波动较大，则认为战略调整的力度较大，反之则认为战略调整的力度较小。回归方程控制变量参考相关文献（连燕玲等，2014，2015；Zhang & Rajagopalan，2010；Finkelstein & Hambrick，1990），选取企业规模（SIZE）、资产负债率（LEV）、营运资本比率（WORK_CAPITAL）、两职兼任（DUAL）、董事会规模（BOARDSIZE）、董事会权力（BPOWER）、股权集中度（SHRHFD5）、控股股东变动（CTRL_CHANGE）、高管更替（TOP_CHANGE）、总经理开放性[1]（CEO_OPEN）、董事长开放性（DIR_OPEN）、总经理持股比例（CEO_SHR）、董事长持股比例（DIR_SHR）、行业集中程度（HERFINDAHL）、市场份额[2]（MRKT）、上市公司年龄（AGE_FIRM），同时还包括企业成长性（GROWTH）、年度（Year）、行业哑变量（Industry）以及区域变量[3]（Area）。此外，本章还剔除了广告支出与研发支出两个维度，用其余四个维度指标构建战略调整程度替代指标[4]（STR_ADJUST_2）。此处就假设 3-1 进行了分析。从表 3-11 可以看出，（1）列、（2）列结果表明高管从军经历（MILITARY）与战略调整程度（STR_ADJUST）、战略调整程度的替代指标（STR_ADJUST_2）的回归系数均呈显著为正，原有结论稳健。

---

① 总经理开放性（CEO_OPEN）的计算参考连燕玲和贺小刚（2015）的研究，具体计算过程如下：第一，获取三个人口特征值，即 CEO 年龄、CEO 教育水平和 CEO 在本企业内的任职期限。其中，CEO 教育水平基于 CEO 所获得的最高学历来测量，1＝高中及以下，2＝专科，3＝大学，4＝硕士，5＝博士。第二，对 CEO 年龄和任期进行转换。因为 CEO 年龄和任期与开放性程度呈负向关系，为确保这两个指标和 CEO 教育水平与 CEO 开放性的关系是同方向关系，所以需要将每个数值乘以-1。第三，对转化后 CEO 年龄、任职期限以及教育水平三个指标进行标准化，最后将上述标准化后的三个指标数值加总获得 CEO 开放性程度。董事长开放性（DIR_OPEN）的计算类似。
② 市场份额（MRKT）以企业主营业务收入占其所处行业总主营业务收入的比重衡量。
③ 本章根据中国区域划分标准，将上市公司所在省份划分为东北、华北、华东、华南、华中、西北和西南地区。
④ 战略调整程度的替代指标（STR_ADJUST_2）仅包括四个维度指标：固定资产净值与固定资产总值比率、非生产性支出与销售收入比率、存货与销售收入比率、财务杠杆系数。

表 3-11　稳健性检验（三）：高管从军经历与战略调整程度

变量	STRATEGY_ADJUST	STRATEGY_ADJUST_2
	全样本 （1）	全样本 （2）
MILITARY	0.036 **	0.043 **
	[0.025]	[0.012]
SIZE	−0.097 ***	−0.104 ***
	[0.000]	[0.000]
LEV	0.004 ***	0.005 ***
	[0.000]	[0.000]
GROWTH	0.046 ***	0.047 ***
	[0.000]	[0.000]
WORK_CAPITAL	0.059 ***	0.076 ***
	[0.000]	[0.000]
BPOWER	0.002	0.003
	[0.511]	[0.434]
BOARDSIZE	−0.042 **	−0.042 *
	[0.047]	[0.060]
SHRHFD5	0.032	0.102 ***
	[0.348]	[0.004]
DUAL	0.032 ***	0.040 ***
	[0.003]	[0.001]
TOP_CHANGE	0.015	0.016 *
	[0.105]	[0.094]
CTRL_CHANGE	0.043 ***	0.046 ***
	[0.000]	[0.000]
CEO_OPEN	0.010 ***	0.007 ***
	[0.000]	[0.002]

表3-11(续)

变量	STRATEGY_ADJUST	STRATEGY_ADJUST_2
	全样本 （1）	全样本 （2）
CEO_SHR	−0.047	−0.070
	[0.546]	[0.391]
DIR_OPEN	0.007***	0.006***
	[0.001]	[0.004]
DIR_SHR	−0.057	−0.100
	[0.379]	[0.147]
HERFINDAHL	−0.197***	−0.128*
	[0.004]	[0.076]
MRKT	−0.068	−0.039
	[0.760]	[0.869]
AGE_FIRM	0.052***	0.060***
	[0.000]	[0.000]
Intercept	1.752***	1.771***
	[0.000]	[0.000]
Industry/Year/Area	控制	控制
Observations	8 518	8 518
Adjusted R^2	0.144	0.153
F−value	30.308	32.425

3.5.4 排除替代性解释

前文将假设 3-1 的结果解释为从军经历塑造了高管特立独行的行事风格，军历高管所在企业战略定位与行业常规战略相比差异更大。但是，该结果可能存在其他的替代性解释，如军历高管可能为企业带来政治资源，军历高管所在企业更可能拥有政治关联（Luo et al.，2017），更容易从政府获得资源等导致其与行业常规战略存在较大的差异。

为了排除政治资本这一替代性解释，本书将企业是否拥有政治关联①（POLITI_CONNECT）作为控制变量进行稳健性测试，检验军历高管政治资本这一假说。表3-12的（1）列表明，在控制了政治关联（POLITI_CONNECT）后，高管从军经历（MILITARY）的回归系数为0.024，在5%统计水平上显著为正。政治关联（POLITI_CONNECT）的回归系数为-0.001，在统计水平上不显著。区分了产权性质后，结论仍然不变。结果表明，军历高管政治资本这一假说并不成立，军历高管对企业战略差异度的影响来自从军经历对高管性格特质与行事风格的塑造，本书研究结论保持不变。

表3-12　稳健性检验（四）：排除政治资本影响战略差异度的替代解释

变量	DEV_STRATEGY		
	全样本（1）	国有企业（2）	非国有企业（3）
MILITARY	0.024 **	0.009	0.035 **
	[0.029]	[0.577]	[0.019]
POLITI_CONNECT	-0.001	0.014 *	-0.010
	[0.847]	[0.090]	[0.118]
SIZE	-0.029 ***	-0.007 *	-0.047 ***
	[0.000]	[0.070]	[0.000]
GROWTH	0.006	0.009	0.005
	[0.423]	[0.498]	[0.614]
WORK_CAPITAL	-0.003	-0.033 ***	0.007 *
	[0.327]	[0.000]	[0.051]
BPOWER	0.011 ***	0.005	0.010 ***
	[0.000]	[0.217]	[0.001]

① 本书将董事长或总经理曾在政府任职或担任人大代表、政协委员等职位的公司视作拥有政治关联，POLITI_CONNECT赋值为1，否则为0。

表3-12（续）

变量	DEV_STRATEGY		
	全样本 （1）	国有企业 （2）	非国有企业 （3）
BOARDSIZE	−0.025*	0.003	−0.022
	[0.084]	[0.901]	[0.275]
SHRHFD5	0.060***	0.074**	0.095***
	[0.007]	[0.027]	[0.002]
DUAL	0.018**	−0.021	0.031***
	[0.011]	[0.111]	[0.000]
TOP_CHANGE	0.015***	0.009	0.022***
	[0.009]	[0.272]	[0.007]
CTRL_CHANGE	0.028***	0.034***	0.021**
	[0.000]	[0.003]	[0.018]
CEO_AGE	−0.000	−0.001*	−0.000
	[0.448]	[0.092]	[0.994]
CEO_EDU	0.002	−0.009	0.007
	[0.543]	[0.114]	[0.112]
CEO_SHR	−0.027	1.984***	−0.074*
	[0.521]	[0.000]	[0.097]
DIR_AGE	−0.003***	−0.003***	−0.002***
	[0.000]	[0.000]	[0.000]
DIR_EDU	−0.001	0.013**	−0.008**
	[0.690]	[0.022]	[0.049]
DIR_SHR	−0.064*	−1.381***	−0.078**
	[0.081]	[0.008]	[0.048]
HERFINDAHL	−0.009	0.040	−0.010
	[0.824]	[0.575]	[0.843]
AGE_FIRM	0.051***	0.046***	0.061***
	[0.000]	[0.000]	[0.000]

表3-12(续)

变量	DEV_STRATEGY		
	全样本 （1）	国有企业 （2）	非国有企业 （3）
Intercept	1.279 ***	0.759 ***	1.653 ***
	[0.000]	[0.000]	[0.000]
Industry/Year	控制	控制	控制
Observations	12 934	5 307	7 627
Adjusted R^2	0.072	0.078	0.099
F-value	22.735	10.730	19.314

3.5.5 内生性分析

军历高管与企业战略差异度之间的正向关系可能存在一定的内生性。本章的结果可能会受到内生遗漏变量的影响，如军历高管所在公司可能有更强的风险承担能力，而较强的风险承担能力有助于公司应对较高战略差异度可能带来的风险。这就导致本章观测到的军历高管与战略差异度之间的正向关系可能是由内生遗漏变量引起的。刘刚和于晓东（2015）指出，不同类型的高管对特定的企业战略存在着选择偏好，即高管更偏好于选择与自己行事风格相类似的企业。同样，企业也会对管理者的风格进行选择。虽然前文的研究已经发现，军历高管会显著提高企业的战略差异度，但是这一结果一方面可能是军历高管更倾向于选择战略差异度较高的公司，而不是因为军历高管激进的性格特质和特立独行的行事风格能够影响企业的战略差异度；另一方面，可能是公司本身的风格较为激进。这类公司更愿意聘请有从军经历的高管，导致本章的研究结果可能受到公司自身特征的影响，而与从军经历无关，即存在"选择性偏差"（selection bias）。为了进一步保证研究假设的实证结果可靠，本章采用倾向评分匹配模型（PSM）、赫克曼（Heckman）两阶段模型解决可能存在的内生性问题。

（1）倾向评分匹配模型（PSM）

本章采用倾向评分匹配模型进行样本配对，以解决遗漏变量的内生性问题。通过该方法得到的配对样本中，军历高管实验组样本（MILITARY = 1）与非军历高管的样本（MILITARY = 0）在公司特征和高管个人特征方面不存在显著的差异。具体地，本章根据企业层面的特征变量（SIZE、GROWTH、WORK_CAPITAL、DUAL、BOARDSIZE、BPOWER、SHRHFD5、CTRL_CHANGE、TOP_CHANGE、HERFINDAHL、AGE_FIRM）和高管个人层面的特征变量（CEO_AGE、CEO_EDU、CEO_SHR、DIR_AGE、DIR_EDU、DIR_SHR）将军历高管实验组样本与非军历高管样本进行最近邻匹配，生成控制组样本。表3-13对假设3-1、假设3-2、假设3-3进行了内生性检验，表3-13的（1）列表明高管从军经历（MILITARY）与战略差异度（DEV_STRATEGY）的回归系数呈显著正向关系，回归系数分别为 0.021，在5%统计水平上显著。研究表明，本章假设3-1的研究结论是稳健的。表3-13的（2）列、（3）列显示，区分产权性质后发现，在非国有企业中高管从军经历（MILITARY）的估计系数为0.026，在10%统计水平上显著，在国有企业中未发现两者显著的关系，为假设3-2提供了证据支持。表3-13的（4）列对假设3-3进行了内生性检验。结果表明，高管从军经历（MILITARY）回归系数显著为正，高管从军经历与任期交乘项（MILITARY_TENURE）的回归系数显著为负，即随着高管任期的延长，军历高管对战略差异度的影响有所削弱，假设3-3的结论稳健。

表 3-13　内生性检验（一）：PSM 模型回归结果

变量	DEV_STRATEGY			
	全样本 （1）	国有企业 （2）	非国有企业 （3）	全样本 （4）
MILITARY	0.021 **	0.009	0.026 *	0.081 ***
	[0.049]	[0.569]	[0.077]	[0.000]
MILITARY_TENURE				−0.015 ***
				[0.000]
TENURE				−0.008 ***
				[0.000]
SIZE	−0.029 ***	−0.007 **	−0.048 ***	−0.023 ***
	[0.000]	[0.044]	[0.000]	[0.000]
GROWTH	0.009	0.007	0.008	0.014 *
	[0.219]	[0.570]	[0.390]	[0.073]
WORK_CAPITAL	−0.005 *	−0.032 ***	0.003	0.005
	[0.067]	[0.000]	[0.371]	[0.112]
BPOWER	0.012 ***	0.006	0.013 ***	0.014 ***
	[0.000]	[0.122]	[0.000]	[0.000]
BOARDSIZE	−0.019	0.010	−0.010	−0.014
	[0.186]	[0.617]	[0.615]	[0.345]
SHRHFD5	0.058 ***	0.079 **	0.084 ***	0.039 *
	[0.008]	[0.014]	[0.005]	[0.084]
DUAL	0.023 ***	−0.012	0.032 ***	0.025 ***
	[0.001]	[0.322]	[0.000]	[0.000]
TOP_CHANGE	0.013 **	0.009	0.018 **	−0.014 **
	[0.027]	[0.248]	[0.022]	[0.044]
CTRL_CHANGE	0.027 ***	0.033 ***	0.022 **	0.019 ***
	[0.000]	[0.003]	[0.016]	[0.009]

表3-13（续）

变量	DEV_STRATEGY			
	全样本（1）	国有企业（2）	非国有企业（3）	全样本（4）
CEO_AGE	−0.000	−0.001 **	0.000	−0.000
	[0.341]	[0.042]	[0.790]	[0.711]
CEO_EDU	0.003	−0.007	0.007	0.003
	[0.358]	[0.196]	[0.104]	[0.446]
CEO_SHR	−0.101 **	1.966 ***	−0.157 ***	−0.116 **
	[0.025]	[0.000]	[0.001]	[0.011]
DIR_AGE	−0.003 ***	−0.002 ***	−0.003 ***	−0.002 ***
	[0.000]	[0.001]	[0.000]	[0.000]
DIR_EDU	−0.003	0.015 ***	−0.010 **	−0.003
	[0.420]	[0.005]	[0.015]	[0.356]
DIR_SHR	−0.071 **	−1.307 **	−0.097 **	−0.073 **
	[0.043]	[0.011]	[0.012]	[0.038]
HERFINDAHL	−0.033	0.045	−0.055	−0.015
	[0.430]	[0.514]	[0.290]	[0.723]
AGE_FIRM	0.051 ***	0.046 ***	0.063 ***	0.058 ***
	[0.000]	[0.000]	[0.000]	[0.000]
Intercept	1.283 ***	0.723 ***	1.653 ***	1.130 ***
	[0.000]	[0.000]	[0.000]	[0.000]
Industry/Year	控制	控制	控制	控制
Observations	13 406	5 622	7 784	12 343
Adjusted R^2	0.074	0.077	0.103	0.080
F-value	24.794	11.425	20.926	23.890

（2）赫克曼（Heckman）两阶段模型

为了尽可能地减少选择性偏差的影响，从而进一步检验军历高管能否影响企业的战略差异度，本章采取赫克曼（Heckman）两阶段回归模型来修正选择性偏差，对模型（3-2）进行了重复检验。在第一阶段回归分析中，本章参考已有研究（Ben-Nasr et al.，2015；吴超鹏和张媛，2017）分别选取以下两个外生的工具变量（MILITARY_RATIO）：第一，各省份当年有军历高管的上市公司占该省份上市公司总数的比例；第二，各行业当年有军历高管的上市公司占该行业上市公司总数的比例。上述工具变量可以影响上市公司有军历高管的可能性，但又不直接影响该公司战略差异度。

在第一阶段回归模型中，如表3-14的（1）列、（3）列所示，外生工具变量（MILITARY_RATIO）的回归系数均在1%统计水平上显著；在第二阶段回归模型中，如表3-14的（2）列、（4）列所示，高管从军经历（MILITARY）的回归系数分别为0.018和0.020，均在10%统计水平上显著为正，而逆米尔斯比率（Inverse Mill's Ratio）分别在10%和5%统计水平上显著，说明本章的回归模型（3-2）存在显著的选择性偏差，而采用赫克曼（Heckman）两阶段模型对选择性偏差进行修正后，本章的结论仍然保持不变，即军历高管对企业战略差异度有显著的正向影响。

表3-14　内生性检验（二）：赫克曼（Heckman）两阶段模型回归结果

变量	工具变量（地区层面）		工具变量（行业层面）	
	第一阶段回归	第二阶段回归	第一阶段回归	第二阶段回归
	MILITARY （1）	DEV_STRATEGY （2）	MILITARY （3）	DEV_STRATEGY （4）
MILITARY		0.018* [0.093]		0.020* [0.064]
MILITARY_RATIO	5.718*** [0.000]		8.725*** [0.000]	
SIZE	−0.040** [0.021]	−0.028*** [0.000]	−0.026 [0.140]	−0.028*** [0.000]

表3-14(续)

变量	工具变量（地区层面）		工具变量（行业层面）	
	第一阶段回归	第二阶段回归	第一阶段回归	第二阶段回归
	MILITARY（1）	DEV_STRATEGY（2）	MILITARY（3）	DEV_STRATEGY（4）
GROWTH	0.089	0.008	0.085	0.006
	[0.108]	[0.298]	[0.120]	[0.448]
WORK_CAPITAL	−0.009	−0.003	−0.059***	−0.000
	[0.658]	[0.354]	[0.003]	[0.983]
BPOWER	0.022	0.011***	−0.005	0.012***
	[0.226]	[0.000]	[0.779]	[0.000]
BOARDSIZE	−0.130	−0.018	−0.189*	−0.011
	[0.230]	[0.200]	[0.079]	[0.450]
SHRHFD5	−0.256	0.066***	−0.480***	0.081***
	[0.135]	[0.003]	[0.005]	[0.001]
DUAL	−0.385***	0.030***	−0.375***	0.040***
	[0.000]	[0.000]	[0.000]	[0.000]
TOP_CHANGE	0.024	0.013**	0.026	0.012**
	[0.594]	[0.025]	[0.555]	[0.038]
CTRL_CHANGE	−0.032	0.027***	−0.020	0.027***
	[0.564]	[0.000]	[0.723]	[0.000]
CEO_AGE	0.004	−0.001	0.004	−0.001
	[0.254]	[0.197]	[0.193]	[0.123]
CEO_EDU	−0.046*	0.005	−0.031	0.005
	[0.073]	[0.192]	[0.229]	[0.135]
CEO_SHR	−0.812**	−0.037	−0.781**	−0.015
	[0.036]	[0.368]	[0.044]	[0.736]
DIR_AGE	0.025***	−0.003***	0.024***	−0.004***
	[0.000]	[0.000]	[0.000]	[0.000]

表3-14（续）

变量	工具变量（地区层面）		工具变量（行业层面）	
	第一阶段回归	第二阶段回归	第一阶段回归	第二阶段回归
	MILITARY (1)	DEV_STRATEGY (2)	MILITARY (3)	DEV_STRATEGY (4)
DIR_EDU	−0.029	−0.001	−0.029	−0.001
	[0.221]	[0.656]	[0.218]	[0.843]
DIR_SHR	0.110	−0.064*	0.274	−0.076**
	[0.671]	[0.066]	[0.300]	[0.029]
HERFINDAHL	−0.271	−0.021	−0.178	−0.022
	[0.179]	[0.601]	[0.380]	[0.592]
AGE_FIRM	0.060**	0.050***	−0.009	0.052***
	[0.036]	[0.000]	[0.750]	[0.000]
Intercept	−1.999***	1.325***	−2.204***	1.363***
	[0.000]	[0.000]	[0.000]	[0.000]
Inverse Mill's Ratio		−0.022*		−0.053**
		[0.088]		[0.020]
Industry/Year	控制	控制	控制	控制
Observations	13 804	13 804	13 804	13 804
PseudoR^2	0.085	—	0.086	—
Chi^2	481.034	—	484.381	—
Adjusted R^2	—	0.074	—	0.074
F-value	—	24.871	—	24.931

3.6 进一步分析

前文研究发现，军历高管会显著提高企业的战略差异度，这种影响在国有企业中被削弱。同时，随着高管任职期限的增加，军历高管对战略差异度的影响会逐渐减弱。但是，上述影响难以区分是董事长还是总经理的作用。考虑到董事长和总经理对企业决策的影响往往存在一定的差异，本章进一步将高管从军经历区分为董事长从军经历（DIR_MILITARY）与总经理从军经历（CEO_MILITARY），对本章的研究假设进行重复检验，分别考察两者对企业战略差异度的影响，回归结果如表3-15、表3-16所示。

表3-15为重复检验假设3-1、假设3-2的回归结果。根据表3-15的（1）列、（4）列所示，将高管从军经历区分为董事长从军经历（DIR_MILITARY）与总经理从军经历（CEO_MILITARY）后回归发现，董事长的从军经历（DIR_MILITARY）与战略差异度（DEV_STRATEGY）回归系数为0.030，在5%统计水平上显著，而总经理从军经历（CEO_MILITARY）与战略差异度（DEV_STRATEGY）的回归系数为0.020，在统计水平上并不显著。进一步地，为检验研究假设3-2，本章将样本区分为国有企业与非国有企业，回归结果如表3-15的（2）列、（3）列、（5）列、（6）列所示。研究结果表明，董事长从军经历（DIR_MILITARY）对战略差异度（DEV_STRATEGY）的正向影响在非国有企业中更为显著，回归系数为0.026，在10%统计水平上显著；总经理从军经历（CEO_MILITARY）与战略差异度（DEV_STRATEGY）的正向影响在非国有企业中更为显著，回归系数为0.060，在5%统计水平上显著。

表3-15 进一步分析：董事长和总经理从军经历、产权性质与战略差异度

变量	DEV_STRATEGY					
	董事长			总经理		
	全样本（1）	国有企业（2）	非国有企业（3）	全样本（4）	国有企业（5）	非国有企业（6）
DIR_MILITARY	0.030**	0.026	0.026*			
	[0.013]	[0.166]	[0.100]			
CEO_MILITARY				0.020	−0.036	0.060**
				[0.271]	[0.156]	[0.017]
SIZE	−0.029***	−0.008**	−0.047***	−0.031***	−0.009**	−0.048***
	[0.000]	[0.019]	[0.000]	[0.000]	[0.013]	[0.000]

表3-15(续)

变量	DEV_STRATEGY					
	董事长			总经理		
	全样本 （1）	国有企业 （2）	非国有企业 （3）	全样本 （4）	国有企业 （5）	非国有企业 （6）
GROWTH	0.010	0.010	0.010	0.012*	0.009	0.013
	[0.172]	[0.427]	[0.302]	[0.094]	[0.439]	[0.177]
WORK_CAPITAL	−0.003	−0.031***	0.006*	−0.003	−0.032***	0.006*
	[0.325]	[0.000]	[0.080]	[0.284]	[0.000]	[0.092]
BPOWER	0.011***	0.006*	0.010***	0.010***	0.007*	0.008***
	[0.000]	[0.092]	[0.001]	[0.000]	[0.075]	[0.004]
BOARDSIZE	−0.023	0.005	−0.019	−0.023	0.013	−0.024
	[0.103]	[0.800]	[0.327]	[0.103]	[0.538]	[0.205]
SHRHFD5	0.059***	0.074**	0.089***	0.058***	0.086***	0.086***
	[0.006]	[0.022]	[0.002]	[0.007]	[0.007]	[0.003]
DUAL	0.016***	−0.016	0.021***	0.031***	−0.012	0.041***
	[0.010]	[0.195]	[0.003]	[0.000]	[0.330]	[0.000]
CTRL_CHANGE	0.027***	0.034***	0.021**	0.027***	0.032***	0.022**
	[0.000]	[0.002]	[0.019]	[0.000]	[0.004]	[0.012]
DIR_CHANGE	0.007	0.005	0.014			
	[0.356]	[0.604]	[0.215]			
CEO_CHANGE				0.024***	0.018*	0.028***
				[0.000]	[0.053]	[0.001]
CEO_AGE				−0.001***	−0.002***	−0.001*
				[0.002]	[0.007]	[0.083]
CEO_EDU				0.003	−0.003	0.005
				[0.287]	[0.558]	[0.242]
CEO_SHR				−0.090***	1.274***	−0.133***
				[0.005]	[0.003]	[0.000]

表3-15(续)

变量	DEV_STRATEGY					
	董事长			总经理		
	全样本 （1）	国有企业 （2）	非国有 企业 （3）	全样本 （4）	国有企业 （5）	非国有 企业 （6）
DIR_AGE	−0.003***	−0.003***	−0.003***			
	[0.000]	[0.000]	[0.000]			
DIR_EDU	−0.001	0.013***	−0.006			
	[0.776]	[0.010]	[0.119]			
DIR_SHR	−0.088***	−0.246	−0.121***			
	[0.001]	[0.576]	[0.000]			
HERFINDAHL	−0.025	0.034	−0.037	−0.036	0.036	−0.050
	[0.532]	[0.628]	[0.448]	[0.369]	[0.606]	[0.309]
AGE_FIRM	0.052***	0.043***	0.064***	0.054***	0.048***	0.066***
	[0.000]	[0.000]	[0.000]	[0.000]	[0.000]	[0.000]
Intercept	1.284***	−0.003***	−0.003***	1.205***	0.685***	1.574***
	[0.000]	[0.000]	[0.000]	[0.000]	[0.000]	[0.000]
Industry/Year	控制	控制	控制	控制	控制	控制
Observations	13 804	5 623	8 181	13 804	5 623	8 181
Adjusted R^2	0.073	0.074	0.101	0.071	0.072	0.100
F−value	26.971	11.773	22.986	25.971	11.361	22.654

表3-16为重复检验假设3-3的回归结果。如表3-16的（1）列、（4）列所示，董事长从军经历（DIR_MILITARY）与总经理从军经历（CEO_MILITARY）的回归系数分别为0.068和0.075，分别在1%和5%统计水平上正向显著，交乘项（DIR_MILI_TEN）和（CEO_MILI_TEN）的回归系数分别为−0.007和−0.022，分别在5%和1%统计水平上负向显著。研究结果表明，董事长（总经理）任期越长，董事长（总经理）从军经历对战略差异度的影响越弱。本章在进一步区分产权性质后发现，无论是董事长还是总经理，高管任期对高管从军经历与战略差异度两者关系的负向

调节作用均在非国有企业中更为显著。

综合表 3-15 及表 3-16 的实证结果来看，无论是董事长从军经历（DIR_MILITARY）还是总经理从军经历（CEO_MILITARY）对企业战略差异度（DEV_STRATEGY）的正向影响均在非国有企业中更为显著。同时，随着高管任期的增加，这种影响逐渐被削弱，并且这种负向调节作用均在非国有企业中更为显著。因此，董事长从军经历（DIR_MILITARY）与总经理从军经历（CEO_MILITARY）对战略差异度的影响基本无明显差异。

表 3-16　进一步分析：董事长和总经理从军经历、任职期限与战略差异度

变量	DEV_STRATEGY					
	董事长			总经理		
	全样本（1）	国有企业（2）	非国有企业（3）	全样本（4）	国有企业（5）	非国有企业（6）
DIR_MILITARY	0.068***	0.043	0.059**			
	[0.002]	[0.231]	[0.036]			
DIR_MILI_TEN	−0.007**	−0.003	−0.006*			
	[0.019]	[0.522]	[0.090]			
DIR_TENURE	−0.005***	−0.005***	−0.005***			
	[0.000]	[0.000]	[0.000]			
CEO_MILITARY				0.075**	−0.028	0.161***
				[0.049]	[0.602]	[0.004]
CEO_MILI_TEN				−0.022***	−0.007	−0.038***
				[0.007]	[0.529]	[0.002]
CEO_TENURE				−0.006***	−0.004***	−0.009***
				[0.000]	[0.004]	[0.000]
SIZE	−0.024***	−0.005	−0.040***	−0.025***	−0.006	−0.039***
	[0.000]	[0.234]	[0.000]	[0.000]	[0.132]	[0.000]
GROWTH	0.017**	0.017	0.016	0.026***	0.035**	0.020**
	[0.036]	[0.227]	[0.107]	[0.002]	[0.012]	[0.047]

表3-16(续)

变量	DEV_STRATEGY					
	董事长			总经理		
	全样本(1)	国有企业(2)	非国有企业(3)	全样本(4)	国有企业(5)	非国有企业(6)
WORK_CAPITAL	0.010***	−0.016***	0.017***	0.007**	−0.022***	0.015***
	[0.000]	[0.004]	[0.000]	[0.016]	[0.000]	[0.000]
BPOWER	0.013***	0.008**	0.011***	0.010***	0.005	0.008***
	[0.000]	[0.043]	[0.001]	[0.000]	[0.227]	[0.006]
BOARDSIZE	−0.015	0.020	−0.018	−0.018	0.024	−0.026
	[0.299]	[0.358]	[0.365]	[0.226]	[0.289]	[0.200]
SHRHFD5	0.045**	0.060*	0.076**	0.052**	0.076**	0.081**
	[0.049]	[0.088]	[0.013]	[0.027]	[0.033]	[0.010]
DUAL	0.017***	−0.008	0.020***	0.034***	−0.005	0.042***
	[0.008]	[0.545]	[0.006]	[0.000]	[0.713]	[0.000]
CTRL_CHANGE	0.018**	0.028**	0.012	0.017**	0.029**	0.009
	[0.017]	[0.027]	[0.200]	[0.023]	[0.020]	[0.318]
DIR_CHANGE	−0.020	−0.022	−0.003			
	[0.442]	[0.489]	[0.945]			
CEO_CHANGE				0.046**	0.062*	0.016
				[0.018]	[0.055]	[0.515]
CEO_AGE				−0.001**	−0.002**	−0.001
				[0.031]	[0.027]	[0.333]
CEO_EDU				0.004	−0.007	0.008*
				[0.258]	[0.223]	[0.061]
CEO_SHR				−0.090***	1.165***	−0.122***
				[0.006]	[0.007]	[0.001]
DIR_AGE	−0.003***	−0.002***	−0.002***			
	[0.000]	[0.002]	[0.000]			

表3-16(续)

变量	DEV_STRATEGY					
	董事长			总经理		
	全样本 (1)	国有企业 (2)	非国有企业 (3)	全样本 (4)	国有企业 (5)	非国有企业 (6)
DIR_EDU	−0.002	0.009 *	−0.005			
	[0.469]	[0.100]	[0.136]			
DIR_SHR	−0.101 ***	−0.292	−0.122 ***			
	[0.000]	[0.503]	[0.000]			
HERFINDAHL	−0.013	0.101	−0.047	−0.012	0.052	−0.028
	[0.758]	[0.189]	[0.347]	[0.782]	[0.502]	[0.583]
AGE_FIRM	0.059 ***	0.047 ***	0.072 ***	0.058 ***	0.050 ***	0.071 ***
	[0.000]	[0.000]	[0.000]	[0.000]	[0.000]	[0.000]
Intercept	1.134 ***	0.546 ***	1.511 ***	1.072 ***	0.592 ***	1.383 ***
	[0.000]	[0.000]	[0.000]	[0.000]	[0.000]	[0.000]
Industry/Year	控制	控制	控制	控制	控制	控制
Observations	12 072	4 655	7 417	11 455	4 527	6 928
Adjusted R^2	0.077	0.075	0.106	0.075	0.075	0.106
F-value	23.986	9.581	20.892	22.240	9.317	19.682

3.7 本章小结

战略定位是企业战略管理过程中的关键环节。本章基于战略差异度的视角,探讨军历高管对企业战略定位的影响。本章以2007—2014年2 433家沪深A股上市公司作为样本,实证研究发现:第一,军历高管会显著提高企业的战略差异度,在企业战略定位中表现出特立独行的行事风格。第二,这种作用会受到产权性质的影响,即相对于非国有企业,国有企业高管的战略决策自主权受到更大的制约,在国有企业中军历高管对企业战略差异度的影响被削弱。第三,这种作用会受到高管任期的影响,即随着高管任职期限的增加，军历高管对战略差异度的影响会逐渐减弱。考虑到董事长和总经理对企业决策的影响往往存在一定的差异，本章进一步将高管从军经历区分为董事长从军经历与总经理从军经历。本章研究发现，董事长从军经历与总经理从军经历对战略差异度的影响基本无明显差异。从军经历是众多类型的人生经历中十分特殊的一种，本章从企业战略差异度的角度来检验高管从军经历是否会影响企业战略定位，拓展了以往文献对高管个人特征与企业战略决策的研究。本章从企业战略差异度的角度展开研究，深入分析了从军经历形成的"有主见""不跟随"的行事风格在企业战略定位上的体现，构成完整的"高管从军经历→高管行事风格→企业战略定位"研究逻辑。同时，本章考虑了不同产权性质对高管决策自主性的横向影响和高管任期长短对高管实施战略差异动机强弱的纵向影响，对军历高管如何影响企业战略定位有更加深入的理解。中国"新兴+转型"期的市场制度环境背景、中国上市公司面临的外部环境及自身的战略布局均存在特殊性。与此同时，中国作为世界军事强国，其庞大的现役军人规模和大量参与到市场经济中的退役军人，使得研究这一类拥有特殊经历的群体对市场微观组织的重要影响是具有现实意义的。本书的研究发现，相较于非军历高管，军历高管会使得企业的战略定位与行业常规战略相比差异较大，即企业战略差异度被军历高管显著提高。企业在今后的重要人才选聘时，应关注其早期特殊经历。同时，不同体制的企业对高管特殊经历的重视程度可以有所不同，因为企业的特质（如产权性质）会限制高管的自主权进而影响高管的个人特质在企业的重要决策中的作用。本章的研究结论为今后企业的重要人才选聘和人力资源管理提供了参考依据。

本章的贡献在于：第一，本章研究高管行事风格对企业战略决策的影响，拓展了以往文献对高管个人特征和企业战略决策的研究。以往从高管个人特征角度研究企业战略决策的文献（Boeker，1997；Zhang，2006；Weng，2014；Helfat & Martin，2015；Balogun，2015）主要从团队特征

（Wiersema & Bantel，1992；Cho & Hambrick，2006）、个体特征（Barron et al.，2011；Quigley & Hambrick，2012；连燕玲和贺小刚，2015）以及高管变更研究不同高管的来源类型（Westphal & Fredrickson，2001；Zhang & Rajagopalan，2010）对企业战略决策产生的影响。以上相关研究主要聚焦高管的人口学特征等，并未涉及高管从军经历等特殊的早期经历对企业战略决策的影响。第二，本章考虑了不同产权性质对高管决策自主性的横向影响和任职期限长短对高管实施战略差异动机强弱的纵向影响，对军历高管如何影响企业战略差异度有更加深入的理解。第三，本章从与军历高管行事风格最可能直接影响的角度——企业战略定位展开研究，深入分析了军历高管在企业战略差异度方面的体现，构成了完整的"高管从军经历→高管行事风格→企业战略定位"的研究逻辑。

4 高管从军经历与企业市场化战略投资：战略性并购的视角

上一章的实证研究基于高管的行事风格探讨了军历高管对企业战略定位的影响。研究发现，从军经历塑造了高管特立独行的行事风格，使得军历高管所在企业的战略定位与行业常规战略相比差异较大，即战略差异度较高。战略定位的关键在于企业拥有的资源是有限的，为了寻找和确定适合企业生存与发展的理想位置，实现资源的最优配置，企业势必在资源投入过程中有所取舍。因此，本书将研究视角从企业战略定位转移到具体的战略性投资。战略性投资是与企业战略发展密切相关的，有助于实现企业长期战略目标的经济资源投入。市场化战略和非市场化战略对企业获取与维持竞争优势都产生了重要影响，并且两者在资源投入方向上存在较大差异。基于此，本书区分了市场化战略投资与非市场化战略投资，重点考察了军历高管对这两种战略性投资的影响是否存在差异。市场化战略投资强调企业边界内的资源属性与能力，着重在企业内部生产经营能力建设等方面进行资源投入，战略性并购作为企业市场拓展、战略调整的有效手段，在获取战略资源、实现资源优化配置和产业结构升级等方面具有关键的战略意义，有助于企业获取与维持在行业中的竞争优势和地位，其重要性不言而喻。本章基于战略性并购的研究视角，实证检验了军历高管对企业市场化战略投资的影响。本章的研究，从上一章的企业战略定位拓展到企业战略性并购这一具体的市场化战略投资决策，起到了承上的作用，同时也为第五章关于企业非市场化战略投资的研究起到了衔接与铺垫的作用。

4.1 问题的提出

企业并购是企业实现外延式、跨越式成长和扩张的有效方式，也是资源优化配置和产业结构升级的重要途径（韦斯顿等，2006）。李彬和潘爱玲（2015）发现，目前我国企业并购多以战略为导向，其战略性并购特征较为明显。其中，跨区域并购作为企业战略调整的有效手段（方军雄，2008），在获取战略资源、税收优惠、产业转移、市场拓展等方面具有关键的战略意义。早期文献发现，地方保护主义往往导致地区之间的市场分割（Wong，1992；Young，2000；严冀和陆铭，2003），跨区域并购的推进障碍重重（李增泉等，2005；方军雄，2008，2009；潘红波和余明桂，2011）。李增泉等（2005）发现，1998—2001 年，发生的 416 起上市公司并购事件中，异地并购仅有 46 起，相对于本地并购而言微乎其微。乔薇（2012）也发现，相较于本地并购，异地并购溢价更高。随着市场化程度的提高，跨区域并购障碍得到有效缓解，市场分割状况得到改善（方军雄，2009）。在我国经济转型时期，越来越多的学者关注到跨区域并购对优化产业结构（胡杰武等，2012；白雪洁和卫婧婧，2017）、实现区域经济增长（胡杰武等，2012）的重要作用。

本章通过梳理已有文献发现，关于是否实施跨区域并购的影响因素研究较为丰富，大致总结为三个方面：环境制度、政府角色、公司高层。在环境制度方面，李彬和潘爱玲（2015）发现，区域税负的差异对企业跨区域并购具有一定的诱导效应。王凤荣和苗妙（2015）发现，企业跨区域并购并不是出于节税的考虑，更多是考虑目标公司的区域环境。在政府角色方面，方军雄（2008）、潘红波和余明桂（2011）发现，国有企业的异地并购的概率更小，并且有研究表明国有企业异地并购的小概率是由于地方政府的干预，即地方保护主义造成的（方军雄，2008；夏立军等，2011；周昌仕和宋献中，2013）。在公司高层方面，蔡庆丰等（2017）发现，民营企业家的政治关联层级越高，企业跨区域并购的概率越大。魏江等（2013）进一步区分了高管政治关联的类型，研究发现高管本地政治关联有助于企业在本产业内实施跨区域并购，而高管中央政治关联则有助于企业在本产业外实施跨区域并购。这些研究虽然丰富，但更多关注宏观制度背景，忽略了微观层面高管个人特征带来的认知模式及行事风格对战略性并购的影响。需要注意的是，跨区域并购在优化产业结构、实现区域经济增长的同时，蕴涵着巨大的不确定性与风险，收购方企业往往面临信息劣势和逆向选择风险（Schildt & Laamanen，2006）。那么，作为企业战略决策者，高管尤其是军历高管究竟对企业战略性并购产生了什么样的影响？

4.2 理论分析与研究假设

在以一体化并购为载体的扩张战略实施过程中，关于空间布局的企业地理策略的规划与确定是其核心要点，即企业在规模扩张中往往具有经营空间外部拓展的强烈内需，此时跨区域并购便成为企业优先布局弱竞争市场及逐次推向成熟市场的有力工具。基姆和芬克尔斯坦（Kim & Finkelstein，2009）指出，企业能够通过跨区域并购开拓新的区域市场，挖掘潜在的客户群体并培育新的利润增长点。同时，随着市场化进程的推进，因地方保护主义形成的区域壁垒有所改善。地方政府出于引资的目的，积极鼓励外地资本进入，实现资本的跨区域流动，即跨区域并购可能更多享受目标公司当地政府的扶持。另外，区域税收制度的差异使得跨区域并购成为企业实现税收转移、重塑企业的税务结构、形成节税效应的重要手段（李彬和潘爱玲，2015）。跨区域并购对优化产业结构（胡杰武等，2012；白雪洁和卫婧婧，2017）、实现区域经济增长（胡杰武等，2012）具有重要的作用，但其同时也蕴涵着巨大的不确定性与风险。巴勃罗等

（Pablo et al.，1996）指出，企业并购行为虽然具有降低竞争威胁、博取市场地位、实现规模经济、快速获得资源与能力的作用，但是由于需要大量资源的投入，因此不确定性很大，风险性很高。鲁厄和科扎（Reuer & Koza，2000）将并购风险划分为两个方面，即事前信息不对称风险和事后管理风险。他们认为，事前评估不确定性突出的是逆向选择，事后整合不确定性主要体现了管理风险和道德风险。并购公司和目标公司的市场独立性决定了并购交易的不确定性，跨区域并购的不确定性与风险主要体现在以下两个方面：

一方面，区域距离加剧了并购交易的信息不对称程度。在并购交易中，收购方公司（acquirers）要面对来自外部环境和目标公司（targets）内部的不确定性。具体来讲，资本市场的变化和宏观经济的波动很可能从本质上影响并购结果（Nelson，1959）；同时，如果收购方公司不能充分获取并正确解读目标公司详细的内部信息，交易结果将更难预测。并购之前，收购方公司主要在获得准确信息、识别目标公司真实价值上面临不确定性；而并购完成后，不确定性主要存在于合并后企业中机会主义行为和整合障碍上（Balakrishnan & Koza，1993；Chen & Hennart，2004；高良谋，2003）。跨区域并购使得收购方公司由于信息沟通成本等原因，往往面临着比同地并购更加严峻的信息劣势和逆向选择风险问题（Schildt & Laamanen，2006）。孙铁和武常岐（2012）指出，相近地域内的企业也在许多维度上有相似之处，而且地域接近能使并购双方更频繁进行正式的和非正式的接触，加强知识转移和协调运作。相反，收购方公司和目标公司的经营环境不同时，并购交易中的不确定性就大大提升了。有研究者（Tu et al.，2013）发现，在跨区域并购中，由于收购方公司在被并购地的信息劣势很可能导致其选择错误的目标公司。

另一方面，区域文化不同导致并购后期整合成本增加。罗宾斯和维塞马（Robins & Wiersema，1995）认为，不同地域的经济、社会、制度和文化特征不同，因此根植于特殊环境或网络中的隐性知识难以实现跨区域转移。王艳和阚铄（2014）发现，地区文化差异会导致企业文化融合难度加大，因此跨区域并购会增大企业文化强度对并购绩效的负面影响。胡杰武等（2012）指出，跨区域并购可能存在文化冲突，甚至影响区域文化的发展。巴苏和谢弗里耶（Basu & Chevrier，2011）指出，并购双方距离越远，越不利于并购后的运营绩效。综上所述，相较于同地并购，跨区域并购的不确定性更大，风险程度更高。

已有研究发现，具有从军经历的人容易表现出偏好风险和激进的行事风格，并且相信自己能够更好地适应高压力、高风险的情境（Duffy，2006）。万瑟斯基等（Wansink et al.，2008）调查发现，第二次世界大战中服役的美国士兵认为其取得成功的关键在于侵略性。军事心理学文献表明，从军经历塑造了个体激进（Elder，1986；Elder & Clipp，1989；Elder et al.，1991；Berkowitz & Lepage，1967）和偏好风险的性格特质（Elder，1986；Elder & Clipp，1989；Elder et al.，1991；Wansink et al.，2008；Killgore et al.，2008）。具体而言，埃德尔（Elder，1986，1991）、埃德尔和克利普（Elder & Clipp，1989）等研究发现，军事训练会影响军人的性格与能力，让军人在退役后表现出更强的风险偏好。贝尔科维奇和莱佩奇（Berkowitz & Lepage，1967）通过调查发现，与武器频繁接触的军人的性格更具有侵犯性。基尔戈尔等（Killgore et al.，2008）指出，有作战经历的军人在退役后的冒险行为有所增加，相较于非军人，军人更偏好风险。因此，从军经历会改变个人的认知模式，造成他们激进的性格特质，他们往往会为了达到某一目的主动采取高风险行为。上市公司的跨区域并购往往涉及复杂的法律财务问题。相较于同地并购，跨区域并购由于地理距离等原因，其信息获取成本更高，往往面临更加不确定的因素，如土地价格、税收优惠、产业扶持等，这些都使跨区域并购蕴涵了巨大的不确定性与潜在的风险。正如前文所述，军历高管更多地表现出激进的性格特质，因此在主观意愿上，军历高管越有自信应对不确定性与风险，越有可能进行跨区域并购，寻求在新区域的发展机会。基于此，本章提出假设4-1。

假设4-1：相较于非军历高管，军历高管所在企业更倾向于跨区域并购。

企业的战略异质性是影响企业决策偏好的重要影响因素（Venkatraman，1989；Villalonga，2004），一种战略类型代表企业一系列的重要决策类型（Miles & Snow，1978；Mintzberg，1978）。本特利等（Bentley et al.，2013）利用财务数据将企业战略风格进行量化分析，发现公司战略越激进，公司财务报告舞弊的可能性就越大。王化成等（2015）发现，企业战略风格对公司过度投资有显著的影响，相较于保守战略的公司而言，激进战略的公司越可能过度投资。孙健等（2015）、刘行（2016）基于公司盈余也得到了类似的结论。孙健等（2015）基于中国沪深A股上市公司2003—2013年的研究样本，发现相较于战略风格较保守的公司而言，战略风格较激进的公司盈余管理程度更高。刘行（2016）发现，公司战略风格越激进，其会计稳健性程度越低。此外，还有学者在税收规避（Higgins et al.，2014）、股价崩盘风险（Habib & Hasan，2017）等方面发现了同样的证据。因此，在分析军历高管与企业跨区域并购时，我们有必要将公司战略风格纳入分析框架中。李彬和潘爱玲（2015）指出，企业战略异质性显著影响了企业并购方向的选择，当企业战略为规模扩张型战略时，企业跨区域并购的概率得以提升。因此，当企业战略风格越激进时，企业越会面临着高风险的跨区域并购，企业往往越会追求并购带来的规模经济效应（包括生产规模经济效应和经营规模经济效应）和市场势力效应（杨惠馨等，2008），对经营空间的外部拓展具有强烈的内需，越可能进行跨区域并购以实现企业优先布局弱竞争市场及逐次向成熟市场推进的战略目标。本书认为，当企业战略风格较激进时，跨区域并购决策更容易受到企业激进战略风格的影响，无论是军历高管还是非军历高管都倾向于跨区域并购，这导致军历高管的性格特质和行事风格在跨区域并购上的体现并不明显，因此军历高管对跨区域并购的影响不明显。当企业战略风格较保守时，军历高管激进的性格特质更容易在跨区域并购中得以体现，即公司跨区域并购的推进更容易受到军历高管性格特质和行事风格的影响。基于此，本章提出假设4-2。

假设4-2：相较于战略风格较激进的企业，在战略风格较保守的企业中军历高管与跨区域并购的关系更加显著。

阿西莫格鲁和罗宾斯（Acemoglu & Robinsonz，2015）认为，制度因素在分配社会资源等方面发挥着重要的作用。税收政策，这一兼具法律层面公平正义和经济层面效率指向双重目标的制度，是政府引导资源流动以达到最优配置效率的有效杠杆与调控手段。沈坤荣等（2006）指出，对于地方政府而言，为促进本地经济社会利益最大化，地方政府一方面限制本地资本的流出，另一方面又通过各种手段吸引外地资本的流入，其中倚重的手段就是税收竞争。宏观的税收政策在微观企业行为层面具有一定的诱导反应，从而在某种程度上会影响企业决策。埃克博（Eckbo，1983）研究发现，税盾效应（tax sheild）在企业并购中起到了重要的外部促进作用，从而达到吸引并购交易的目的，即一些并购行为可能是基于税收成本最小化的考虑，而不是基于企业经营本身的考虑。海恩（Hayn，1989）从收购方公司和目标公司的税收特征影响股东收益的角度出发，发现税收事项的确是企业并购的重要动因之一。一般而言，地区性税收政策是影响投资地区分布及并购中目标公司位置选择的重要因素，不仅可以通过税收扶持来增强当地企业的市场竞争力，也可以吸引外来资本进入以优化区域投资质量，是地方政府提升政绩的常用手段[1]。基姆和芬克尔斯坦（Kim & Finkelstein，2009）指出，跨区域并购使得企业能够借此开拓新的区域市

---

① 财政学领域的税收竞争理论明确指出，各地区可以通过竞相降低有效税率或实施其他税收优惠等途径，以吸引其他地区财源流入本地区从而提升其政绩表现。国际经验也显示，实施投资优惠的地区经济增长普遍快于没有实行投资优惠的地区经济增长。

场，挖掘潜在的客户群体并培育新的利润增长点。同时，区域性税收优惠政策能够增强企业与政府间的沟通和谈判能力，改善政企间的信息不对称程度（Bond & Samuelson，1986），有利于企业获得更多的政府扶持。

李彬和潘爱玲（2015）基于我国税收制度背景，从区域性税收优惠和行业性税收优惠的角度证明了税收政策对企业并购战略决策的确具有一定的诱导效应。在区域性税收优惠方面，笔者通过对2007—2012年并购样本的描述性统计发现，超过60%的异地并购的目标公司都属于税收优惠地区，并从实证的角度证明了区域性税收优惠能有效催生跨区域并购。由于税负是企业实施并购时考虑的成本动因，因此为了享受税收优惠政策，税负较低地区的企业通常会成为收购方公司的选择目标。如果本地企业税负较高导致并购负担加重，收购方公司更有可能选择区域税负较低的目标公司，通过"走出去"实行异地并购而不是本地并购。基于此，本章提出假设4-3a和4-3b。

假设4-3a：收购方公司所在地区税负较高时，军历高管与跨区域并购关系更加显著。

假设4-3b：目标公司所在地区税负较低时，军历高管与跨区域并购关系更加显著。

4.3 实证研究设计

4.3.1 样本选择与数据来源

本章以2007—2014年沪深A股宣告并购的上市公司为初选样本，执行如下筛选条件：第一，选择交易地位为买方的并购企业。第二，选择已经完成的并购交易。第三，当目标公司注册地在境外时，剔除该并购事件。第四，当同一家上市公司在同一天宣告两笔或两笔以上交易时，如果目标公司不是同一家公司，剔除该并购事件；如果是同一家上市公司与同一目标公司的不同股东进行并购交易，合并该事件。第五，当同一家上市公司同一天宣告的一笔交易是多个交易标的时，剔除该并购事件。第六，将注册地在西藏的收购方公司及目标公司的样本予以剔除。第七，剔除金融保险类行业。第八，剔除 ST、＊ST 公司。第九，剔除相关变量指标存在缺失的样本。本章的并购事件、财务指标、公司治理、高管个人特征等数据主要来源于万得数据库。经过处理，本章最终得到有效观测值 3 147 个，其中跨区域并购样本 1 488 个，同地并购样本 1 659 个。为了消除极端值对本章结果的影响，本章对所有连续变量进行上下 1% 的 Winsorize 处理。

4.3.2　变量说明

（1）跨区域并购（MA_OFFSITE）

本章将收购方公司与目标公司注册地属于同一省份的并购事件视为同地并购，赋值为 0；将收购方公司与目标公司注册地属于不同省份的并购事件视为跨区域并购，赋值为 1。

（2）高管从军经历（MILITARY）

本章将上市公司董事长及总经理中至少有一名高管拥有从军经历的样本公司赋值为 1，其余样本公司赋值为 0。

（3）企业战略风格哑变量（STRA_DUMMY）

关于企业战略风格的度量指标（STRATEGY），本章使用以下六个维度的指标进行构建（Bentley et al.，2013；Higgins et al.，2014；王化成等，2016；孙健等，2016）：第一，企业寻找新产品的意愿（RDS）。相较于战略风格较保守的公司，激进战略风格的公司会投入更多研发支出到创新活动中。该指标使用研发支出①占销售收入的比重衡量。第二，企业生产、分销产品和服务的效率（EMPS）。相较于战略风格较保守的公司，激进战略风格的公司更加注重组织绩效，因此会雇佣相对更少的员工。该指标使用员工人数与销售收入的比值衡量。第三，公司的历史增长（REV）。相

---

① 由于我国的研发费用数据开始披露时间较晚，本书参考叶康涛等（2015）的方法，使用无形资产净值替代了研发费用指标。

较于战略风格较保守的公司，激进战略风格的公司增长机会更多。该指标使用销售总额每年的百分比变化衡量。第四，公司对新产品和新服务开发的专注度（MS）。相较于战略风格较保守的公司，激进战略风格的公司会投入更多成本在客户关系的建立和管理上。该指标使用销售费用和管理费用占销售收入的比重衡量。第五，组织稳定性（EMPF）。相较于战略风格较保守的公司，激进战略风格的公司员工聘期更短，员工更替更为频繁。该指标使用员工波动衡量。第六，公司对技术效率的承诺（CI）。相较于战略风格较激进的公司，保守战略风格的公司会更多投资于生产型资产。该指标使用资本密集度衡量。

企业战略风格的六个维度的指标均以过去五年移动平均值进行度量。其中，前五个维度的指标按照同年度、同行业将样本从小到大平均分为五组，最小组赋值为 0 分，次小组赋值为 1 分，以此类推，最大组赋值为 4分。第六个维度的指标，即公司对技术效率的承诺（CI），将最小组赋值为 4 分，次小组赋值为 3 分，以此类推，最大组赋值为 0 分。随后，我们将六个维度的指标的分组得分相加，得到该公司的战略得分（STRATEGY），得分取值在 0（保守）到 24 分（激进）之间。分值越大，表明企业越表现出激进的战略风格；分值越小，表明企业越表现出保守的战略风格。当企业战略得分（STRATEGY）高于年度行业平均值时STRA_DUMMY取值为 1，反之为 0。

（4）区域税负哑变量（TAX_DUMMY）

本章借鉴王凤荣和苗妙（2015）的做法，以地方政府税收收入与地方国内生产总值的比例衡量当地的税负水平。收购方公司或目标公司所在地区税负水平高于当年全国税负平均水平时，区域税负哑变量（TAX_DUM-MY）取值为 1，反之为 0。

（5）控制变量

在控制变量方面，方军雄（2008）、潘红波和余明桂（2011）研究表明，国有企业由于受到地方政府的干预，实施跨区域并购的概率更小，由此说明产权性质是影响企业实施跨区域并购的重要因素。因此，本章控制了企业的产权性质（SOE）。已有研究表明，企业与政府的关联程度（GOVER）会影响企业跨区域并购的可能性（魏江等，2013；蔡庆丰等，2017），本章对其予以控制。本章借鉴李彬和潘爱玲（2015）的做法，控制了常见的公司财务指标，如公司规模（SIZE）、净资产收益率（ROE）、资产负债率（LEV）、公司成长性（GROWTH）、资本密集度（CAPITAL_INTENSITY）；公司治理指标，如独立董事比例（INDEP）、第一大股东持股比例（FIRST）；并购特征指标如关联并购（MA_RELTTRD）、并购规模（MA_SCALE）；公司上市年限（AGE_FIRM）。此外，本章还控制了董事长和总经理的个人特征，如年龄（CEO_AGE、DIR_AGE）、学历（CEO_EDU、DIR_EDU）。本章为了消除年度和行业间的差异带来的影响，在模型中控制了年度效应（Year）和行业效应（Industry）。变量的定义与说明详见表4-1。

表4-1　变量的定义与说明

变量	变量的定义与说明
MA_OFFSITE	跨区域并购，跨区域并购取值为1，反之为0
MILITARY	高管从军经历，董事长与总经理至少一人具备从军经历的公司取值为1，反之为0
STRA_DUMMY	企业战略哑变量，借鉴本特利等（Bentley et al., 2013）的做法，计算生成企业战略的离散分值变量，当企业战略得分高于年度行业平均值时取值为1，反之为0
TAX_DUMMY	区域税负哑变量，地方政府税收收入/地区生产总值，当该地区税负水平高于当年全国平均值时取值为1，反之为0
SIZE	公司规模，公司总资产的自然对数
ROE	净资产收益率，公司年末净利润/平均股东权益
LEV	资产负债率，公司年末总负债/总资产
GROWTH	公司成长性，公司营业收入同比增长率

表4-1(续)

变量	变量的定义与说明
CAPITAL_INTENSITY	资本密集度,公司年末固定资产净额/总资产
SOE	产权性质,根据实际控制人性质来划分,国有企业取值为1,反之为0
GOVER	公司与政府关联度,公司国有股和法人股比例之和
INDEP	独立董事比例,独立董事人数/董事会总人数
FIRST	第一大股东持股比例,第一大股东持股数/总股数
MA_RELTTRD	关联交易,关联并购取值为1,反之为0
MA_SCALE	并购规模,并购支付价值的自然对数
CEO_AGE	总经理年龄,当年年份-总经理出生年份
CEO_EDU	总经理学历,当年总经理最高学历,1表示高中及以下学历,2表示专科学历,3表示本科学历,4表示硕士学历,5表示博士学历
DIR_AGE	董事长年龄,当年年份-董事长出生年份
DIR_EDU	董事长学历,当年董事长最高学历,1表示高中及以下学历,2表示专科学历,3表示本科学历,4表示硕士学历,5表示博士学历
AGE_FIRM	上市年限,公司上市年份数加1的自然对数
Industry	行业哑变量,根据2001年中国证监会《上市公司行业分类指引》划分
Year	年度哑变量,当公司属于 t 年度时,该虚拟变量取1,否则为0

4.3.3 模型设定

为了检验高管从军经历对企业跨区域并购的影响,本章构造 Logistic 回归模型如下:

$$MA\_OFFSITE_{i,t} = \alpha_0 + \alpha_1 MILITARY_{i,t} + \sum \alpha_i Control_{i,t} + \varepsilon_{i,t}$$

(4-1)

为了检验企业战略风格、区域税负水平对军历高管影响企业跨区域并购两者关系的调节效应,本章将模型(4-1)分别按照企业战略风格哑变量(STRA_DUMMY)、区域税负哑变量(TAX_DUMMY)进行分组回归。

其中，MA_OFFSITE 衡量公司跨区域并购，MILITARY 表示高管从军经历；α_1 是企业跨区域并购与军历高管的回归系数，衡量军历高管对公司跨区域并购的影响。本章预期 α_1 显著为正，即军历高管能够提高公司实施跨区域并购的概率。

4.4 实证结果分析

4.4.1 描述性统计

表 4-2 显示的是本章实证研究中涉及的主要变量的描述性统计结果。可以看出，公司跨区域并购（MA＿OFFSITE）的均值为 0.473，表明 2007—2014 年我国并购事件中跨区域并购的比例为 47.30%，略高于李彬和潘爱玲（2015）研究的 2009—2012 年跨区域并购均值（0.416），可能是由于本章样本覆盖的研究期限较长，且我国跨区域并购比例从 2009 年开始呈现稳步上升的趋势①。高管从军经历（MILITARY）的描述性统计结果与第三章的发现一致，在此不再赘述。

表 4-2　主要变量的描述性统计结果

变量	观测值	均值	标准差	最小值	中位数	最大值
MA_OFFSITE	3 147	0.473	0.499	0	0	1
MILITARY	3 147	0.053	0.225	0	0	1
SIZE	3 147	21.310	1.398	18.078	21.218	25.147
ROE	3 147	10.249	9.770	−24.470	9.229	45.192
LEV	3 147	45.457	21.133	5.142	45.962	86.945
GROWTH	3 147	0.242	0.442	−0.648	0.171	2.915
CAPITAL_INTENSITY	3 147	0.219	0.166	0.002	0.183	0.706
SOE	3 147	0.391	0.488	0	0	1
GOVER	3 147	0.180	0.226	0	0.043	0.768
INDEP	3 147	0.371	0.054	0.300	0.333	0.571

---

① 经万得数据库中国并购库整理，本章跨区域并购比例在 2007—2014 年的分布为 46.90%、40.26%、36.80%、46.41%、45.25%、47.54%、48.47%、53.88%。

表4-2(续)

变量	观测值	均值	标准差	最小值	中位数	最大值
FIRST	3 147	36.067	15.289	8.770	34.390	75.460
MA_RELTTRD	3 147	0.214	0.410	0	0	1
MA_SCALE	3 147	8.847	1.897	3.379	8.834	13.236
CEO_AGE	3 147	47.140	6.091	32	47	63
CEO_EDU	3 147	3.601	0.789	2	4	5
DIR_AGE	3 147	50.605	6.540	35	50	68
DIR_EDU	3 147	3.588	0.889	1	4	5
AGE_FIRM	3 147	1.957	0.809	0	2.197	3.091

在控制变量方面,公司规模(SIZE)的均值(中位数)为21.310(21.218),标准差为1.398。净资产收益率(ROE)的均值(中位数)为10.249(9.229),标准差为9.770,表明不同公司的净资产收益率波动幅度较大。资产负债率(LEV)的均值(中位数)为45.457(45.962),标准差为21.133。公司成长性(GROWTH)的均值(中位数)为0.242(0.171),标准差为0.442。资本密集度(CAPITAL_INTENSITY)的均值(中位数)为0.219(0.183),标准差为0.166。产权性质(SOE)的均值为0.391,表明本章的观测值中约39.1%的样本为国有企业。企业与政府关联程度(GOVER)的均值(中位数)为0.180(0.043),均值与中位数差异较大,表明研究样本中企业的政治关联度分布不均匀。独立董事比例(INDEP)的均值为0.371,最小值为0.300,最大值为0.571,中位数为0.333,体现出中国现行的独立董事制度规定上市公司董事会成员中的独立董事比例不得低于1/3的规定。第一大股东持股比例(FIRST)的均值为36.067,标准差为15.289。关联并购(MA_RELTTRD)的均值为0.214,表明并购样本中约有21.4%的并购事件属于关联并购。并购规模(MA_SCALE)的均值(中位数)为8.847(8.834)。总经理年龄(CEO_AGE)和总经理学历(CEO_EDU)的均值分别为47.140和3.601,表明研究样本中总经理平均年龄约为47岁,平均学历为本科学历以上。董事长年龄

（DIR_AGE）和董事长学历（DIR_EDU）均值分别为 50.605 和 3.588，表明研究样本中董事长平均年龄约为 50 岁，平均学历为本科学历以上。公司上市年限（AGE_FIRM）的均值为 1.957。

表 4-3 是本章涉及的主要变量按照高管从军经历（MILITARY）进行分组差异性检验结果。可以看出，相较于非军历高管所在公司（MILITARY=0），军历高管所在公司（MILITARY=1）中跨区域并购（MA_OFFSITE）的均值显著更高，在 10% 统计水平上显著，即军历高管所在公司跨区域并购的概率更大，初步支持本章假设 4-1。军历高管所在公司（MILITARY=1）中的公司负债水平（LEV）在 10% 统计水平上显著更高，意味着军历高管所在公司的负债水平更高，与赖黎等（2016）的研究结论一致。军历高管所在公司（MILITARY=1）中的公司成长性（GROWTH）、独立董事比例（INDEP）显著更高，而关联并购（MA_RELTTRD）更低，在 5% 统计水平上显著。另外，相较于非军历高管所在公司（MILITARY=0），军历高管所在公司（MILITARY=1）中董事长年龄（DIR_AGE）的均值显著更高，在 1% 统计水平上显著，总经理学历（CEO_EDU）的均值显著更低。其他变量在统计水平上不存在明显的差异，在此不再一一赘述。

表 4-3　分组差异性分析

变量	MILITARY=1		MILITARY=0		T 检验
	观测值	均值	观测值	均值	
MA_OFFSITE	168	0.536	2 979	0.469	0.066*
SIZE	168	21.144	2 979	21.319	-0.175
ROE	168	10.028	2 979	10.261	-0.233
LEV	168	48.362	2 979	45.293	3.068*
GROWTH	168	0.297	2 979	0.239	0.058*
CAPITAL_INTENSITY	168	0.224	2 979	0.218	0.005

表4-3(续)

变量	MILITARY = 1		MILITARY = 0		T 检验
	观测值	均值	观测值	均值	
SOE	168	0.387	2 979	0.391	-0.005
GOVER	168	0.195	2 979	0.179	0.016
INDEP	168	0.380	2 979	0.371	0.010**
FIRST	168	34.785	2 979	36.139	-1.355
MA_RELTTRD	168	0.149	2 979	0.218	-0.069**
MA_SCALE	168	8.728	2 979	8.854	-0.126
CEO_AGE	168	47.536	2 979	47.118	0.418
CEO_EDU	168	3.494	2 979	3.607	-0.113*
DIR_AGE	168	52.571	2 979	50.494	2.077***
DIR_EDU	168	3.548	2 979	3.590	-0.042
AGE_FIRM	168	1.994	2 979	1.955	0.038

4.4.2 Pearson 相关系数表

表4-4为主要变量的 Pearson 相关系数表。结果表明,高管从军经历(MILITARY)与跨区域并购(MA_OFFSITE)的相关系数为0.030,在10%统计水平上呈正相关关系,即军历高管所在公司的跨区域并购的概率更大,在一定程度上为本章假设4-1提供了证据支持。资产负债率(LEV)与跨区域并购(MA_OFFSITE)的相关系数为-0.069,在1%统计水平上显著负相关,表明公司资产负债率越高,实施跨区域并购的概率越小,与已有文献的发现基本一致(李彬和潘爱玲,2015)。资本密集度(CAPITAL_INTENSITY)与跨区域并购(MA_OFFSITE)的相关系数为-0.102,在1%统计水平上显著负相关。产权性质(SOE)与跨区域并购(MA_OFFSITE)的相关系数为-0.134,在1%统计水平上显著负相关,表明相较于民营企业,国有企业进行跨区域并购的概率更小,与潘红波和余明桂(2011)得到的结论基本一致。企业与政府关联程度(GOVER)与

跨区域并购（MA_OFFSITE）的相关系数呈显著负相关关系，相关系数为－0.034，在10%统计水平上显著，支持了地方保护主义的存在使得地方政府对企业跨区域并购进行干预，形成了一定的区域壁垒的研究结论（乔薇，2012；魏江等，2013）。第一大股东比例（FIRST）与跨区域并购（MA_OFFSITE）的相关系数为－0.046，在1%统计水平上显著负相关，表明第一大股东的持股比例越高，对高管的监督力度越大，越可能抑制高管出于追求私有收益以及获得更高薪酬和声誉的目的，扩大公司规模，实施跨区域并购（Jensen & Meckling，1976；Jensen & Murph，1990）。关联并购（MA＿RELTTRD）与跨区域并购（MA＿OFFSITE）的相关系数为－0.128，在1%统计水平上显著负相关。并购规模（MA_SCALE）与跨区域并购（MA_OFFSITE）的相关系数为0.060，在1%统计水平上显著正相关，表明跨区域并购的交易金额比本地并购的交易金额更高，与已有研究的结论保持一致（胡杰武等，2012）。总经理学历（CEO_EDU）与跨区域并购（MA_OFFSITE）的相关系数为0.043，在5%统计水平上显著正相关。公司上市年限（AGE_FIRM）与跨区域并购（MA_OFFSITE）的相关系数为－0.073，在1%统计水平上显著负相关。其余变量间的相关系数在此不再一一赘述。为了检验解释变量之间是否存在多重共线性，本章采用方差膨胀因子（VIF）进行检验，发现解释变量之间的VIF值均小于2，表明解释变量之间并不存在多重共线性。

4.4.3　高管从军经历与跨区域并购的回归结果分析

本章主要考察军历高管对跨区域并购的影响，关注高管从军经历（MILITARY）的估计系数及其显著性。

表4-5的（1）列显示，在未控制其他因素影响下，高管从军经历（MILITARY）与跨区域并购（MA_OFFSITE）的估计系数为0.325，在5%统计水平上显著为正，即相较于非军历高管，军历高管所在公司实施跨区域并购的概率更大。（2）列显示，在进一步控制了公司规模（SIZE）等变

表 4-4　Pearson 相关系数表

变量	(1)	(2)	(3)	(4)	(5)	(6)	(7)	(8)	(9)	(10)
(1) MA_OFFSITE	1									
(2) MILITARY	0.030*	1								
(3) SIZE	-0.008	-0.028	1							
(4) ROE	-0.024	-0.005	0.245***	1						
(5) LEV	-0.069***	0.033*	0.524***	0.043**	1					
(6) GROWTH	0.019	0.029*	0.017	0.206***	0.016	1				
(7) CAPITAL_INTENSITY	-0.102***	0.007	0.159***	-0.133***	0.088***	-0.112***	1			
(8) SOE	-0.134***	-0.002	0.382***	-0.036**	0.310***	-0.072***	0.262***	1		
(9) GOVER	-0.034*	0.016	0.067***	0.174***	0.045**	0.050***	0.036**	0.166***	1	
(10) INDEP	0.002	0.040**	-0.028	-0.045**	-0.053***	0.011	-0.104***	-0.044**	-0.035**	1
(11) FIRST	-0.046***	-0.020	0.224***	0.140***	0.092***	0.001	0.091***	0.194***	0.345***	0.063***
(12) MA_RELITRD	-0.128***	-0.038**	0.066***	-0.070***	0.073***	-0.062***	0.065***	0.116***	-0.048***	0.045**
(13) MA_SCALE	0.060***	-0.015	0.172***	0.043**	0.113***	-0.028	0.078***	0.133***	0.092***	0.009
(14) CEO_AGE	-0.029	0.015	0.142***	-0.019	-0.002	-0.063***	0.064***	0.152***	-0.073***	0.004
(15) CEO_EDU	0.043**	-0.032*	0.130***	0.069***	0.035**	0.017	-0.031*	0.120***	0.059***	0.023
(16) DIR_AGE	-0.008	0.071***	0.185***	0.016	0.013	-0.101***	0.102***	0.121***	-0.050***	-0.056***
(17) DIR_EDU	-0.023	-0.011	0.118***	0.028	0.115***	0.026	-0.030*	0.208***	0.072***	0.048***
(18) AGE_FIRM	-0.073***	0.011	0.258***	-0.032*	0.451***	-0.071***	0.085***	0.362***	-0.104***	-0.027

表 4-4（续）

变量	(11)	(12)	(13)	(14)	(15)	(16)	(17)	(18)
(11) FIRST	1							
(12) MA_RELTTRD	0.059***	1						
(13) MA_SCALE	0.097***	0.266***	1					
(14) CEO_AGE	0.031*	0.047***	0.065***	1				
(15) CEO_EDU	0.039**	-0.039**	0.036**	-0.164***	1			
(16) DIR_AGE	0.053***	0.043**	0.038**	0.309***	-0.023	1		
(17) DIR_EDU	0.082***	0.012	0.027	-0.018	0.424***	-0.258***	1	
(18) AGE_FIRM	-0.044**	0.183***	0.120***	0.061***	0.064***	0.084***	0.118***	1

量后，高管从军经历（MILITARY）的回归系数为 0.362，在 5%统计水平
上显著为正。从经济意义上看，相较于非军历高管，军历高管所在公司实
施跨区域并购的概率上升了 76.53%（0.362/0.473），经济意义显著。以
上结果表明，从军经历对高管行事风格的塑造对公司战略决策有显著的影
响，具体表现为军历高管更能愿意承担跨区域并购可能带来的风险，提升
了公司实施跨区域并购的概率，假设 4-1 得以验证。在控制变量方面，产
权性质（SOE）的回归系数为-0.479，在 1%统计水平上显著负相关。结
果表明，相较于非国有企业，国有企业实施跨区域并购的概率更小，这与
方军雄（2008）、潘红波和余明桂（2011）的发现一致。

表 4-5　高管从军经历与跨区域并购

变量	MA_OFFSITE	
	（1）	（2）
MILITARY	0.325 **	0.362 **
	[0.047]	[0.035]
SIZE		0.169 ***
		[0.000]
ROE		-0.017 ***
		[0.000]
LEV		-0.006 **
		[0.024]
GROWTH		-0.003
		[0.976]
CAPITAL_INTENSITY		-1.028 ***
		[0.001]
SOE		-0.479 ***
		[0.000]
GOVER		-0.013
		[0.948]

表4-5(续)

变量	MA_OFFSITE	
	（1）	（2）
INDEP		−0.389
		［0.590］
FIRST		−0.003
		［0.336］
MA_RELTTRD		−0.822 ***
		［0.000］
MA_SCALE		0.134 ***
		［0.000］
CEO_AGE		−0.010
		［0.152］
CEO_EDU		0.111 **
		［0.043］
DIR_AGE		−0.001
		［0.928］
DIR_EDU		−0.050
		［0.322］
AGE_FIRM		−0.001
		［0.980］
Intercept	−0.344	−3.498 ***
	［0.380］	［0.000］
Industry/Year	控制	控制
Observations	3 147	3 147
PseudoR^2	0.026	0.065
Chi^2	108.418	248.892

注：方括号内为变量回归系数对应的 p 值，经 white 异方差调整，* p<0.1，** p<0.05，*** p<0.01，下同。

4.4.4　基于企业战略风格的调节效应分析

在假设 4-1 得以验证的基础上，本章通过检验企业战略风格对高管从军经历（MILITARY）与跨区域并购（MA_OFFSITE）两者关系的影响，进一步分析高管从军经历（MILITARY）在不同战略风格的公司中对跨区域并购（MA_OFFSITE）的影响是否存在显著的差异。

表 4-6 的（1）列和（2）列显示，当公司战略得分较高时，即公司战略风格较激进时，高管从军经历（MILITARY）与跨区域并购（MA_OFF-SITE）的估计系数为 0.149，但在统计水平上不显著。当公司战略得分较低时，即公司战略风格较保守时，高管从军经历（MILITARY）与跨区域并购（MA_OFFSITE）的估计系数为 0.578，在 5% 统计水平上显著为正，即高管从军经历（MILITARY）与跨区域并购（MA_OFFSITE）的正向关系在战略风格较保守的公司中更显著，假设 4-2 得以验证。当公司战略风格较激进时，军历高管对跨区域并购的影响不明显，跨区域并购更可能是受到公司激进战略风格的影响，导致军历高管性格特质在跨区域并购上的体现并不明显。当公司战略风格较保守时，公司跨区域并购的推进更容易受到军历高管性格特质的影响，因此两者关系更加显著，进一步证明了假设 4-1。在战略风格较保守的公司中，军历高管仍积极推进企业实施跨区域并购，作出他们认为明智的战略决策，在一定程度上体现出军历高管特立独行的风格。上述结果从另一个角度证明了军历高管激进的性格特质对企业跨区域并购的影响，并且避免了高管决策内生于企业的问题，在一定程度上缓解了内生性。

表 4-6 高管从军经历、企业战略风格与跨区域并购

变量	MA_OFFSITE	
	激进战略风格（1）	保守战略风格（2）
MILITARY	0.149	0.578**
	[0.636]	[0.049]
SIZE	0.193***	0.212***
	[0.003]	[0.002]
ROE	-0.025***	-0.009
	[0.000]	[0.210]
LEV	-0.004	-0.005
	[0.284]	[0.247]
GROWTH	-0.002	-0.145
	[0.986]	[0.466]
CAPITAL_INTENSITY	-1.383**	-1.178**
	[0.018]	[0.023]
SOE	-0.444***	-0.505***
	[0.006]	[0.002]
GOVER	-0.028	0.409
	[0.942]	[0.272]
INDEP	-1.588	0.372
	[0.215]	[0.780]
FIRST	0.005	-0.011**
	[0.273]	[0.030]
MA_RELTTRD	-0.621***	-0.829***
	[0.000]	[0.000]
MA_SCALE	0.148***	0.112***
	[0.000]	[0.004]

表4-6(续)

变量	MA_OFFSITE	
	激进战略风格 (1)	保守战略风格 (2)
CEO_AGE	−0.027**	−0.010
	[0.035]	[0.400]
CEO_EDU	0.199*	−0.117
	[0.055]	[0.232]
DIR_AGE	−0.010	0.018
	[0.398]	[0.128]
DIR_EDU	−0.149	0.162*
	[0.119]	[0.088]
AGE_FIRM	0.026	−0.375**
	[0.880]	[0.046]
Intercept	−4.165**	−3.162*
	[0.018]	[0.053]
Industry/Year	控制	控制
Observations	1 111	1 081
PseudoR^2	0.096	0.078
Chi^2	128.303	97.746

4.4.5 基于区域税负的调节效应分析

已有研究表明,税收转移是影响企业跨区域并购的重要因素(王凤荣和苗妙,2015;李彬和潘爱玲,2015)。因此,本章除考察了企业战略风格的影响外,还通过区分收购方公司及目标公司所属区域税负水平进一步检验区域性税收政策是否军历高管实施跨区域并购的考虑因素。

表4-7的(1)列和(2)列显示,收购方公司地区税负较高时,高管从军经历(MILITARY)的估计系数为0.395,在10%统计水平上显著为正;收购方公司地区税负较低时,高管从军经历(MILITARY)的估计系

数为 0.237，在统计水平上不显著。结果表明，收购方公司所在地区税负较高时，军历高管与跨区域并购关系更加显著，假设 4-3a 得以验证。表 4-7 的（3）列和（4）列显示，当目标公司地区税负较高时，高管从军经历（MILITARY）的估计系数为 0.236，在统计水平上不显著；当目标公司地区税负较低时，高管从军经历（MILITARY）的估计系数为 0.542，在 10%统计水平上显著为正。结果表明，目标公司所在地区税负较低时，军历高管与跨区域并购关系更加显著，假设 4-3b 得以验证。但从严格意义上讲，上述结果不能完全说明军历高管实施跨区域并购是出于税收转移的考虑，表 4-7 的（1）列结果表明，军历高管所在企业区域税负较高时，更可能实施跨区域并购，但目标公司的区域税负可能较高也可能较低。同理，表 4-7 的（2）列结果也类似。因此，本部分还通过检验并购双方同属于税负高或税负低的区域时，军历高管与跨区域并购的关系来进一步证明税收转移的作用。表 4-7 的（5）列和（6）列表明，并购双方同属于税负高或税负低的区域时，军历高管（MILITARY）与跨区域并购（MA_OFFSITE）的关系并不显著。综合表 4-7 的实证结果可以得知，区域性税收优惠是军历高管实施跨区域并购的影响因素之一。

表 4-7 高管从军经历、区域税负与跨区域并购

| 变量 | MA_OFFSITE | | | | | |
| | 收购方公司地区 | | 目标公司地区 | | 收购方公司-目标公司地区税负 | |
	高税负（1）	低税负（2）	高税负（3）	低税负（4）	高-高（5）	低-低（6）
MILITARY	0.395*	0.237	0.236	0.542*	0.324	0.243
	[0.063]	[0.463]	[0.287]	[0.068]	[0.189]	[0.525]
SIZE	0.168***	0.144**	0.067	0.277***	0.184***	0.243***
	[0.001]	[0.032]	[0.198]	[0.000]	[0.003]	[0.004]
ROE	-0.018***	-0.012*	-0.011*	-0.023***	-0.018**	-0.016*
	[0.003]	[0.083]	[0.058]	[0.001]	[0.013]	[0.058]

表4-7(续)

变量	MA_OFFSITE					
	收购方公司地区		目标公司地区		收购方公司-目标公司地区税负	
	高税负(1)	低税负(2)	高税负(3)	低税负(4)	高-高(5)	低-低(6)
LEV	−0.004	−0.009*	−0.003	−0.010**	−0.006	−0.001
	[0.202]	[0.057]	[0.443]	[0.021]	[0.101]	[0.882]
GROWTH	−0.029	0.017	−0.006	0.205	0.043	0.342
	[0.773]	[0.920]	[0.953]	[0.216]	[0.728]	[0.103]
CAPITAL_INTENSITY	−0.530	−1.658***	−0.181	−2.426***	−0.884*	−1.656**
	[0.199]	[0.001]	[0.666]	[0.000]	[0.080]	[0.017]
SOE	−0.356***	−0.652***	−0.421***	−0.490***	−0.374**	−0.862***
	[0.005]	[0.000]	[0.001]	[0.004]	[0.012]	[0.001]
GOVER	−0.033	−0.096	0.045	−0.091	−0.105	−0.011
	[0.893]	[0.797]	[0.858]	[0.798]	[0.720]	[0.982]
INDEP	0.642	−3.597**	0.227	−2.218*	0.677	−1.817
	[0.465]	[0.010]	[0.807]	[0.068]	[0.516]	[0.303]
FIRST	−0.002	−0.001	−0.005	0.004	−0.002	−0.003
	[0.481]	[0.838]	[0.171]	[0.469]	[0.573]	[0.686]
MA_RELTTRD	−0.916***	−0.727***	−0.792***	−0.916***	−0.976***	−1.116***
	[0.000]	[0.000]	[0.000]	[0.000]	[0.000]	[0.000]
MA_SCALE	0.135***	0.126***	0.159***	0.104***	0.178***	0.183***
	[0.000]	[0.001]	[0.000]	[0.006]	[0.000]	[0.001]
CEO_AGE	−0.011	−0.011	−0.014	−0.003	−0.009	−0.014
	[0.220]	[0.367]	[0.119]	[0.818]	[0.379]	[0.423]
CEO_EDU	0.100	0.140	0.024	0.246**	0.021	0.068
	[0.155]	[0.160]	[0.729]	[0.014]	[0.802]	[0.619]
DIR_AGE	−0.003	−0.008	0.002	−0.007	−0.008	−0.004
	[0.700]	[0.512]	[0.796]	[0.573]	[0.436]	[0.820]

表4-7(续)

变量	MA_OFFSITE					
	收购方公司地区		目标公司地区		收购方公司-目标公司地区税负	
	高税负（1）	低税负（2）	高税负（3）	低税负（4）	高-高（5）	低-低（6）
DIR_EDU	-0.049	-0.078	-0.025	-0.118	-0.086	-0.005
	[0.444]	[0.394]	[0.691]	[0.209]	[0.254]	[0.967]
AGE_FIRM	0.019	-0.082	0.117	-0.190*	0.040	-0.038
	[0.798]	[0.424]	[0.127]	[0.060]	[0.659]	[0.781]
Intercept	-3.076**	-1.608	-1.261	-5.011***	-4.653***	-6.982***
	[0.015]	[0.287]	[0.336]	[0.001]	[0.007]	[0.001]
Industry/Year	控制	控制	控制	控制	控制	控制
Observations	2 047	1 100	1 944	1 203	1 632	794
PseudoR^2	0.060	0.139	0.059	0.157	0.077	0.146
Chi^2	151.793	165.073	137.071	210.174	139.578	104.473

4.5 稳健性检验

在稳健性检验部分，本章基于跨区域并购度量方式的替换、高管继任这一特殊情境、排除替代性解释、内生性问题四个方面进行了测试，本章的研究结论保持一致，确保了本章研究结论的可靠性。

4.5.1 跨区域并购替代指标的回归结果分析

近年来，经济地理学及国际贸易与投资方面的文献，相继提出了"多维邻近思想"，认为除了0-1变量之外，还应考虑地理距离、经济距离和产业距离等其他距离指标（王庆喜和徐维祥，2014）。借鉴蔡庆丰等（2017）的做法，本章采用收购方公司与目标公司之间的距离——并购距离指标（MA_DISTANCE）对上述假设进行稳健性检验。其中，并购距离指标（MA_DISTANCE）利用收购方公司与目标公司归属省份的省会城市地理距离加 1 的自然对数来衡量，跨区域并购距离越远，并购交易信息沟通成本越高，不确定性越大，收购方公司在被并购地的信息劣势很可能导致其选择错误的目标公司，加大其并购风险。

如表 4-8 的（1）列所示，在未控制其他因素影响下，高管从军经历（MILITARY）与跨区域并购距离（MA_DISTANCE）的估计系数为 1.164，在 5% 统计水平上显著为正。在进一步控制了公司规模（SIZE）等变量后，表 4-8 的（2）列表明高管从军经历（MILITARY）的回归系数为 1.239，在 5% 统计水平上显著为正。结果表明，军历高管所在公司提升了公司实施跨区域并购的概率，假设 4-1 的结论稳健。（3）列和（4）列是对假设 4-2 的检验。结果表明，军历高管与跨区域并购的关系在战略风格较保守的公司中更显著，原有结论稳健。表 4-9 的实证结果与表 4-7 的原有结论保持不变，假设 4-3a、假设 4-3b 的结论稳健，在此不再赘述。

表 4-8　稳健性检验（一）：跨区域并购的替代测量——跨区域并购距离（1）

变量	MA_DISTANCE			
	全样本（1）	全样本（2）	激进战略风格（3）	保守战略风格（4）
MILITARY	1.164**	1.239**	0.593	1.998**
	[0.031]	[0.020]	[0.547]	[0.031]
SIZE		0.544***	0.637***	0.702***
		[0.000]	[0.001]	[0.002]
ROE		−0.053***	−0.083***	−0.025
		[0.000]	[0.000]	[0.316]
LEV		−0.019**	−0.017	−0.015
		[0.027]	[0.209]	[0.327]
GROWTH		−0.110	−0.122	−0.633
		[0.704]	[0.718]	[0.334]
CAPITAL_INTENSITY		−3.517***	−4.762**	−4.098**
		[0.001]	[0.012]	[0.026]

表4-8(续)

变量	MA_DISTANCE			
	全样本 （1）	全样本 （2）	激进战略风格 （3）	保守战略风格 （4）
SOE		-1.598***	-1.508***	-1.697***
		［0.000］	［0.004］	［0.003］
GOVER		0.061	-0.109	1.481
		［0.926］	［0.929］	［0.250］
INDEP		-0.991	-3.920	0.973
		［0.675］	［0.337］	［0.830］
FIRST		-0.011	0.016	-0.042**
		［0.209］	［0.276］	［0.016］
MA_RELTTRD		-2.812***	-1.993***	-2.906***
		［0.000］	［0.000］	［0.000］
MA_SCALE		0.450***	0.481***	0.389***
		［0.000］	［0.000］	［0.004］
CEO_AGE		-0.034	-0.080**	-0.038
		［0.124］	［0.038］	［0.340］
CEO_EDU		0.385**	0.695**	-0.356
		［0.027］	［0.031］	［0.281］
DIR_AGE		-0.007	-0.029	0.052
		［0.754］	［0.424］	［0.208］
DIR_EDU		-0.181	-0.530*	0.563*
		［0.273］	［0.076］	［0.078］
AGE_FIRM		0.031	0.110	-1.212*
		［0.872］	［0.835］	［0.056］
Intercept	-0.213	-10.051***	-13.944**	-8.774*
	［0.883］	［0.001］	［0.014］	［0.094］
Industry/Year	控制	控制	控制	控制
Observations	3 147	3 147	1 116	1 081

表4-8（续）

变量	MA_DISTANCE			
	全样本（1）	全样本（2）	激进战略风格（3）	保守战略风格（4）
PseudoR^2	0.010	0.024	0.037	0.029
F−value	4.258	7.030	4.387	3.076

表4-9 稳健性检验（一）：跨区域并购的替代测量——跨区域并购距离（2）

变量	MA_DISTANCE					
	收购方公司地区		目标公司地区		收购方公司-目标公司地区税负	
	高税负（1）	低税负（2）	高税负（3）	低税负（4）	高-高（5）	低-低（6）
MILITARY	1.332 **	0.875	0.971	1.244 *	1.378	0.887
	[0.040]	[0.363]	[0.194]	[0.086]	[0.149]	[0.589]
SIZE	0.519 ***	0.431 **	0.202	0.764 ***	0.685 ***	0.991 ***
	[0.001]	[0.036]	[0.260]	[0.000]	[0.005]	[0.004]
ROE	−0.055 ***	−0.040 *	−0.037 *	−0.067 ***	−0.070 **	−0.064 *
	[0.005]	[0.076]	[0.078]	[0.001]	[0.016]	[0.077]
LEV	−0.012	−0.027 *	−0.008	−0.029 **	−0.024	−0.007
	[0.265]	[0.060]	[0.514]	[0.014]	[0.125]	[0.771]
GROWTH	−0.205	−0.070	−0.126	0.504	0.025	1.366
	[0.531]	[0.892]	[0.736]	[0.202]	[0.957]	[0.129]
CAPITAL_INTENSITY	−1.697	−5.347 ***	−0.351	−7.183 ***	−3.217	−6.781 **
	[0.224]	[0.001]	[0.814]	[0.000]	[0.127]	[0.016]
SOE	−1.196 ***	−1.978 ***	−1.447 ***	−1.378 ***	−1.549 **	−3.606 ***
	[0.005]	[0.000]	[0.002]	[0.003]	[0.011]	[0.000]
GOVER	−0.054	−0.224	0.331	−0.213	−0.254	−0.194
	[0.946]	[0.843]	[0.710]	[0.815]	[0.828]	[0.924]
INDEP	2.314	−11.414 ***	1.327	−6.389 **	3.106	−8.054
	[0.412]	[0.008]	[0.678]	[0.049]	[0.446]	[0.283]

表4-9(续)

变量	MA_DISTANCE					
	收购方公司地区		目标公司地区		收购方公司-目标公司地区税负	
	高税负(1)	低税负(2)	高税负(3)	低税负(4)	高-高(5)	低-低(6)
FIRST	-0.010	-0.006	-0.019	0.006	-0.012	-0.018
	[0.369]	[0.722]	[0.114]	[0.656]	[0.438]	[0.546]
MA_RELTTRD	-3.144***	-2.382***	-2.852***	-2.645***	-3.996***	-4.960***
	[0.000]	[0.000]	[0.000]	[0.000]	[0.000]	[0.000]
MA_SCALE	0.456***	0.403***	0.558***	0.303***	0.717***	0.795***
	[0.000]	[0.001]	[0.000]	[0.004]	[0.000]	[0.000]
CEO_AGE	-0.034	-0.037	-0.042	-0.019	-0.034	-0.079
	[0.220]	[0.307]	[0.158]	[0.538]	[0.392]	[0.251]
CEO_EDU	0.345	0.497*	0.169	0.610**	0.133	0.209
	[0.131]	[0.090]	[0.476]	[0.020]	[0.687]	[0.711]
DIR_AGE	-0.016	-0.029	0.002	-0.014	-0.036	-0.013
	[0.570]	[0.415]	[0.952]	[0.658]	[0.364]	[0.845]
DIR_EDU	-0.165	-0.241	-0.134	-0.245	-0.394	0.030
	[0.430]	[0.371]	[0.541]	[0.314]	[0.185]	[0.954]
AGE_FIRM	0.107	-0.239	0.441*	-0.500*	0.182	-0.183
	[0.665]	[0.433]	[0.095]	[0.059]	[0.615]	[0.743]
Intercept	-8.466**	-3.402	-3.720	-12.109***	-16.919**	-27.082***
	[0.029]	[0.470]	[0.393]	[0.002]	[0.012]	[0.001]
Industry/Year	控制	控制	控制	控制	控制	控制
Observations	2 047	1 100	1 944	1 203	1 638	794
PseudoR^2	0.022	0.053	0.022	0.057	0.033	0.067
Chi^2	4.297	6.249	3.942	7.773	6.108	4.393

4.5.2 军历高管继任与跨区域并购的回归结果分析

本部分参考已有研究（Lin et al.，2011）从高管更替因素方面进一步考察从军经历对企业跨区域并购的影响，军历高管继任使用 MILITARY_TURNOVER 变量衡量。本章将 $t_0 \sim t_1$ 年度由非军历高管变更为军历高管（MILITARY_TURNOVER = 1）的公司作为实验组样本，通过倾向评分匹配法（PSM）将 $t_0 \sim t_1$ 年度没有从军经历高管（MILITARY_TURNOVER = 0）的公司运用最近邻匹配形成控制组样本，将实验组与控制组样本作为回归样本，对本章假设进行检验。

表 4-10 的（1）列、（2）列分别列示了军历高管继任（MILITARY_TURNOVER）与公司跨区域并购（MA_OFFSITE）以及跨区域并购距离（MA_DISTANCE）的回归结果，军历高管继任（MILITARY_TURNOVER）的估计系数为正，分别为 1.225 和 3.144，其中军历高管继任（MILITARY_TURNOVER）与公司跨区域并购（MA_OFFSITE）回归系数在统计水平上不显著，但接近显著水平。军历高管继任（MILITARY_TURNOVER）与公司跨区域并购（MA_DISTANCE）回归系数在 10% 统计水平上显著为正，表明军历高管继任会显著提高企业跨区域并购的可能性，原有结论稳健。

表 4-10　稳健性检验（二）：军历高管继任与跨区域并购

变量	MA_OFFSITE (1)	MA_DISTANCE (2)
MILITARY_TURNOVER	1.225	3.144*
	[0.120]	[0.085]
SIZE	0.014	0.146
	[0.906]	[0.707]
ROE	−0.021*	−0.074*
	[0.095]	[0.075]
LEV	0.003	0.005
	[0.749]	[0.841]

表4-10(续)

变量	MA_OFFSITE （1）	MA_DISTANCE （2）
GROWTH	−0.117	−0.528
	［0.674］	［0.556］
CAPITAL_INTENSITY	−1.658*	−6.162**
	［0.070］	［0.047］
SOE	−0.359	−1.190
	［0.250］	［0.259］
GOVER	1.096**	3.831**
	［0.031］	［0.017］
INDEP	−3.198*	−9.795*
	［0.067］	［0.087］
FIRST	−0.003	−0.023
	［0.659］	［0.340］
MA_RELTTRD	−0.748**	−2.798***
	［0.014］	［0.009］
MA_SCALE	0.095	0.345
	［0.208］	［0.173］
CEO_AGE	−0.009	−0.043
	［0.649］	［0.511］
CEO_EDU	0.183	0.556
	［0.203］	［0.248］
DIR_AGE	−0.009	−0.033
	［0.585］	［0.561］
DIR_EDU	−0.011	−0.054
	［0.938］	［0.908］
AGE_FIRM	−0.062	−0.262
	［0.790］	［0.728］

表4-10(续)

变量	MA_OFFSITE（1）	MA_DISTANCE（2）
Intercept	0.808	3.142
	［0.757］	［0.708］
Industry/Year	控制	控制
Observations	572	580
PseudoR^2	0.103	0.044
Chi^2	71.951	—
F-value	—	6.973

4.5.3 排除替代性解释

同样地，为了排除政治资本这一替代性解释，本章将企业是否拥有政治关联（POLITI_CONNECT）作为控制变量进行稳健性测试，检验军历高管政治资本这一假说。如表4-11所示，在控制了政治关联（POLITI_CON-NECT）后，高管从军经历（MILITARY）的回归系数为0.393，在5%统计水平上显著为正，政治关联（POLITI_CONNECT）的回归系数为-0.229，在1%统计水平上显著为负。结果表明，军历高管与政治关联对跨区域并购的影响完全相反，军历高管政治资本这一假说并不成立，研究结论保持不变。

表4-11　稳健性检验（三）：排除政治资本影响跨区域并购的替代解释

变量	MA_OFFSITE
MILITARY	0.393 **
	［0.022］
POLITI_CONNECT	-0.229 ***
	［0.005］

表4-11(续)

变量	MA_OFFSITE
SIZE	0.180***
	[0.000]
ROE	-0.017***
	[0.000]
LEV	-0.005*
	[0.058]
GROWTH	-0.022
	[0.812]
CAPITAL_INTENSITY	-1.187***
	[0.000]
SOE	-0.512***
	[0.000]
GOVER	0.005
	[0.980]
INDEP	-0.335
	[0.651]
FIRST	-0.002
	[0.515]
MA_RELTTRD	-0.814***
	[0.000]
MA_SCALE	0.136***
	[0.000]
CEO_AGE	-0.009
	[0.191]
CEO_EDU	0.003
	[0.628]

表4-11(续)

变量	MA_OFFSITE
DIR_AGE	0.091
	[0.100]
DIR_EDU	−0.049
	[0.350]
AGE_FIRM	−0.004
	[0.951]
Intercept	−3.854***
	[0.000]
Industry/Year	控制
Observations	2 946
PseudoR^2	0.066
Chi^2	237.248

4.5.4 内生性分析

同样地,军历高管与企业战略性并购之间的正向关系也可能存在由内生遗漏变量、选择性偏差所导致的内生性问题。为了进一步保证研究假设的实证结果可靠,本章采用倾向评分匹配模型(PSM)、赫克曼(Heckman)两阶段模型解决可能存在的内生性问题。

(1)倾向评分匹配模型(PSM)

本章采用倾向评分匹配模型进行样本配对,以解决遗漏变量的内生性问题。在通过该模型得到的配对样本中,军历高管实验组样本(MILITARY=1)与非军历高管的样本(MILITARY=0)在公司特征以及高管个人特征方面不存在显著的差异。具体而言,本章根据相关变量(SIZE、ROE、LEV、GROWTH、CAPITAL_INTENSITY、SOE、GOVER、INDEP、FIRST、MA_RELTTRD、MA_SCALE、CEO_AGE、CEO_EDU、DIR_AGE、DIR_EDU、AGE_FIRM)将军历高管实验组样本与非军历高管的样本进行最近邻匹配。

表 4-12 的（1）列、（2）列分别列示了高管从军经历（MILITARY）
与公司跨区域并购（MA＿OFFSITE）以及跨区域并购距离（MA＿
DISTANCE）的回归结果。高管从军经历（MILITARY）的估计系数分别为
0.362 和 1.235，均在 5% 统计水平上显著为正，原有结论不变。

表 4-12　内生性检验（一）：PSM 回归结果

变量	MA_OFFSITE （1）	MA_DISTANCE （2）
MILITARY	0.362 **	1.235 **
	［0.035］	［0.020］
SIZE	0.169 ***	0.546 ***
	［0.000］	［0.000］
ROE	−0.016 ***	−0.051 ***
	［0.000］	［0.001］
LEV	−0.006 **	−0.019 **
	［0.023］	［0.029］
GROWTH	−0.005	−0.096
	［0.958］	［0.738］
CAPITAL_INTENSITY	−1.019 ***	−3.489 ***
	［0.001］	［0.001］
SOE	−0.481 ***	−1.604 ***
	［0.000］	［0.000］
GOVER	−0.010	0.073
	［0.962］	［0.912］
INDEP	−0.432	−1.101
	［0.549］	［0.641］
FIRST	−0.003	−0.011
	［0.335］	［0.209］

表4-12(续)

变量	MA_OFFSITE (1)	MA_DISTANCE (2)
MA_RELTTRD	−0.812***	−2.785***
	[0.000]	[0.000]
MA_SCALE	0.133***	0.449***
	[0.000]	[0.000]
CEO_AGE	−0.010	−0.034
	[0.143]	[0.122]
CEO_EDU	0.112**	0.402**
	[0.041]	[0.023]
DIR_AGE	−0.001	−0.008
	[0.847]	[0.702]
DIR_EDU	−0.053	−0.184
	[0.304]	[0.264]
AGE_FIRM	0.000	0.037
	[0.997]	[0.849]
Intercept	−3.361***	−9.770***
	[0.000]	[0.001]
Industry/Year	控制	控制
Observations	3 139	3 139
PseudoR^2	0.065	0.024
Chi^2	246.008	—
F-value	—	6.939

(2) 赫克曼(Heckman)两阶段模型

为了排除潜在的样本选择性偏差错误,从而进一步检验军历高管能否影响企业的跨区域并购决策,本章采取赫克曼(Heckman)两阶段模型来修正选择性偏差,对模型(4-1)进行了重复检验。本章选取的外生工具变量与第三章相同,在此不再赘述。

在第一阶段回归结果中，如表4-13的（1）列、（3）列所示，外生工具变量（MILITARY_RATIO）的回归系数均在1%统计水平上显著；在第二阶段回归结果中，如表4-13的（2）列、（4）列所示，高管从军经历（MILITARY）的回归系数均在5%统计水平上显著为正，而逆米尔斯比率（Inverse Mill's Ratio）并不显著，说明本章的研究样本并不存在明显的选择性偏差。第二阶段回归结果表明，本章的研究结论稳健，即军历高管所在企业更倾向于跨区域并购。

表4-13　内生性检验（二）：赫克曼（Heckman）两阶段模型回归结果

变量	工具变量（地区层面）		工具变量（行业层面）	
	第一阶段回归	第二阶段回归	第一阶段回归	第二阶段回归
	MILITARY（1）	MA_OFFSITE（2）	MILITARY（3）	MA_OFFSITE（4）
MILITARY		0.367 **		0.367 **
		[0.035]		[0.033]
MILITARY_RATIO	5.884 ***		11.301 ***	
	[0.000]		[0.000]	
SIZE	−0.100 ***	0.165 ***	−0.080 **	0.160 ***
	[0.007]	[0.000]	[0.037]	[0.000]
ROE	0.001	−0.017 ***	−0.001	−0.017 ***
	[0.818]	[0.000]	[0.817]	[0.000]
LEV	0.006 ***	−0.006 **	0.006 **	−0.005 *
	[0.008]	[0.049]	[0.018]	[0.075]
GROWTH	0.142 *	0.003	0.126	0.010
	[0.083]	[0.975]	[0.123]	[0.916]
CAPITAL_INTENSITY	0.112	−1.024 ***	0.499 **	−0.975 ***
	[0.642]	[0.001]	[0.037]	[0.004]
SOE	−0.142	−0.482 ***	−0.110	−0.489 ***
	[0.147]	[0.000]	[0.261]	[0.000]

表4-13(续)

变量	工具变量（地区层面）		工具变量（行业层面）	
	第一阶段回归	第二阶段回归	第一阶段回归	第二阶段回归
	MILITARY (1)	MA_OFFSITE (2)	MILITARY (3)	MA_OFFSITE (4)
GOVER	0.211	−0.006	0.036	−0.010
	[0.272]	[0.977]	[0.857]	[0.959]
INDEP	1.931***	−0.313	2.040***	−0.189
	[0.006]	[0.695]	[0.004]	[0.832]
FIRST	−0.003	−0.003	−0.004	−0.003
	[0.288]	[0.324]	[0.135]	[0.299]
MA_RELTTRD	−0.175	−0.830***	−0.168	−0.839***
	[0.113]	[0.000]	[0.133]	[0.000]
MA_SCALE	−0.015	0.133***	−0.005	0.133***
	[0.506]	[0.000]	[0.826]	[0.000]
CEO_AGE	0.000	−0.010	0.001	−0.010
	[0.981]	[0.153]	[0.834]	[0.157]
CEO_EDU	−0.102*	0.108*	−0.057	0.105*
	[0.062]	[0.059]	[0.301]	[0.065]
DIR_AGE	0.037***	0.001	0.036***	0.003
	[0.000]	[0.937]	[0.000]	[0.796]
DIR_EDU	0.078	−0.048	0.037	−0.047
	[0.131]	[0.363]	[0.476]	[0.369]
AGE_FIRM	0.010	−0.001	−0.077	−0.010
	[0.853]	[0.980]	[0.185]	[0.874]
Intercept	−2.525***	−3.596***	−3.253***	−3.739***
	[0.002]	[0.000]	[0.000]	[0.001]
Inverse Mill's Ratio		0.043		0.116
		[0.830]		[0.699]
Industry/Year	控制	控制	控制	控制

表4-13(续)

变量	工具变量（地区层面）		工具变量（行业层面）	
	第一阶段回归	第二阶段回归	第一阶段回归	第二阶段回归
	MILITARY（1）	MA_OFFSITE（2）	MILITARY（3）	MA_OFFSITE（4）
Observations	3 147	3 147	3 147	3 147
PseudoR^2	0.091	0.065	0.118	0.065
Chi^2	118.900	248.876	154.233	249.095

4.6 进一步分析

除了从区域层面的视角研究企业战略性并购以外，已有文献还从行业层面研究企业跨行业并购对企业战略发展的影响（徐虹等，2015；乔薇，2012）。跨行业并购作为战略性并购的另外一种重要形式，有助于实现经营领域的拓展。因此，本部分进一步探讨了军历高管对企业跨行业并购的影响。

4.6.1 高管从军经历与跨行业并购的回归结果分析

朱滔（2009）认为，处于转型时期的中国势必出现许多高利润的新兴行业，而我国企业大多处于传统行业中，这是寻求多元化经营的外在激励；同时，上市意味着搭建便利的融资与再融资渠道，进而形成了多元化发展的内在激励。李彬和潘爱玲（2015）指出，跨行业并购完成后组织价值提升会带来诸多内涵优势。例如，从资产组合理论的角度，这种内涵优势直接反映在公司报表上的外部税收优惠能够进一步增强企业跨行业投资后的财务风险分散能力，进而有助于提升跨行业并购后的公司账面价值。此外，与区域性税收优惠相比，中央政府主导下的行业性税收优惠的市场化程度更高，能为企业营造更加公平合理的竞争氛围与环境。行业性税收优惠具有较强的辐射力和延展性，能为企业争取更多的后续政策支持以提升公司业绩。跨行业并购在为公司战略发展带来机遇的同时，也蕴藏着潜在的风险。

无效内部资本市场假说（Inefficient Internal Capital Markets Hypothesis）认为，多元化经营容易激发公司内部的利益争夺，导致公司资源流向低效率部门，从而降低企业内部的资源配置和资金使用效率。鲁厄等（Reuer et al.，2004）指出，在相关行业中，其业务拥有相似的管理流程、文化和技术，收购方公司能准确理解目标公司的现有资源，预测目标公司的发展前景，降低逆向选择的可能性。相比之下，进行多元化并购的企业由于缺乏相关业务的知识和经验，往往面临着逆向选择的风险。不同行业内企业的知识基础相差很大，目标公司的基本业务性质会显著影响并购双方信息不对称的程度，目标公司的资源越容易被编码，逆向选择的可能性越小（Kogut & Zander，1992）。当并购双方所处行业之间的相关性较高时，对并购中战略和组织匹配性的评估难度也会降低（Walkling & Edmister，1989；Datta，1991）。因此，相较于同行业并购，跨行业并购中收购方公司对目标公司的评估难度增加，大大增加了并购交易的不确定性与风险。有研究表明，过度自信的管理层会更倾向于采用多元化的并购策略（苏冬蔚，2005）。高管的从军经历塑造了个体激进的性格特质，相较于同行业并购，军历高管是否会更倾向于跨行业并购呢？

根据万得数据库中国并购库并购事件披露的"标的方所属行业"数据以及上市公司所属行业分类数据，本部分将收购方公司和目标公司属于同一行业的并购事件视为同行业并购，否则视为跨行业并购，以 MA_CROSSIND 表示。当 MA_CROSSIND 取值为 1 时，表明为跨行业并购；当 MA_CROSSIND 取值为 0 时，表明为同行业并购。另外，本章使用并购类型（MA_PURPOSE）作为跨行业并购（MA_CROSSIND）的另一测度方式。并购活动根据并购双方在业务和市场上的关系可以划分为三种类型——横向并购、纵向并购以及多元化并购。横向并购是指相同市场层次上的，或者具有竞争关系的公司间的兼并和收购活动；纵向并购是指并购

双方属于同一产品的不同生产阶段的并购活动；多元化并购是指并购双方
在并购前从事不相关业务类型的并购活动。结合本章的研究目的，当并购
事件属于多元化并购或纵向并购时，MA_PURPOSE 赋值为 1，表示跨行业
并购；当并购事件属于横向并购时，MA_PURPOSE 赋值为 0，表示同行业
并购。

表 4-14 的（1）列、（2）列显示，高管从军经历（MILITARY）与跨
行业并购（MA_CROSSIND）、并购类型（MA_PURPOSE）的估计系数分
别为 0.288 和 0.285，在 10% 统计水平上显著为正，表明军历高管所在公
司跨行业并购的概率更大。

表 4-14　进一步分析（一）：高管从军经历与跨行业并购

变量	MA_CROSSIND	MA_PURPOSE
	（1）	（2）
MILITARY	0.288*	0.285*
	[0.097]	[0.093]
SIZE	-0.059	-0.109***
	[0.131]	[0.003]
ROE	-0.028***	-0.009**
	[0.000]	[0.034]
LEV	0.001	0.003
	[0.696]	[0.227]
GROWTH	-0.018	-0.036
	[0.855]	[0.697]
CAPITAL_INTENSITY	-0.879***	-0.327
	[0.006]	[0.278]
GOVER	-0.108	-0.453**
	[0.608]	[0.022]
INDEP	0.930	0.504
	[0.216]	[0.482]

表4-14(续)

变量	MA_CROSSIND	MA_PURPOSE
	(1)	(2)
FIRST	−0.004	0.002
	[0.196]	[0.502]
MA_RELTTRD	−0.021	0.197**
	[0.846]	[0.049]
MA_SCALE	−0.155***	0.018
	[0.000]	[0.405]
CEO_AGE	−0.012	−0.013*
	[0.108]	[0.064]
CEO_EDU	−0.012	0.099*
	[0.829]	[0.072]
DIR_AGE	−0.011	0.005
	[0.107]	[0.499]
DIR_EDU	−0.072	−0.118**
	[0.172]	[0.020]
AGE_FIRM	0.315***	0.254***
	[0.000]	[0.000]
Intercept	2.874***	1.837**
	[0.001]	[0.033]
Industry/Year	控制	控制
Observations	2 924	3 149
PseudoR^2	0.076	0.047
Chi^2	263.580	187.342

4.6.2 基于行业平均业绩的调节效应分析

克里斯滕森和蒙哥马利(Christensen & Montgomery,1981)指出,公司进行相关并购和多元化并购还受到行业特征的影响。安索夫(Ansoff,

1965）认为当公司所在行业利润很低或行业的机会耗竭时，公司应该采用多元化战略。李善民和周小春（2007）的观点与此类似。他们认为，当行业平均业绩较差时，公司管理者寻求攻击性并购①的动机有所增强，公司更倾向于多元化并购。本部分进一步分析了高管从军经历（MILITARY）与跨行业并购（MA_CROSSIND）关系在不同行业平均业绩下的差异。

表 4-15 的（1）列、（2）列显示，当行业平均业绩较高时，高管从军经历（MILITARY）与跨行业并购（MA_CROSSIND）的估计系数为 0.512，在 10% 统计水平上显著；当行业平均业绩较低时，高管从军经历（MILITARY）与跨行业并购（MA_CROSSIND）的估计系数为 0.178，在统计水平下不显著。回归结果表明，军历高管所在公司在行业平均业绩较高的时候，对跨行业并购的影响更为显著。这与一般认为的在行业平均业绩较差时企业更倾向于实施跨行业并购（李善民和周小春，2007）不同，即在行业平均业绩较好的情况下，军历高管所在企业跨行业并购的概率更大。军历高管在行业平均业绩较好时，通过跨行业并购为企业谋求新的发展方向，在一定程度上体现出军历高管"未雨绸缪"的战略意识与特立独行的行事风格。

表 4-15　进一步分析（二）：高管从军经历、行业平均业绩与跨行业并购

变量	MA_CROSSIND	
	行业平均业绩高 （1）	行业平均业绩低 （2）
MILITARY	0.512*	0.178
	［0.057］	［0.450］
SIZE	-0.119*	-0.057
	［0.073］	［0.283］

① 攻击性并购是指原行业中的公司为避免增长缓慢或停滞，通过多元化并购进入其他有吸引力的行业。李善民和周小春（2007）发现，当行业平均业绩较差时，企业更倾向于实施跨行业并购。

表4-15（续）

变量	MA_CROSSIND	
	行业平均业绩高 （1）	行业平均业绩低 （2）
ROE	0.004	−0.020**
	[0.635]	[0.014]
LEV	0.005	0.002
	[0.282]	[0.535]
GROWTH	−0.128	0.049
	[0.474]	[0.692]
CAPITAL_INTENSITY	−1.433***	−0.557
	[0.008]	[0.182]
GOVER	−0.203	−0.029
	[0.521]	[0.921]
INDEP	1.103	0.765
	[0.378]	[0.449]
FIRST	−0.005	−0.002
	[0.240]	[0.531]
MA_RELTTRD	0.247	−0.206
	[0.152]	[0.137]
MA_SCALE	−0.182***	−0.133***
	[0.000]	[0.000]
CEO_AGE	−0.020*	−0.007
	[0.069]	[0.466]
CEO_EDU	−0.209**	0.111
	[0.024]	[0.147]
DIR_AGE	−0.006	−0.017*
	[0.593]	[0.087]
DIR_EDU	−0.059	−0.070
	[0.464]	[0.332]

表4-15(续)

变量	MA_CROSSIND	
	行业平均业绩高（1）	行业平均业绩低（2）
AGE_FIRM	0. 307 ***	0. 314 ***
	［0. 001］	［0. 000］
Intercept	5. 004 ***	1. 944
	［0. 001］	［0. 120］
Industry/Year	控制	控制
Observations	1 347	1 562
PseudoR^2	0. 115	0. 068
Chi^2	165. 169	130. 037

4.6.3 基于高新技术产业的调节效应分析

行业性税收优惠政策对企业跨行业并购具有诱导效应。王香香（2008）指出，行业性税收优惠政策会通过影响企业的盈利水平从而诱导企业在有利可图的情况下服从政府的产业政策目标，因此当企业面临产业转型需求时，行业性税收优惠的存在可能会诱导企业进入该特定的行业。不同行业内企业的知识基础相差很大，目标公司的基本业务性质会显著影响并购双方信息不对称的程度，目标公司的资源越容易被编码，逆向选择的可能性越小（Kogut & Zander，1992）。也就是说，如果目标公司较依赖实物产品或其他有形资源，那么收购方公司就能根据公开的市场价格方便、准确地对其进行评价（Reuer et al.，2004）。相比之下，如果无形资产发挥着重要作用，目标公司知识基础的隐蔽性就较强，那么收购方公司在核实目标公司内部信息时将面临更大的模糊性，更难评估这些无形资产的价值（Ulrich et al.，1999）。例如，在高新技术和服务行业，人力资本和其他无形资产是关键资源，其价值是不容易被观察和测量的（Reuer et al.，2004）。因此，相较于其他传统行业而言，高新技术行业的并购风险更大。

但是，从税收优惠政策来看，高新技术企业具有税收优势。

众所周知，行业性税收优惠政策定位于国家宏观调控下产业新格局的重塑或优化，其承担着经济转型、环境保护、产业整合与结构升级等战略使命及产业功能。例如，《中华人民共和国企业所得税法》第二十五条明确规定，国家对重点扶持和鼓励发展的产业和项目，给予企业所得税优惠。在"大众创业，万众创新"的氛围下，高新技术行业是政府重点扶持的对象。因此，本部分通过区分收购方公司及目标公司是否属于高新技术产业对军历高管与跨行业并购的关系进行进一步检验，高新技术企业的划分标准参照已有研究（崔也光和赵迎，2013；魏江等，2013）的做法，将以下三类行业划分为高新技术企业：第一，电子；第二，医药、生物制品；第三，信息技术。

表4-16的（1）列和（2）列显示，当收购方公司属于高新技术企业时，高管从军经历（MILITARY）的估计系数为0.695，在10%统计水平上显著正相关；当收购方公司不属于高新技术企业时，高管从军经历（MILITARY）的估计系数为0.173，在统计水平上不显著。结果表明，收购方公司属于高新技术企业时，军历高管与跨行业并购关系更加显著。表4-16的（3）列和（4）列显示，当目标公司属于高新技术企业时，高管从军经历（MILITARY）的估计系数为1.043，在5%统计水平上显著正相关；当目标公司不属于高新技术企业时，高管从军经历（MILITARY）的估计系数为0.164，在统计水平上不显著。结果表明，目标公司属于高新技术企业时，军历高管与跨行业并购关系更加显著，原因在于高新技术企业属于国家重点扶持和鼓励发展的产业和项目，将享受企业所得税优惠，因此当并购的目标公司属于高新技术行业时，企业能享受更多的行业性税收优惠政策，说明行业性税收优惠政策对军历高管进行跨行业并购产生了一定的影响。表4-16的（5）列、（6）列、（7）列、（8）列表明，当并购双方同属于高新技术企业时，军历高管（MILITARY）与跨行业并购（MA_

CROSSIND）的估计系数为 1.235，在 5% 统计水平上显著为正；当收购方公司和目标公司都不属于高新技术企业时，军历高管（MILITARY）与跨行业并购（MA_CROSSIND）的估计系数在统计水平上不显著；当收购方公司为高新技术企业而目标公司不属于高新技术企业或收购方公司不属于高新技术企业而目标公司属于高新技术企业时，均未发现军历高管（MILITARY）与跨行业并购（MA_CROSSIND）的显著关系。结果表明，收购方公司和目标公司都属于高新技术企业时，军历高管更倾向于实施跨行业并购。原因在于，高新技术企业具有较高的行业壁垒，传统行业很难进入，而高新技术企业之间具有一定的相似性，行业壁垒较低，并购难度有所减小，因此军历高管不会受行业性税收优惠的吸引而盲目实施跨行业并购战略。

表 4-16 进一步分析（三）：高管从军经历、高新技术企业与跨行业并购

| 变量 | MA_CROSSIND | | | | | | | |
| | 收购方公司 | | 目标公司 | | 收购方公司-目标公司 | | | |
	高新（1）	非高新（2）	高新（3）	非高新（4）	高新-高新（5）	非高新-非高新（6）	高新-非高新（7）	非高新-高新（8）
MILITARY	0.695 *	0.173	1.043 **	0.164	1.235 **	0.123	14.947	-0.773
	[0.082]	[0.393]	[0.040]	[0.427]	[0.026]	[0.564]	[0.993]	[0.369]
SIZE	-0.037	-0.088 **	0.173	-0.083 *	0.233	-0.084 *	-0.074	0.191
	[0.731]	[0.046]	[0.208]	[0.071]	[0.240]	[0.075]	[0.801]	[0.458]
ROE	-0.019	-0.014 ***	-0.025 *	-0.015 ***	-0.040 *	-0.015 ***	-0.016	-0.013
	[0.129]	[0.005]	[0.095]	[0.006]	[0.058]	[0.008]	[0.551]	[0.622]
LEV	0.006	0.004	0.008	0.004	0.001	0.005	-0.005	0.014
	[0.373]	[0.154]	[0.387]	[0.188]	[0.897]	[0.137]	[0.775]	[0.428]
GROWTH	-0.286	0.043	0.805 **	0.085	-0.856 *	0.089	0.275	-1.241 **
	[0.233]	[0.707]	[0.029]	[0.464]	[0.069]	[0.446]	[0.626]	[0.033]
CAPITAL_INTENSITY	0.119	-1.037 ***	-1.715	-0.676 *	0.412	-0.713 *	1.122	-6.967 ***
	[0.889]	[0.003]	[0.160]	[0.072]	[0.768]	[0.063]	[0.659]	[0.002]
GOVER	-0.741	0.096	-0.123	0.009	-1.189	0.066	-1.640	1.925
	[0.129]	[0.688]	[0.855]	[0.972]	[0.227]	[0.800]	[0.176]	[0.171]
INDEP	0.493	0.988	5.155 ***	0.755	5.614 **	1.182	-10.073 **	3.371
	[0.745]	[0.271]	[0.007]	[0.413]	[0.010]	[0.204]	[0.026]	[0.510]

表4-16(续)

变量	MA_CROSSIND							
	收购方公司		目标公司		收购方公司-目标公司			
	高新 (1)	非高新 (2)	高新 (3)	非高新 (4)	高新-高新 (5)	非高新-非高新 (6)	高新-非高新 (7)	非高新-高新 (8)
FIRST	-0.002	-0.004	-0.002	-0.005	0.001	-0.004	0.003	-0.015
	[0.708]	[0.276]	[0.832]	[0.174]	[0.880]	[0.225]	[0.871]	[0.337]
MA_RELTTRD	-0.225	0.012	-0.425	0.089	-0.673	0.047	1.205 *	-0.373
	[0.356]	[0.920]	[0.161]	[0.484]	[0.134]	[0.716]	[0.099]	[0.455]
MA_SCALE	-0.053	-0.174 ***	-0.086	-0.174 ***	-0.050	-0.176 ***	-0.047	-0.204
	[0.274]	[0.000]	[0.155]	[0.000]	[0.495]	[0.000]	[0.749]	[0.108]
CEO_AGE	0.001	-0.014 *	-0.008	-0.016 *	-0.016	-0.017 *	-0.001	0.010
	[0.932]	[0.089]	[0.766]	[0.055]	[0.651]	[0.061]	[0.987]	[0.851]
CEO_EDU	0.101	-0.031	0.217	-0.021	0.404	-0.034	0.038	-0.233
	[0.469]	[0.628]	[0.259]	[0.752]	[0.144]	[0.619]	[0.931]	[0.475]
DIR_AGE	-0.007	-0.015 *	-0.003	-0.019 **	-0.029	-0.022 **	0.065	0.105 *
	[0.655]	[0.065]	[0.879]	[0.023]	[0.339]	[0.012]	[0.175]	[0.063]
DIR_EDU	-0.045	-0.091	-0.503 ***	-0.061	-0.433	-0.076	0.280	-0.377
	[0.736]	[0.121]	[0.010]	[0.301]	[0.100]	[0.217]	[0.465]	[0.327]
AGE_FIRM	0.486 ***	0.253 ***	0.457 **	0.196 ***	0.609 **	0.217 ***	-0.430	0.219
	[0.001]	[0.000]	[0.018]	[0.008]	[0.021]	[0.005]	[0.311]	[0.588]
Intercept	1.680	3.855 ***	8.710 ***	4.039 ***	-5.827	4.033 ***	21.468	10.844 **
	[0.455]	[0.000]	[0.003]	[0.000]	[0.223]	[0.000]	[0.990]	[0.010]
Industry/Year	控制	控制	控制	控制	控制	控制	控制	控制
Observations	667	2 245	647	2 194	442	1 969	225	205
PseudoR^2	0.089	0.081	0.363	0.124	0.229	0.082	0.200	0.443
Chi^2	71.986	211.498	583.601	267.905	101.716	192.263	33.084	288.702

4.7 本章小结

在我国经济转型时期,战略性并购有助于优化产业结构,实现区域经济增长,是资源优化配置的重要途径(韦斯顿等,2006),其重要性不言而喻。已有研究表明,税收制度、产权性质、政治关联以及异地董事是影响企业跨区域并购的重要因素,但忽略了高管早期经历的影响。那么,作为一项特殊且重要的人生经历,从军经历是否对高管进行企业战略性并购产生影响呢？

　　基于这一研究视角，本章首先从理论上分析了军历高管在企业跨区域并购中的作用路径，从而将军历高管与跨区域并购行为纳入"高管从军经历→高管行事风格→企业战略性并购"的分析框架中；其次引入企业的战略风格并论证其影响机理，从另一个角度更加客观地证明军历高管行事风格在企业战略决策中的体现；最后分析了收购方公司与目标公司区域税负水平对军历高管与跨区域并购关系的影响。另外，本章从跨行业并购的角度，进一步佐证了军历高管对战略性并购的影响。本章采用2007—2014年沪深A股宣告并购的上市公司并购数据进行实证检验，研究发现：第一，军历高管与跨区域并购呈正向关系，即军历高管所在企业更倾向于跨区域并购。第二，相较于战略风格较激进的企业，军历高管与跨区域并购的关系在战略风格较保守的企业中更加明显，即军历高管激进的性格特质和特立独行的行事风格在战略风格较保守的企业中更能得以体现。第三，收购方公司所在地区税负较高或目标公司所在地区税负较低时，军历高管与跨区域并购的关系有所增强，说明区域性税收优惠政策是军历高管进行跨区域并购的影响因素之一。

　　进一步地，本章基于跨行业并购的角度也发现类似结果。本章研究发现：第一，军历高管与跨行业并购呈正向关系，即军历高管更倾向于跨行业并购。第二，收购方公司所属行业平均业绩水平较高时，军历高管与跨行业并购的关系更加显著，体现了军历高管特立独行的行事风格。第三，收购方公司或目标公司都属于高新技术企业时，军历高管更倾向于实施跨行业并购，说明行业性税收优惠政策可能是军历高管进行跨行业并购的影响因素。高新技术企业具有较高的行业壁垒，传统行业很难进入，因此收购方公司与目标公司都属于高新技术企业时，军历高管与跨行业并购的关系显著。本章的研究结果从战略性并购的角度验证了军历高管激进的性格特质和特立独行的行事风格，既为高管早期经历影响企业战略决策提供了经验证据，又可以合理引导企业战略性方向以提升企业的竞争能力。

相较于现有文献，本章的主要贡献在于：首先，基于军历高管这一群体激进的性格特质与特立独行的行事风格，本章从战略性并购的角度出发，研究军历高管与跨区域并购之间的关系，拓展了以往文献对高管个人特征和企业战略决策的研究。其次，本章引入企业战略风格这一重要的变量，进一步佐证了军历高管特立独行的行事风格对企业的影响。再次，本章从区域税负的角度分析了收购方公司和目标公司税收特征对军历高管与跨区域并购的影响，从而有助于加深军历高管与跨区域并购之间的认识。最后，本章进一步通过分析军历高管与跨行业并购的关系，对战略性并购进行了补充研究，有助于深入认识军历高管对战略性并购决策的影响。

5　高管从军经历与企业非市场化战略投资：慈善捐赠的视角

　　本书第三章基于企业战略定位的视角，考察了高管从军经历与企业战略差异度的关系。实证研究发现，从军经历对高管行事风格的塑造会影响企业的战略定位，具体表现为军历高管所在企业的战略定位与行业常规战略相比差异度更大，表现出军历高管特立独行的行事风格。本书第四章基于战略性并购这一市场化战略投资的视角，探讨了军历高管与企业跨区域并购及跨行业并购的关系。实证研究发现，军历高管所在企业更倾向于跨区域并购和跨行业并购，并且通过引入企业战略风格与行业平均业绩，发现军历高管特立独行的行事风格对企业战略决策的影响。根据战略的制度观，在正式制度尚不健全的国家中，为了应对环境中的不确定性，许多企业将非市场化战略一并纳入战略思考。中国作为新兴市场国家，其资本、技术以及产品等市场机制仍不健全，法律契约等各项正式制度有待完善，因此企业更倾向于依赖非市场化战略来完成　些应由市场来完成的活动（Peng，2003），进行非市场化战略投资。非市场化战略投资强调企业与利益相关者（包括政府、社会公众、媒体等）建立关系，着重在"关系建设"等方面进行资源投入，以提升企业的竞争地位。慈善捐赠作为典型的非市场化战略投资，可以为企业带来声誉、关系等战略资源。因此，本书从慈善捐赠的视角，对军历高管与企业非市场化战略投资的关系进行了深入考察。本章是全书实证研究中的最后一个部分，结合这三章实证研究，本书探讨了军历高管对企业战略决策的影响，有助于深入认识军历高管影响企业战略决策背后的逻辑。

5.1 问题的提出

高管的从军经历影响其认知模式、价值观等，在企业战略决策中更可能体现出"不走寻常路"的行事风格。

战略性慈善是指企业为获取声誉资本等重要的战略资源而进行的慈善捐赠，它不仅有助于企业提升战略地位，也最终体现在企业绩效上（Godfrey，2005；Porter & Kramer，2002）。近年来，战略性慈善受到越来越多的企业的关注和实践。麦肯锡公司（McKinsey & Company）2009 年的调查数据显示，2/3 的财务总监和 3/4 的投资经理认可企业的社会责任行为，并且认为企业的社会责任行为可以为股东创造财富，他们深信企业社会责任为企业带来的价值源于其为企业创造了一个正面的、积极的形象。高管对企业慈善捐赠行为的认识将直接影响企业的慈善捐赠战略。从事慈善捐赠这类非市场活动需要投入经济资源，而企业对非市场事项所投入的资源表明了企业高层对待非市场事项的重视程度（高海涛和田志龙，2007）。高管对企业战略重要性的态度决定该企业的战略方向（高海涛和田志龙，2007）。因此，高管对非市场化战略投资的态度将直接影响企业的慈善投入。慈善捐赠活动能够为企业带来更多的政治、社会关系资产，更多体现的是"关系建设"而非"生产能力建设"。不同的高管个人特征可能会影响其战略偏好和选择，如果高管对通过慈善捐赠等非市场化战略投资获取战略资源的做法不予认同，企业会放弃参与更多的慈善活动。

那么，军历高管对企业慈善捐赠这种非市场化战略投资有何种认识？进而对企业的慈善捐赠行为有什么样的影响？本章对此进行了探讨。

5.2　理论分析与研究假设

高阶梯队理论否定了管理者同质性的假定，强调了企业高管异质性会对企业决策造成重要影响。针对高管个人特征的研究主要集中于高管人口学特征的探讨，近年来有一批文献从高管早期经历的视角出发，研究其对企业决策的影响。目前，这类文献主要分析高管的早期经历对企业的融资决策、信贷风险、投资决策、股市参与等市场化战略决策的影响（Malmendier & Tate，2005；Malmendier & Nagel，2011；Malmendier et al.，2011；Dittmar & Duchin，2015；Benmelech & Frydman，2015；Bernile et al.，2017），而鲜有文献涉及企业的非市场化战略决策。

慈善捐赠作为企业获取声誉资本等战略资源的重要手段，是企业与政府、社会公众、媒体等建立关系的常用方式（Wang & Qian，2011；Su & He，2010；Li et al.，2015）。慈善捐赠有助于企业建立良好的信誉，改善企业形象和声誉，使企业从社会公众、媒体中获得积极的反馈；在一定程度上缓解了政府的财政压力、分担了社会责任，使政府在政策资源等方面给予企业一定的支持。慈善捐赠不仅有助于企业提升其战略地位，也最终体现在企业绩效上（Godfrey，2005；Porter & Kramer，2002）。作为一项典型的非市场化战略投资，慈善捐赠在中国这一高速发展的转型社会被赋予了更多的"期望"，被视作企业与外部利益相关者（如政府、社会公众、媒体等）建立关系的策略。企业关系战略被认为是转型经济的一种特有现象（Park & Luo，2001；Peng & Luo，2000），关系是作为对正式制度缺失的一种替代（Xin & Pearce，1996）。因为关系具有不可观察性，所以也被称为"灰色战略"，田志龙和高海涛（2005）等将其称为"非市场化战略"。有研究者（Park & Luo，2001）认为，企业通过与政府官员、地方行业协会等管制机构之间的关系增强了纵向联系，通过与竞争者、供应商、销售商、合作伙伴公司的关系增强了横向联系，而前者在经济转型国家尤为明显。因为经济转型国家的政府在经济社会发展中扮演着不可忽视的作用，企业和政府的关系与核心资源的获取有着至关重要的联系。

非市场化战略可以通过增加与官员的私人交往等方式来实现，但在企业的正式财务报表中，没有任何一个企业会公开披露这一信息（刘海建，2012）。慈善捐赠为这一战略动机创造了"合乎情理"的机会，增进社会福祉一直以来是国家政府的重要责任，因此承担社会责任便可以作为企业建立政治联系的战略行为（张建君，2013）。然而，对于企业而言，其拥有的资源是有限的，将资源用于"关系建设"和"生产能力建设"两者不可兼得，企业必须有所取舍（杨其静，2011）。根据高海涛和田志龙（2007）的研究，他们运用企业政治行为、公共事项等方面的相关文献对企业与社会和政治利益相关者打交道的非市场活动进行识别，并发现企业的经济资源、高层的管理导向和非市场环境的不确定性对我国企业的非市场化战略行为具有显著的影响。可见，高管的个人偏好是会对企业的非市场化战略投资造成影响的。基于此，有学者将企业的高管分为了企业导向型的高管和制度导向型的高管。企业导向型的高管是指那些很少留意非经济因素的高管，制度导向型的高管是指那些把企业作为更大的社会环境中的一部分来考虑的高管。

通过高管从军经历的相关研究发现，军历高管所在公司对模糊信息的可接受度更低，其发布的盈利预测报告数字更为精确，这些公司提供给使用者更为准确的信息，尽管这些信息可能是公司的负面信息（Bamber & Wang，2010）；军历高管所在公司税收筹划程度更低，更遵守税法规定（Law & Mills，2017）；军历高管更加正直和忠诚，从有效缓解股东和管理者的代理问题的角度能够提高公司的绩效（Lin et al.，2011）。我们从大量已有的军历高管相关研究中，发现军历高管对自身能力的要求更高，更讲求"实干"精神。这类行事风格是否会促使军历高管在经营管理企业的过程中"重能力建设，轻关系建设"？从军经历往往培养和塑造了高管"企业导向型"而非"制度导向型"的行事风格。在军历高管的战略意识中，利用慈善捐赠与政府等非市场主体进行沟通的方式是对企业市场化战略资源的"不当侵占"，作为企业权力掌握者的他们更愿意促使企业进行市场化战略投资，而不倾向于非市场化战略投资。基于此，本章提出研究假设5-1a 和假设 5-1b。

假设 5-1a：相对于非军历高管，军历高管所在企业对慈善捐赠的投入意愿更弱。

假设 5-1b：相对于非军历高管，军历高管所在企业对慈善捐赠的投入规模更小。

资源依赖理论（Resource Dependence Theory）很好地阐述了企业和环境之间的相互关系，强调了对于企业而言除了内部资源之外的外部环境的重要性，认为企业赖以生存和发展的资源来自环境，并且受制于环境。已有研究（Pfeffer，1972；Pfeffer & Nowak，1976；Pfeffer & Salancik，1978）认为，任何组织都不可能拥有其需求的所有资源，因此组织会对掌握目标资源的伙伴组织形成某种依赖的关系，而这种对资源的不确定性[①]和依赖性，促使了原本独立的公司积极寻找拥有目标资源的对象，并与之建立正式的或非正式的联系。因此，资源依赖理论是企业与诸多外部利益相关者进行活动的深层次基础，也为本章探讨企业慈善捐赠这类非市场化战略投资奠定了基础。基于资源依赖理论，组织的生存和发展不仅依赖内部环境也依赖外部环境，并且组织对外部环境的依赖程度取决于这种关系对企业生存的重要程度。该理论认为，企业的非市场化战略投资受到两个因素的影响：企业的经济活动资源和企业面临的环境（高海涛和田志龙，2007）。从资源依赖的角度来看，李四海等（2016）研究发现，"穷"的企业反而会增加其非市场活动的投入，更加积极地参与慈善捐赠。综上所述，对慈善捐赠这一非市场化战略投资的重视程度，不仅取决于高管的战略偏好，

---

① 资源流动由于不受公司的控制，会导致企业无法准确地预测而给决策带来不确定性。

也取决于企业的资源禀赋，即高管所处的决策情境。

相较于非国有企业，国有企业的资源禀赋为其战略实现提供了与生俱来的社会环境。非国有企业往往试图通过慈善捐赠等非市场化战略投资来获得政企关系等战略资源，而国有企业的政治资源禀赋和行业地位决定了其对关系资源获取的压力相对较小，这给予了"企业导向型"的高管在非市场化战略投资中拥有更多的自由空间。相反，在非国有企业中，企业对政治资源等外部关系资本的获取是没有历史基础的，并且其成长环境要远远差于国有企业，其面临的不确定性要更大，这些因素限制了非国有企业高管在非市场化战略投资中的个人战略偏好。基于此，本章提出研究假设5-2a 和假设 5-2b。

假设 5-2a：相较于非国有企业，国有企业的军历高管对慈善捐赠意愿的负向影响更加明显。

假设 5-2b：相对于非国有企业，国有企业的军历高管对慈善捐赠规模的负向影响更加明显。

5.3 实证研究设计

5.3.1 样本选择与数据来源

本章选取 2007—2014 年中国沪深 A 股上市公司作为初始研究样本，获得 15 080 个样本观测值，按照以下标准对样本进行了筛选和处理：第一，剔除经过特别处理（ST、＊ST）公司样本；第二，剔除金融保险行业公司样本；第三，剔除解释变量、被解释变量以及控制变量缺失的样本观测值。相关数据来源情况如下：上市公司慈善捐赠数据来自 CSMAR 数据库内财务报表附注中披露的"营业外收入或支出——（非）公益性捐赠"。其他控制变量均来自 CSMAR 以及万得数据库。为了消除极端值对本章结果的影响，本章对所有连续变量进行上下 1% 的 Winsorize 处理。

5.3.2　变量说明

（1）慈善捐赠（DONA_DUM、LNDONA）

本章的慈善捐赠指标具体以捐赠意愿（DONA_DUM）和捐赠规模（LNDONA）来衡量。捐赠意愿（DONA_DUM）为虚拟变量，表示该公司当年度的捐赠倾向（是否捐赠）。若当年财务报表附注中披露慈善捐赠信息则赋值为 1，否则赋值为 0。捐赠规模（LNDONA）以公司当年的捐赠金额衡量，若该公司披露了捐赠数值，则将这一数值加 1 取自然对数作为该公司当年度的捐赠规模；若该公司未披露该信息，则样本值取 0。

（2）高管从军经历（MILITARY）

本章将上市公司董事长及总经理中至少有一名高管拥有从军经历的样本公司赋值为 1，其余样本公司赋值为 0。

（3）控制变量

本章主要借鉴戴亦一等（2014）研究慈善捐赠的文献，选取货币现金规模（LNCASH）、资产规模（SIZE）、总资产收益率（ROA）、资产负债率（LEV）、第一大股东持股比例（FIRST）、行业集中程度（HERFIND-AHL）、与消费者直接接触的行业（CONSUMER）、作为控制变量。其中，本章借鉴山立威等（2008）的定义，与消费者直接接触的行业（CONSUMER_IND）包括①日用化学产品制造业（C4370）、日用橡胶产品制造业（C4830）、日用塑料杂品制造业（C4930）、汽车制造业（C7505）、摩托车制造业（C7510）、自行车制造业（C7515）、日用电器制造业（C7620）、钟表制造业（C7825）、服装及其他纤维制品制造业（C13）、日用电子器具制造业（C55）、航空运输业（F09）、零售业（H11）、食品和饮料（C0）、金融和保险业（I）、房地产业（J）、社会服务业（K）、传播与文化产业（L）。另外，本章参考张敏等（2013）、贾明和张喆（2010）、张建君（2013）的做法，控制变量还包括公司成长性（GROWTH）、两职

---

① 根据 2002 年中国证监会《上市公司行业分类指引》划分。

兼任（DUAL）、董事会规模（BOARDSIZE）、公司上市年限（AGE_
FIRM）、产权性质（SOE）以及年度（Year）、行业（Industry）和省份
（Province）。另外，考虑到高管个人特征的影响，本章还控制了高管年龄、
学历等个人特征变量，如总经理年龄（CEO_AGE）、总经理学历（CEO_
EDU）、董事长年龄（DIR_AGE）以及董事长学历（DIR_EDU）。变量的
定义与说明如表5-1所示。

表5-1　变量的定义与说明

变量	变量定义与说明
DONA_DUM	捐赠意愿，公司有捐赠行为取值为1，反之为0
LNDONA	捐赠规模，公司捐赠金额加1取自然对数
MILIARY	高管从军经历，董事长或总经理至少一人具备从军经历的公司取值为1，反之为0
SIZE	公司规模，公司总资产的自然对数
ROA	总资产收益率，息税前利润/平均总资产
LEV	资产负债率，公司年末总负债/总资产
GROWTH	公司成长性，公司营业收入同比增长率
LNCASH	货币现金规模，公司货币现金的自然对数
SOE	产权性质，根据实际控制人性质来划分，国有企业取值为1，反之为0
FIRST	第一大股东持股比例，第一大股东持股数/总股数
DUAL	两职兼任，董事长兼任总经理取值为1，反之为0
BOARDSIZE	董事会规模，董事会人数的自然对数
CEO_AGE	总经理年龄，当年年份-总经理出生年份
CEO_EDU	总经理学历，当年总经理最高学历，1表示高中及以下学历、2表示专科学历、3表示本科学历、4表示硕士学历、5表示博士学历
DIR_AGE	董事长年龄，当年年份-董事长出生年份
DIR_EDU	董事长学历，当年董事长最高学历，1表示高中及以下学历、2表示专科学历、3表示本科学历、4表示硕士学历、5表示博士学历

表5-1(续)

变量	变量定义与说明
AGE_FIRM	公司年龄，公司上市年限加1的自然对数
HERFINDAHL	行业集中程度，各行业营业收入前五名上市公司计算赫芬达尔指数
CONSUMER_IND	与消费者直接接触的行业，公司属于与消费者直接接触的行业取值为1，反之为0
Industry	行业哑变量，根据2001年中国证监会《上市公司行业分类指引》划分
Year	年度哑变量，当公司属于 t 年度时，该虚拟变量取值为1，否则为0
Province	省份哑变量，根据我国行政区域规划划分

5.3.3 模型设定

为了检验假设5-1，即高管从军经历与企业慈善捐赠的关系，参考已有文献（戴亦一等，2014；张敏等，2013；贾明和张喆，2010；张建君，2013），本章构建回归模型如下：

$$\text{DONA\_DUM}_{i,t}\,(\text{LNDONA}_{i,t}) = \varphi_0 + \varphi_1 \text{MILITARY}_{i,t} + \sum \varphi_i \text{Control}_{i,t} + \mu_{i,t}$$

$$(5-1)$$

为了检验假设5-2，即不同资源禀赋条件下军历高管对企业慈善捐赠的不同影响，本章按照企业产权性质对样本进行了分组，并基于模型（5-1）进行了分组回归检验。

模型（5-1）中涉及的变量的定义与说明详见表5-1。其中，本章使用DONA_DUM衡量公司慈善捐赠的意愿，用LNDONA衡量公司捐赠的规模，用MILITARY表示高管从军经历。φ_1是军历高管的回归系数，衡量军历高管对公司捐赠意愿以及规模的影响。本章预期φ_1显著为负，即军历高管所在公司的捐赠意愿更弱，捐赠规模更小。

5.4 实证结果分析

5.4.1 描述性统计

表5-2列示了主要变量的描述性统计。捐赠意愿（DONA_DUM）的均值为0.693，标准差为0.461，与戴亦一等（2014）的发现基本一致；变异系数达到了66.52%（0.461/0.693），表明不同公司间的捐赠意愿存在较为明显的差异。捐赠规模（LNDONA）的均值为8.643，最小值为0（公司没有进行慈善捐赠），最大值为16.818。高管从军经历（MILITARY）的均值为0.053，即在总样本中，军历高管的样本占比约为5.30%。在控制变量方面，企业规模（SIZE）的均值为21.116，中位数为21.014，标准差为1.503。产权性质（SOE）的均值为0.411，即在总样本中，国有企业的比例为41.10%，民营企业和国有企业的比例趋同。其他变量的描述性统计情况基本符合已有研究的描述性结果，不再逐一解释。

表5-2 主要变量的描述性统计

变量	观测值	均值	标准差	最小值	中位数	最大值
DONA_DUM	15 080	0.693	0.461	0	1	1
LNDONA	15 080	8.643	6.001	0	11.493	16.818
MILITARY	15 080	0.053	0.224	0	0	1
SIZE	15 080	21.116	1.503	17.030	21.014	25.257
ROA	15 080	4.666	6.152	−18.385	4.147	25.159
LEV	15 080	45.710	23.215	4.381	45.547	120.083
GROWTH	15 080	0.157	0.338	−0.634	0.119	1.778
LNCASH	15 080	19.854	1.412	15.477	19.860	23.661
SOE	15 080	0.411	0.492	0	0	1
FIRST	15 080	36.207	15.330	8.930	34.340	75.100

表5-2(续)

变量	观测值	均值	标准差	最小值	中位数	最大值
DUAL	15 080	0.226	0.418	0	0	1
BOARDSIZE	15 080	2.170	0.200	1.609	2.197	2.708
CEO_AGE	15 080	47.433	6.175	33	47	63
CEO_EDU	15 080	3.539	0.785	2	4	5
DIR_AGE	15 080	50.851	6.804	35	50	69
DIR_EDU	15 080	3.529	0.875	1	4	5
AGE_FIRM	15 080	1.986	0.873	0	2.303	3.091
HERFINDAHL	15 080	0.075	0.068	0.021	0.051	0.355
CONSUMER_IND	15 080	0.051	0.219	0	0	1

表5-3是本章涉及主要变量按照高管从军经历（MILITARY）进行分组差异性检验的结果。可以看出，相较于非军历高管所在公司（MILITARY＝0），军历高管所在公司（MILITARY＝1）中捐赠意愿（DONA_DUM）的均值更低，在5%统计水平上显著，即军历高管所在公司慈善捐赠意愿更低，意味着军历高管对非市场化战略的态度与一般预期[①]不同，对通过慈善捐赠这种非市场化战略投资获取战略资源的做法的态度并不积极，体现出军历高管特立独行的行事风格，初步支持本章的假设5-1a。军历高管所在公司（MILITARY＝1）中捐赠规模（LNDONA）的均值为8.098，低于非军历高管所在公司（MILITARY＝0）捐赠规模（LNDONA）的均值（8.673），在1%统计水平上显著，表明军历高管所在公司慈善捐赠规模更小，初步支持本章的假设5-1b。

---

　　① 根据战略的制度观，在正式制度尚不健全的国家中，为了应对环境中的不确定性，企业更倾向于依赖非市场化战略来完成一些应由市场来完成的活动（Peng，2003）。中国作为新兴市场国家，各项正式制度尚待不断完善，因此企业具有更强烈的动机从事非市场活动，进行非市场化战略投资。

表 5-3　分组差异性检验

变量	MILITARY = 1		MILITARY = 0		T 检验
	观测值	均值	观测值	均值	
DONA_DUM	798	0.653	14 282	0.695	−0.042 **
LNDONA	798	8.098	14 282	8.673	−0.575 ***
SIZE	798	21.014	14 282	21.122	−0.107 **
ROA	798	3.715	14 282	4.719	−1.004 ***
LEV	798	51.273	14 282	45.399	5.874 ***
GROWTH	798	0.161	14 282	0.157	0.004
LNCASH	798	19.695	14 282	19.863	−0.168 ***
SOE	798	0.441	14 282	0.409	0.032 *
FIRST	798	35.406	14 282	36.252	−0.845
DUAL	798	0.098	14 282	0.233	−0.135 ***
BOARDSIZE	798	2.172	14 282	2.170	0.002
CEO_AGE	798	47.872	14 282	47.409	0.463 **
CEO_EDU	798	3.484	14 282	3.542	−0.058 **
DIR_AGE	798	53.015	14 282	50.730	2.285 ***
DIR_EDU	798	3.425	14 282	3.535	−0.110 ***
AGE_FIRM	798	2.152	14 282	1.977	0.174 ***
HERFINDAHL	798	0.070	14 282	0.075	−0.005 **
CONSUMER_IND	798	0.025	14 282	0.052	−0.027 ***

在控制变量方面，军历高管所在公司（MILITARY = 1）中公司规模（SIZE）的均值在5%统计水平上显著更低。总资产负债率（ROA）、货币现金规模（LNCASH）、两职合一（DUAL）的均值在1%统计水平上显著低于非军历高管所在公司（MILITARY = 0）。资产负债率（LEV）在1%统

计水平上显著更高，这与已有研究（Malmendier et al.，2011；赖黎等，2016）发现军历高管所在公司更倾向于激进融资的结论一致。就产权性质（SOE）而言，军历高管所在公司（MILITARY = 1）中国有企业的比例高于非军历高管所在公司（MILITARY = 0）中国有企业的比例。此外，综合总经理和董事长的个人特质（CEO_AGE、CEO_EDU、DIR_AGE、DIR_EDU）来看，军历高管的年龄显著高于非军历高管，而军历高管的学历显著低于非军历高管。就公司上市年限（AGE_FIRM）来看，其均值在军历高管所在公司（MILITARY = 1）显著更高，表明军历高管所在公司的上市年限更长。就行业集中程度（HERFINDAHL）来看，其均值在军历高管所在公司（MILITARY = 1）中显著低于非军历高管所在公司（MILITARY = 0）中，表明军历高管所在公司面对的行业竞争更为激烈。同样，与消费者直接接触的行业（CONSUMER_IND）的均值在军历高管所在公司（MILITARY = 1）中显著更低，表明军历高管所在公司更多属于不与消费者直接接触的行业。其他变量在统计水平上不存在明显的差异，在此不再一一赘述。

5.4.2 Pearson 相关系数表

表 5-4 为主要变量之间的 Pearson 相关系数表。结果表明，高管从军经历（MILITARY）与捐赠意愿（DONA_DUM）的相关系数为-0.020，在 5% 统计水平上呈负相关关系，即军历高管所在公司捐赠意愿更弱，这为本章假设 5-1a 提供了初步的证据支持。高管从军经历（MILITARY）与捐赠规模（LNDONA）的相关系数为-0.021，在 1% 统计水平上呈负相关关系，即军历高管所在公司捐赠规模更小，这为本章假设 5-1b 提供了初步的证据支持。企业规模（SIZE）与捐赠意愿（DONA_DUM）以及捐赠规模（LNDONA）的相关系数分别为 0.227 和 0.310，均在 1% 统计水平上显著，表明公司规模越大，公司的捐赠意愿越强，捐赠规模越大。总资产收益率（ROA）与捐赠指标（DONA_DUM、LNDONA）均呈显著正相关关系，表明公司经营业绩越好，公司的捐赠意愿越强，捐赠规模越大。另外，公司

资产负债率（LEV）、公司成长性（GROWTH）以及货币现金规模（LN-CASH）与捐赠指标（DONA_DUM、LNDONA）的相关系数表明，公司内部资金越充足、公司发展越好，公司的捐赠意愿越强，捐赠规模越大。就公司治理因素而言，第一大股东持股比例（FIRST）、董事会规模（BOARDSIZE）与捐赠指标呈显著正相关关系。另外，从行业因素来看，行业集中程度（HERFINDAHL）与捐赠意愿（DONA_DUM）的相关系数-0.016，在5%统计水平上显著负相关，表明公司属于竞争程度较低的行业时，公司的捐赠意愿更弱。与消费者直接接触行业（CONSUMER_IND）与捐赠指标（DONA_DUM、LNDONA）的相关系数分别为0.022和0.027，在1%统计水平上显著正相关，表明公司属于与消费者直接接触的行业时，公司的捐赠意愿更强，捐赠规模更大。这也说明广告效应是我国公司进行捐赠的动机之一。其余变量间的相关系数在此不再一一赘述。为了检验解释变量之间是否存在多重共线性，本章采用方差膨胀因子（VIF）进行检验，发现解释变量之间的 VIF 值均小于 2，表明解释变量之间并不存在多重共线性。

5.4.3 高管从军经历与慈善捐赠的回归结果分析

本章采用了 Logistic 模型和 Tobit 模型分别对模型（5-1）中两种捐赠指标进行回归检验，考察高管从军经历对企业慈善捐赠意愿以及规模的影响。表5-5的（1）列、（3）列显示，在未控制其他因素影响下，高管从军经历（MILITARY）与慈善捐赠意愿（DONA_DUM）、捐赠规模（LN-DONA）的估计系数分别为-0.273和-1.080，均在1%统计水平上显著为负，即相较于非军历高管，军历高管更倾向于将公司资源用于"生产能力建设"，而不是从事非市场化战略投资，因此军历高管所在公司捐赠意愿更弱，捐赠规模更小。表5-5的（2）列显示，进一步控制了公司规模（SIZE）等变量后，高管从军经历（MILITARY）的回归系数为-0.226，在1%统计水平上显著为负。从经济意义来看，相较于非军历高管，军历高管所在公司的捐赠意愿下降了32.61%（-0.226/0.693），经济意义显著。结

表 5-4 Pearson 相关系数表

变量	(1)	(2)	(3)	(4)	(5)	(6)	(7)	(8)	(9)	(10)	(11)
(1) DONA_DUM	1										
(2) LNDONA	0.359***	1									
(3) MILITARY	-0.020**	-0.021***	1								
(4) SIZE	0.227***	0.310***	-0.016**	1							
(5) ROA	0.094***	0.124***	-0.037***	0.074***	1						
(6) LEV	0.021**	0.043***	0.057***	0.338***	-0.393***	1					
(7) GROWTH	0.046***	0.056***	0.003	0.086***	0.265***	-0.006	1				
(8) LNCASH	0.209***	0.286***	-0.027***	0.736***	0.223***	0.029***	0.081***	1			
(9) SOE	-0.013	-0.003	0.014*	0.270***	-0.121***	0.232***	-0.058***	0.151***	1		
(10) FIRST	0.028***	0.048***	-0.012	0.269***	0.104***	0.005	0.022***	0.252***	0.181***	1	
(11) DUAL	-0.001	-0.014*	-0.072***	-0.172***	0.064***	-0.176***	0.027***	-0.073***	-0.249***	-0.057***	1
(12) BOARDSIZE	0.072***	0.099***	0.002	0.275***	0.005	0.132***	-0.007	0.218***	0.235***	0.009	-0.166***
(13) CEO_AGE	0.008	0.012	0.017***	0.121***	0.005	-0.001	-0.063***	0.104***	0.105***	0.037***	0.140***
(14) CEO_EDU	0.011	0.028***	-0.017***	0.144***	0.028***	0.045***	0.017***	0.161***	0.096***	0.024***	-0.039***
(15) DIR_AGE	0.038***	0.053***	0.075***	0.192***	0.026***	-0.018***	-0.063***	0.152***	0.075***	0.053***	-0.135***
(16) DIR_EDU	-0.005	0.011	-0.028***	0.143***	-0.020***	0.094***	0.006	0.146***	0.180***	0.052***	-0.038***
(17) AGE_FIRM	-0.042***	-0.027***	0.045***	0.218***	-0.254***	0.456***	-0.114***	-0.030***	0.321***	-0.104***	-0.245***
(18) HERFINDAHL	-0.016**	0.002	-0.018***	0.017***	0.052***	-0.025***	0.033***	0.073***	0.049***	0.059***	0.003
(19) CONSUMER_IND	0.022***	0.027***	-0.028***	0.078***	-0.019***	0.055***	-0.021***	0.035***	-0.019***	-0.027***	-0.009

表5-4（续）

变量	(12)	(13)	(14)	(15)	(16)	(17)	(18)	(19)
(12) BOARDSIZE	1							
(13) CEO_AGE	0.058***	1						
(14) CEO_EDU	0.062***	-0.162***	1					
(15) DIR_AGE	0.087***	0.301***	-0.019**	1				
(16) DIR_EDU	0.068***	-0.009	0.402***	-0.237***	1			
(17) AGE_FIRM	0.080***	0.086***	0.083***	0.067***	0.140***	1		
(18) HERFINDAHL	0.019**	0.003	0.068***	-0.052***	0.062***	-0.062***	1	
(19) CONSUMER_IND	0.002	-0.018**	0.003	0.006	0.007	0.058***	-0.093***	1

果表明，军历高管所在公司的捐赠意愿更弱。从表5-5的（4）列可以看出，高管从军经历（MILITARY）的回归系数为-0.908，在1%统计水平上显著为负。从经济意义来看，相较于非军历高管，军历高管所在公司的慈善捐赠金额下降了7.90%（-0.908/11.493），经济意义显著。以上结果表明，军历高管对公司慈善捐赠这种非市场化战略投资重视程度并不高，降低了公司的捐赠意愿、缩小了公司的捐赠规模，本章的研究假设5-1a和研究假设5-1b得以验证。上述结论也表明，军历高管关于慈善捐赠的认识不同于一般高管，在一定程度上体现了军历高管特立独行的行事风格。

在控制变量方面，公司规模（SIZE）、总资产收益率（ROA）和货币现金规模（LNCASH）的回归系数均在1%统计水平上显著为正，表明公司规模越大、经营业绩越好以及公司内部资金越充足，公司的捐赠意愿越强，捐赠规模越大。在控制了相关变量后，第一大股东持股比例（FIRST）与捐赠意愿（DONA_DUM）、捐赠规模（LNDONA）的回归系数分别为-0.008和-0.030，均在1%统计水平上显著为负，意味着股东对管理层的监督力度加大，降低了公司的捐赠意愿、缩小了公司的捐赠规模。就产权性质（SOE）而言，其回归系数分别为-0.132和-0.577，均在1%统计水平上显著为负。结果表明，国有企业的捐赠意愿更弱，规模更小，与许年行和李哲（2016）的研究发现一致。

表5-5　高管从军经历与慈善捐赠

变量	DONA_DUM		LNDONA	
	（1）	（2）	（3）	（4）
MILITARY	-0.273***	-0.226***	-1.080***	-0.908***
	[0.001]	[0.009]	[0.001]	[0.002]
SIZE		0.361***		1.549***
		[0.000]		[0.000]

表5-5(续)

变量	DONA_DUM		LNDONA	
	(1)	(2)	(3)	(4)
ROA		0.015 ***		0.074 ***
		[0.000]		[0.000]
LEV		0.000		−0.003
		[0.970]		[0.484]
GROWTH		−0.031		−0.124
		[0.597]		[0.561]
LNCASH		0.134 ***		0.607 ***
		[0.000]		[0.000]
SOE		−0.132 ***		−0.577 ***
		[0.005]		[0.000]
FIRST		−0.008 ***		−0.030 ***
		[0.000]		[0.000]
DUAL		0.084 *		0.308 *
		[0.096]		[0.063]
BOARDSIZE		0.145		0.642 *
		[0.172]		[0.066]
CEO_AGE		−0.001		−0.012
		[0.845]		[0.294]
CEO_EDU		−0.007		−0.022
		[0.789]		[0.807]
DIR_AGE		0.001		0.010
		[0.672]		[0.361]
DIR_EDU		−0.004		0.011
		[0.875]		[0.890]
AGE_FIRM		−0.229 ***		−0.769 ***
		[0.000]		[0.000]

表5-5(续)

变量	DONA_DUM		LNDONA	
	（1）	（2）	（3）	（4）
HERFINDAHL		0.578		4.030
		[0.632]		[0.281]
CONSUMER_IND		0.262***		0.893***
		[0.005]		[0.002]
Intercept	0.899***	−8.671***	6.593***	−35.451***
	[0.000]	[0.000]	[0.000]	[0.000]
Industry/Year/Province	控制	控制	控制	控制
Observations	15 080	15 080	15 080	15 080
Pseudo R^2	0.060	0.120	0.017	0.039
Chi^2	1 003.289	1 759.073	—	—
F-value	—	—	26.275	48.508

注：方括号内为变量回归系数对应的 p 值，经 white 异方差调整，* $p<0.1$，** $p<0.05$，*** $p<0.01$，下同。

5.4.4　基于资源禀赋的调节效应分析

进一步地，本章将高管从军经历（MILITARY）对企业慈善捐赠（DONA_DUM、LNDONA）的影响区分为国有企业和非国有企业，进行分组回归。表5-6 的（1）列、（3）列显示，在国有企业中，高管从军经历（MILITARY）与企业捐赠意愿（DONA_DUM）、捐赠规模（LNDONA）的回归系数分别为-0.558 和-2.168，均在 1% 统计水平上显著为负；而在非国有企业中，这种负向的影响并不显著。结果表明，即相较于非国有企业，国有企业政治资源禀赋和行业地位决定了其拥有更为丰富的战略资源，如与政府的关系资源，因此国有企业中军历高管对慈善捐赠的意愿及规模的影响更显著，与假设 5-2a 和假设 5-2b 的预期相符。

表 5-6　高管从军经历、资源禀赋与慈善捐赠

变量	DONA_DUM		LNDONA	
	国有企业（1）	非国有企业（2）	国有企业（3）	非国有企业（4）
MILITARY	−0.558 ***	−0.076	−2.168 ***	−0.247
	[0.000]	[0.511]	[0.000]	[0.531]
SIZE	0.240 ***	0.453 ***	1.097 ***	1.834 ***
	[0.000]	[0.000]	[0.000]	[0.000]
ROA	0.027 ***	0.010 **	0.120 ***	0.047 ***
	[0.000]	[0.036]	[0.000]	[0.005]
LEV	0.007 ***	−0.003 *	0.024 ***	−0.015 ***
	[0.000]	[0.064]	[0.000]	[0.007]
GROWTH	0.001	−0.091	−0.001	−0.304
	[0.989]	[0.222]	[0.998]	[0.249]
LNCASH	0.232 ***	0.089 ***	1.002 ***	0.400 ***
	[0.000]	[0.005]	[0.000]	[0.000]
FIRST	−0.014 ***	−0.005 ***	−0.048 ***	−0.018 ***
	[0.000]	[0.007]	[0.000]	[0.001]
DUAL	−0.033	0.101 *	0.063	0.322 *
	[0.753]	[0.092]	[0.856]	[0.089]
BOARDSIZE	−0.006	0.224	−0.159	0.953 **
	[0.973]	[0.101]	[0.775]	[0.034]
CEO_AGE	−0.003	0.002	−0.019	−0.002
	[0.652]	[0.645]	[0.337]	[0.908]
CEO_EDU	−0.099 **	0.078 **	−0.328 **	0.247 **
	[0.034]	[0.031]	[0.031]	[0.030]
DIR_AGE	0.014 **	−0.007	0.048 **	−0.018
	[0.022]	[0.102]	[0.015]	[0.151]

表5-6(续)

变量	DONA_DUM		LNDONA	
	国有企业 （1）	非国有企业 （2）	国有企业 （3）	非国有企业 （4）
DIR_EDU	0.013	-0.011	0.129	-0.030
	[0.770]	[0.731]	[0.377]	[0.769]
AGE_FIRM	-0.146***	-0.229***	-0.482***	-0.753***
	[0.008]	[0.000]	[0.006]	[0.000]
HERFINDAHL	1.812	0.511	8.668	3.124
	[0.327]	[0.768]	[0.148]	[0.524]
CONSUMER_IND	0.500***	0.119	1.668***	0.419
	[0.001]	[0.336]	[0.001]	[0.258]
Intercept	-8.305***	-10.253***	-34.554***	-38.895***
	[0.000]	[0.000]	[0.000]	[0.000]
Industry/Year/Province	控制	控制	控制	控制
Observations	6 200	8 880	6 200	8 880
Pseudo R^2	0.145	0.130	0.045	0.041
Chi^2	846.531	1 079.071	—	—
F-value	—	—	24.905	30.442

5.5　稳健性检验

在稳健性检验部分，本章基于慈善捐赠度量方式的替换、高管继任这一特殊情境、排除替代性解释、内生性问题四个方面进行了测试，本章的研究结论保持一致，确保了本章研究结论的可靠性。

5.5.1　慈善捐赠的替代指标的回归结果分析

在稳健性检验中，参考已有文献（Williams & Barrett，2000；Chen et

al., 2008；Li et al., 2017)，本章以相对捐赠水平（DONA)① 作为企业捐赠意愿（DONA_DUM）和捐赠规模（LNDONA）的替代指标。

表 5-7 的（1）列显示，高管从军经历（MILITARY）与相对捐赠水平（DONA）的估计系数为-0.785，在 5% 统计水平上显著为负。结果表明，军历高管所在公司的捐赠水平更低，原有结论不变。表 5-7 的（2）列、（3）列显示，高管从军经历（MILITARY）的估计系数在国有企业中显著为负，估计系数为-2.133；在非国有企业中，高管从军经历（MILITARY）与相对捐赠水平（DONA）的关系不显著。结果表明，相较于非国有企业，国有企业中军历高管对慈善捐赠的负向关系更显著，支持假设 5-2。

表 5-7　稳健性检验（一）：慈善捐赠的替代指标——相对捐赠水平

变量	DONA		
	全样本（1）	国有企业（2）	非国有企业（3）
MILITARY	-0.785 **	-2.133 ***	-0.107
	[0.035]	[0.000]	[0.854]
SIZE	-0.211 *	-0.468 ***	-0.070
	[0.056]	[0.001]	[0.656]
ROA	0.108 ***	0.153 ***	0.076 ***
	[0.000]	[0.000]	[0.001]
LEV	-0.019 ***	0.004	-0.031 ***
	[0.000]	[0.612]	[0.000]
GROWTH	-0.747 **	-0.988 **	-0.735 *
	[0.010]	[0.014]	[0.061]
LNCASH	0.942 ***	1.053 ***	0.898 ***
	[0.000]	[0.000]	[0.000]

---

① 相对捐赠水平（DONA）以公司当年度的捐赠金额除以公司当年度营业收入乘以 100 来衡量。

表5-7(续)

变量	DONA		
	全样本 （1）	国有企业 （2）	非国有企业 （3）
SOE	−0.951***		
	[0.000]		
FIRST	−0.024***	−0.039***	−0.014*
	[0.000]	[0.000]	[0.056]
DUAL	0.320	0.489	0.211
	[0.133]	[0.167]	[0.421]
BOARDSIZE	1.134***	0.151	1.447**
	[0.007]	[0.767]	[0.019]
CEO_AGE	−0.033**	−0.052***	−0.016
	[0.016]	[0.009]	[0.381]
CEO_EDU	−0.027	−0.329**	0.233
	[0.808]	[0.028]	[0.130]
DIR_AGE	−0.015	0.039**	−0.051***
	[0.260]	[0.047]	[0.003]
DIR_EDU	0.095	0.253*	−0.014
	[0.340]	[0.086]	[0.914]
AGE_FIRM	−0.608***	−0.510***	−0.518***
	[0.000]	[0.007]	[0.001]
HERFINDAHL	3.585	−5.679	11.642
	[0.458]	[0.357]	[0.107]
CONSUMER_IND	0.435	0.746**	0.192
	[0.139]	[0.042]	[0.645]
Intercept	−8.501***	−5.347**	−11.886***
	[0.000]	[0.041]	[0.000]
Industry/Year/Province	控制	控制	控制

表5-7(续)

变量	DONA		
	全样本 (1)	国有企业 (2)	非国有企业 (3)
Observations	15 080	6 200	8 880
Pseudo R^2	0.025	0.039	0.023
F-value	19.483	8.756	12.039

5.5.2 军历高管继任与慈善捐赠的回归结果分析

本部分参考已有研究（Lin et al., 2011）从高管更替因素方面进一步考察从军经历对企业慈善捐赠的影响，军历高管继任使用 MILITARY_TURNOVER 变量衡量。本章将 $t_0 \sim t_1$ 年度由非军历高管变更为军历高管（MILITARY_TURNOVER=1）的公司作为实验组样本，通过倾向评分匹配模型（PSM）将 $t_0 \sim t_1$ 年度没有从军经历高管（MILITARY_TURNOVER=0）的公司运用最近邻匹配形成控制组样本，将实验组与控制组样本作为回归样本，对本章假设进行检验。

表5-8 的（1）列显示，军历高管继任（MILITARY_TURNOVER）与相对捐赠水平（DONA）的估计系数为-1.617，在10%统计水平上显著。结果表明，新上任军历高管所在公司的捐赠水平更低，假设 5-1 结论稳健。表5-8 的（2）列、（3）列显示，军历高管继任（MILITARY_TURNOVER）的估计系数在国有企业中显著，估计系数为-2.480；在非国有企业中，军历高管继任（MILITARY_TURNOVER）与相对捐赠水平（DONA）的关系不显著，本章假设 5-2 的结论稳健。

表5-8 稳健性检验（二）：军历高管继任与慈善捐赠

变量	DONA		
	全样本 （1）	国有企业 （2）	非国有企业 （3）
MILITARY_TURNOVER	−1.617*	−2.480*	−0.532
	[0.051]	[0.086]	[0.580]
SIZE	−0.139	0.202	−0.279
	[0.511]	[0.595]	[0.212]
ROA	0.076**	0.053	0.101***
	[0.015]	[0.268]	[0.009]
LEV	−0.015	−0.028*	−0.001
	[0.128]	[0.071]	[0.960]
GROWTH	−0.004	−0.008	−0.004
	[0.496]	[0.343]	[0.570]
LNCASH	0.822***	0.774**	0.719***
	[0.000]	[0.040]	[0.000]
SOE	−0.691**		
	[0.032]		
FIRST	−0.026**	−0.039**	−0.006
	[0.016]	[0.029]	[0.594]
DUAL	0.195	0.309	−0.458
	[0.705]	[0.688]	[0.395]
BOARDSIZE	−0.173	0.716	−0.701
	[0.820]	[0.624]	[0.363]
CEO_AGE	−0.032	0.005	−0.045
	[0.213]	[0.894]	[0.134]
CEO_EDU	−0.010	0.334	−0.257
	[0.964]	[0.343]	[0.285]

表5-8(续)

变量	DONA		
	全样本 （1）	国有企业 （2）	非国有企业 （3）
DIR_AGE	−0.003	−0.032	0.004
	［0.899］	［0.420］	［0.883］
DIR_EDU	−0.004	0.108	0.102
	［0.986］	［0.751］	［0.660］
AGE_FIRM	−1.327***	−1.841***	−0.432
	［0.000］	［0.000］	［0.228］
HERFINDAHL	1.364	9.705	−6.447
	［0.860］	［0.470］	［0.385］
CONSUMER_IND	0.917	0.819	1.093
	［0.178］	［0.501］	［0.120］
Intercept	−4.948	−11.247*	−2.755
	［0.154］	［0.062］	［0.467］
Industry/Year/Province	控制	控制	控制
Observations	3 844	2 080	1 764
Pseudo R^2	0.022	0.035	0.025
F−value	3.899	2.610	2.642

5.5.3 排除替代性解释

本章将政治关联（POLITI_CONNECT）作为控制变量进行稳健性测试，检验军历高管政治资本这一假说，以排除本章的研究结论来自政治资本这一替代性解释。如表5-9所示，在控制了政治关联（POLITI_CON-NECT）后，高管从军经历（MILITARY）的回归系数分别−0.228和−1.114，在1%统计水平上显著为负，研究结论保持不变。政治关联（POLITI_CONNECT）的回归系数分别为0.344和1.277，在1%统计水平上显著为正，表明拥有政治关联的公司会更多地进行慈善捐赠，这与已有研究结论保持一致（Li et al.，2015；Wang & Qian，2011）。结果表明，军历高管与政治关联对慈善捐赠的影响不同，军历高管政治资本这一假说并不成立。

表 5-9 稳健性检验（三）：排除政治资本影响慈善捐赠的替代解释

变量	DONA_DUM	LNDONA
	（1）	（2）
MILITARY	−0. 288 ***	−1. 114 ***
	[0. 001]	[0. 000]
POLITI_CONNECT	0. 344 ***	1. 277 ***
	[0. 000]	[0. 000]
SIZE	0. 344 ***	1. 466 ***
	[0. 000]	[0. 000]
ROA	0. 016 ***	0. 077 ***
	[0. 000]	[0. 000]
LEV	0. 001	−0. 001
	[0. 676]	[0. 896]
GROWTH	−0. 015	−0. 098
	[0. 807]	[0. 652]
LNCASH	0. 143 ***	0. 625 ***
	[0. 000]	[0. 000]
SOE	−0. 079	−0. 351 **
	[0. 108]	[0. 026]
FIRST	−0. 008 ***	−0. 027 ***
	[0. 000]	[0. 000]
DUAL	0. 077	0. 274
	[0. 147]	[0. 107]
BOARDSIZE	0. 088	0. 403
	[0. 433]	[0. 262]

表5-9(续)

变量	DONA_DUM (1)	LNDONA (2)
CEO_AGE	−0.001	−0.012
	[0.782]	[0.285]
CEO_EDU	−0.006	−0.025
	[0.844]	[0.786]
DIR_AGE	−0.001	−0.001
	[0.769]	[0.904]
DIR_EDU	−0.016	−0.037
	[0.553]	[0.664]
AGE_FIRM	−0.203 ***	−0.673 ***
	[0.000]	[0.000]
HERFINDAHL	0.859	4.626
	[0.488]	[0.223]
CONSUMER_IND	0.260 ***	0.928 ***
	[0.008]	[0.002]
Intercept	−8.422 ***	−33.998 ***
	[0.000]	[0.000]
Industry/Year/Province	控制	控制
Observations	14 098	14 098
Pseudo R^2	0.123	0.040
Chi^2	1 676.343	—
F-value	—	46.020

5.5.4　内生性分析

军历高管与企业慈善捐赠之间的负向关系也可能存在由内生遗漏变量、选择性偏差所导致的内生性问题。为了进一步保证研究假设的实证结果可靠，本章同样采用倾向评分匹配模型（PSM）、赫克曼（Heckman）

两阶段模型解决可能存在的内生性问题。

（1）倾向评分匹配模型（PSM）

本章采用倾向评分匹配模型进行样本配对，以解决遗漏变量的内生性问题。在通过该方法得到的配对样本中，军历高管实验组样本（MILITARY=1）与非军历高管的样本（MILITARY=0）在公司特征以及高管个人特征方面不存在显著的差异。具体而言，本章根据相关变量（SIZE、ROA、LEV、GROWTH、LNCASH、SOE、FIRST、DUAL、BOARDSIZE、CEO_AGE、CEO_EDU、DIR_AGE、DIR_EDU、AGE_FIRM、HERFINDAHL、CONSUMER_IND）将军历高管的实验组样本与非军历高管的样本进行最近邻匹配。

表5-10的（1）列、（4）列分别列示了高管从军经历（MILITARY）与公司慈善捐赠意愿（DONA_DUM）以及捐赠规模（LNDONA）的回归结果，高管从军经历（MILITARY）的估计系数分别为-0.234和-0.935，均在1%统计水平上显著为负，原有结论不变。表5-10的（2）列、（3）列、（5）列、（6）列为高管从军经历、资源禀赋与慈善捐赠的内生性检验结果。表5-10的（2）列、（5）列分别列示了国有企业高管从军经历（MILITARY）与公司慈善捐赠意愿（DONA_DUM）以及捐赠规模（LN-DONA）的回归结果。结果显示，高管从军经历（MILITARY）的估计系数分别为-0.558和-2.163，均在1%统计水平上显著为负。表5-10的（3）列、（6）列显示，非国有企业中高管从军经历（MILITARY）的回归系数均不显著。结果表明，相较于非国有企业，国有企业军历高管与公司慈善捐赠的负向关系更为显著，原有结论不变。

表 5-10 内生性检验（一）：PSM 回归模型结果

变量	DONA_DUM			LNDONA		
	全样本（1）	国企（2）	非国企（3）	全样本（4）	国企（5）	非国企（6）
MILITARY	-0.234***	-0.558***	-0.088	-0.935***	-2.163***	-0.289
	[0.007]	[0.000]	[0.444]	[0.002]	[0.000]	[0.464]
SIZE	0.357***	0.236***	0.452***	1.536***	1.083***	1.835***
	[0.000]	[0.000]	[0.000]	[0.000]	[0.000]	[0.000]
ROA	0.015***	0.027***	0.010**	0.073***	0.119***	0.046***
	[0.000]	[0.000]	[0.044]	[0.000]	[0.000]	[0.006]
LEV	0.000	0.007***	-0.003*	-0.002	0.024***	-0.013**
	[0.847]	[0.000]	[0.093]	[0.659]	[0.001]	[0.018]
GROWTH	-0.042	0.000	-0.107	-0.162	-0.012	-0.366
	[0.478]	[0.998]	[0.155]	[0.451]	[0.972]	[0.172]
LNCASH	0.131***	0.233***	0.081**	0.597***	1.010***	0.371***
	[0.000]	[0.000]	[0.012]	[0.000]	[0.000]	[0.001]
SOE	-0.134***			-0.581***		
	[0.005]			[0.000]		
FIRST	-0.008***	-0.013***	-0.005***	-0.030***	-0.048***	-0.018***
	[0.000]	[0.000]	[0.006]	[0.000]	[0.000]	[0.002]
DUAL	0.081	-0.034	0.101	0.277	0.081	0.301
	[0.121]	[0.756]	[0.102]	[0.111]	[0.825]	[0.129]
BOARDSIZE	0.151	0.005	0.226	0.665*	-0.133	0.980**
	[0.160]	[0.979]	[0.104]	[0.060]	[0.813]	[0.033]
CEO_AGE	-0.000	-0.003	0.003	-0.009	-0.020	0.002
	[0.954]	[0.619]	[0.537]	[0.417]	[0.308]	[0.884]
CEO_EDU	-0.010	-0.098**	0.073**	-0.038	-0.333**	0.226**
	[0.715]	[0.036]	[0.043]	[0.681]	[0.030]	[0.049]

表5-10(续)

变量	DONA_DUM			LNDONA		
	全样本 （1）	国企 （2）	非国企 （3）	全样本 （4）	国企 （5）	非国企 （6）
DIR_AGE	0.002	0.014**	−0.006	0.013	0.047**	−0.015
	[0.537]	[0.024]	[0.150]	[0.246]	[0.017]	[0.242]
DIR_EDU	−0.009	0.014	−0.018	−0.008	0.127	−0.054
	[0.742]	[0.751]	[0.583]	[0.928]	[0.385]	[0.598]
AGE_FIRM	−0.231***	−0.139**	−0.237***	−0.786***	−0.468***	−0.794***
	[0.000]	[0.012]	[0.000]	[0.000]	[0.008]	[0.000]
HERFINDAHL	0.348	1.760	0.059	3.337	8.382	1.952
	[0.774]	[0.342]	[0.973]	[0.379]	[0.164]	[0.696]
CONSUMER_ IND	0.287***	0.470***	0.194	0.949***	1.600***	0.614
	[0.004]	[0.002]	[0.155]	[0.003]	[0.001]	[0.132]
Intercept	−8.571***	−8.295***	−10.091***	控制	−34.543***	−38.635***
	[0.000]	[0.000]	[0.000]	控制	[0.000]	[0.000]
Industry/ Year/Province	控制	控制	控制	控制	控制	控制
Observations	14 752	6 154	8 598	控制	6 154	8 598
Pseudo R^2	0.118	0.144	0.127	控制	0.045	0.040
Chi^2	1 706.671	838.860	1 031.581	控制	—	—
F-value	—	—	—	控制	24.538	28.774

（2）赫克曼（Heckman）两阶段模型

为了排除潜在的样本选择性偏差错误，从而进一步检验军历高管能否影响企业的慈善捐赠，本章采取赫克曼（Heckman）两阶段模型来修正选择性偏差，对模型（5-1）进行了重复检验。本章选取的外生工具变量与第三章相同，在此不再赘述。

在第一阶段回归结果中，如表5-11的（1）列、（4）列所示，外生工具变量（MILITARY_RATIO）的回归系数均在1%统计水平上显著；在第二阶段回归结果中，如表5-11的（2）列、（3）列、（5）列、（6）列所示，高管从军经历（MILITARY）的回归系数均在1%统计水平上显著为负，而逆米尔斯比率（Inverse Mill's Ratio）并不显著，说明本章的研究样本并不存在明显的选择性偏差。第二阶段回归结果表明，本章的研究结论稳健，即军历高管所在企业的慈善捐赠意愿显著更弱，捐赠规模显著更小。

表5-11 内生性检验（二）：赫克曼（Heckman）两阶段回归模型结果

变量	工具变量（地区层面）			工具变量（行业层面）		
	第一阶段回归	第二阶段回归		第一阶段回归	第二阶段回归	
	MILITARY（1）	DONA_DUM（2）	LNDONA（3）	MILITARY（4）	DONA_DUM（5）	LNDONA（6）
MILITARY		−0.229***	−0.910***		−0.230***	−0.918***
		[0.008]	[0.002]		[0.008]	[0.002]
MILITARY_RATIO	5.799***			8.012***		
	[0.000]			[0.000]		
SIZE	−0.081***	0.374***	1.561***	−0.032	0.366***	1.563***
	[0.000]	[0.000]	[0.000]	[0.126]	[0.000]	[0.000]
ROA	−0.003	0.016***	0.074***	−0.007**	0.016***	0.077***
	[0.424]	[0.000]	[0.000]	[0.034]	[0.000]	[0.000]
LEV	0.005***	−0.001	−0.004	0.004***	−0.001	−0.005
	[0.000]	[0.672]	[0.512]	[0.000]	[0.696]	[0.328]
GROWTH	0.093*	−0.046	−0.137	0.085	−0.043	−0.161
	[0.080]	[0.468]	[0.538]	[0.102]	[0.478]	[0.459]
LNCASH	0.019	0.132***	0.605***	−0.022	0.137***	0.617***
	[0.347]	[0.000]	[0.000]	[0.269]	[0.000]	[0.000]
SOE	−0.074*	−0.120**	−0.565***	−0.063	−0.124**	−0.550***
	[0.067]	[0.017]	[0.001]	[0.117]	[0.011]	[0.001]
FIRST	−0.000	−0.008***	−0.030***	−0.002	−0.008***	−0.029***
	[0.850]	[0.000]	[0.000]	[0.220]	[0.000]	[0.000]
DUAL	−0.449***	0.155	0.375	−0.427***	0.143	0.494*
	[0.000]	[0.196]	[0.330]	[0.000]	[0.116]	[0.099]

表5-11（续）

变量	工具变量（地区层面）			工具变量（行业层面）		
	第一阶段回归	第二阶段回归		第一阶段回归	第二阶段回归	
	MILITARY（1）	DONA_DUM（2）	LNDONA（3）	MILITARY（4）	DONA_DUM（5）	LNDONA（6）
BOARDSIZE	-0.120	0.164	0.660*	-0.122	0.163	0.698**
	[0.214]	[0.137]	[0.068]	[0.199]	[0.134]	[0.050]
CEO_AGE	0.006**	-0.002	-0.013	0.006*	-0.002	-0.014
	[0.047]	[0.661]	[0.300]	[0.055]	[0.678]	[0.220]
CEO_EDU	-0.032	-0.002	-0.017	-0.017	-0.005	-0.015
	[0.188]	[0.941]	[0.855]	[0.482]	[0.855]	[0.871]
DIR_AGE	0.028***	-0.003	0.006	0.026***	-0.002	-0.002
	[0.000]	[0.692]	[0.812]	[0.000]	[0.698]	[0.935]
DIR_EDU	-0.018	-0.001	0.014	-0.020	-0.002	0.019
	[0.435]	[0.965]	[0.867]	[0.376]	[0.951]	[0.818]
AGE_FIRM	0.038	-0.235***	-0.774***	-0.021	-0.226***	-0.760***
	[0.136]	[0.000]	[0.000]	[0.417]	[0.000]	[0.000]
HERFINDAHL	-0.736**	0.672	4.114	-0.102	0.521	3.746
	[0.013]	[0.581]	[0.274]	[0.747]	[0.666]	[0.320]
CONSUMER_IND	-0.331***	0.314**	0.943**	-0.180*	0.288***	0.974***
	[0.001]	[0.011]	[0.016]	[0.084]	[0.004]	[0.002]
Intercept	-2.073***	-8.298***	-35.093***	-2.242***	-8.402***	-34.601***
	[0.000]	[0.000]	[0.000]	[0.000]	[0.000]	[0.000]
Inverse Mill's Ratio		-0.179	-0.172		-0.157	-0.498
		[0.517]	[0.846]		[0.440]	[0.455]
Industry/Year/Province	控制	控制	控制	控制	控制	控制
Observations	15 080	15 080	15 080	15 080	15 080	15 080
Pseudo R^2	0.097	0.120	0.039	0.086	0.120	0.039
Chi^2	604.530	1 758.789	—	536.507	1 759.829	—
F-value	—	—	47.862	—	—	47.878

5.6　进一步分析

如前文发现，军历高管所在公司的慈善捐赠水平更低，并且在国有企业中尤其明显，这意味着军历高管不倾向于通过慈善捐赠这种非市场化战略投资来获取诸如关系资源等战略资源，军历高管对非市场的战略投资持有保留态度，这与一般高管对慈善捐赠的认识有所不同，体现出军历高管特立独行的行事风格。此外，在先天资源禀赋较为丰富的国有企业中，军历高管对慈善捐赠的态度表现得更为明显。为了进一步印证本章的研究逻辑，从资源依赖的角度，本章认为国有企业拥有先天的资源禀赋，因此更有对非市场行为说"不"的自身条件。如果这一逻辑成立，那么其属于垄断行业①以及与消费者距离较远行业的国有企业。其拥有具备明显优势的资源条件或企业的战略捐赠动机较弱，将进一步加强军历高管对企业慈善捐赠的抑制效应。本部分进一步区分行业的不同属性，考察不同资源条件与捐赠动机下，国有企业军历高管对慈善捐赠这种非市场化战略投资的影响差异。

5.6.1　基于垄断行业的分析

本部分进一步将行业区分为垄断行业和非垄断行业后，考察国有企业中军历高管与慈善捐赠的关系。表 5-12 的（1）列、（2）列显示，在垄断性国有企业中，高管从军经历（MILITARY）与捐赠意愿（DONA_DUM）的回归系数为-1.976，在 1% 统计水平上显著为负；在非垄断性国有企业中，高管从军经历（MILITARY）与捐赠意愿（DONA_DUM）的回归系数为-0.415，在 1% 统计水平上显著为负。两组回归系数的差异为-1.561，经由自抽样法（bootstrap）测试进行组间系数差异检验，得到经验 P 值为

---

①　本书借鉴岳希明和蔡萌（2015）对垄断行业的定义与划分，按照 2012 年中国证监会《上市公司行业分类指引》将金融业（J）、电信和其他信息传输服务业（I63）、邮政业（G60）、航空运输业（G56）、水上运输业（G55）、铁路运输业（G53）、电力燃气及水的生产和供应业（D）、石油加工炼焦及核燃料加工业（C25）、烟草制品业（C16）、石油和天然气开采业（B07）划分为垄断行业。

0.000 且在 1%水平上显著异于零。结果表明，相较于非垄断性国有企业而言，垄断性国有企业中高管从军经历（MILITARY）与捐赠意愿（DONA_DUM）的负向关系在 1%统计水平上更为明显。表 5-12 的（3）列、（4）列显示，在垄断性国有企业中，高管从军经历（MILITARY）与捐赠规模（LNDONA）的回归系数为 -9.630，在 1%统计水平上显著为负，在非垄断性国有企业中，高管从军经历（MILITARY）与捐赠规模（LNDONA）的回归系数为 -1.582，在 1%统计水平上显著为负。两组回归系数的差异为 -8.048，经由 bootstrap 测试进行组间系数差异检验，得到经验 P 值为 0.000 且在 1%水平上显著异于零。由此可知，相较于非垄断性国有企业而言，垄断性国有企业中高管从军经历（MILITARY）与捐赠规模（LNDONA）的负向关系在 1%统计水平上更为明显。结果表明，垄断性国有企业拥有更加明显优势的资源条件，因此军历高管更不倾向于采取非市场化的慈善捐赠行为，与前文的研究逻辑保持一致。

表 5-12　进一步分析（一）：国有企业高管从军经历、垄断行业与慈善捐赠

变量	DONA_DUM		LNDONA	
	垄断行业（1）	非垄断行业（2）	垄断行业（3）	非垄断行业（4）
MILITARY	-1.976***	-0.415***	-9.630***	-1.582***
	[0.000]	[0.007]	[0.000]	[0.001]
Diff of Coefficient	-1.561***		-8.048***	
SIZE	0.001	0.307***	0.241	1.299***
	[0.994]	[0.000]	[0.620]	[0.000]
ROA	0.040*	0.024***	0.146*	0.111***
	[0.081]	[0.001]	[0.094]	[0.000]
LEV	0.008	0.009***	0.027	0.028***
	[0.216]	[0.000]	[0.318]	[0.000]

表5-12(续)

变量	DONA_DUM		LNDONA	
	垄断行业 （1）	非垄断行业 （2）	垄断行业 （3）	非垄断行业 （4）
GROWTH	0.318	-0.014	0.947	-0.074
	[0.478]	[0.892]	[0.522]	[0.834]
LNCASH	0.048	0.241***	0.541	0.958***
	[0.656]	[0.000]	[0.232]	[0.000]
FIRST	0.009	-0.018***	0.038	-0.063***
	[0.249]	[0.000]	[0.202]	[0.000]
DUAL	-0.413	-0.069	-1.378	0.008
	[0.269]	[0.547]	[0.345]	[0.982]
BOARDSIZE	-1.406**	0.175	-4.840**	0.372
	[0.019]	[0.358]	[0.026]	[0.517]
CEO_AGE	-0.023	-0.000	-0.100	-0.010
	[0.268]	[0.996]	[0.162]	[0.614]
CEO_EDU	-0.262	-0.051	-1.013	-0.167
	[0.141]	[0.302]	[0.107]	[0.284]
DIR_AGE	0.027	0.012*	0.133*	0.037*
	[0.221]	[0.070]	[0.070]	[0.073]
DIR_EDU	0.313*	-0.053	1.506**	-0.091
	[0.066]	[0.260]	[0.017]	[0.539]
AGE_FIRM	-0.636***	-0.162***	-2.066***	-0.493***
	[0.004]	[0.006]	[0.004]	[0.006]
HERFINDAHL	-9.717	2.149	-20.660	8.936
	[0.462]	[0.271]	[0.652]	[0.137]
Intercept	19.819***	-10.181***	8.848	-38.480***
	[0.000]	[0.000]	[0.398]	[0.000]
Industry/Year/Province	控制	控制	控制	控制

表5-12(续)

变量	DONA_DUM		LNDONA	
	垄断行业 （1）	非垄断行业 （2）	垄断行业 （3）	非垄断行业 （4）
Observations	711	5 479	721	5 479
Pseudo R^2	0.190	0.160	0.057	0.049
Chi^2	990.168	814.594	—	—
F-value	—	—	26.378	24.525

5.6.2 基于消费者距离的分析

企业可以通过慈善捐赠建立良好的信誉，改善企业形象和声誉，从投资者、消费者、媒体等利益相关者中获得积极的反馈。山立威等（2008）基于汶川地震后中国上市公司的慈善捐赠数据，研究认为这些在地震灾害发生后进行慈善捐赠的公司是为了引起消费者的关注与共鸣，获取广告效应。他们还发现，产品直接与消费者接触的公司会在捐赠规模和捐赠形式上表现出与产品不与消费者直接接触的公司不同的特点。因此，本章进一步区与消费者直接接触的国有企业、不与消费者直接接触的国有企业，考察不同程度的战略捐赠动机下，国有企业军历高管对慈善捐赠的影响差异。

表5-13的（1）列、（2）列显示，在与消费者直接接触的国有企业中，高管从军经历（MILITARY）与捐赠意愿（DONA_DUM）的回归系数在统计水平上不显著；在不与消费者直接接触的国有企业中，高管从军经历（MILITARY）与捐赠意愿（DONA_DUM）的回归系数为 0.563，在1%统计水平上显著为负。表5-13的（3）列、（4）列显示，在与消费者直接接触的国有企业中，高管从军经历（MILITARY）与捐赠规模（LN-DONA）的回归系数为2.512，在统计水平上不显著；在不与消费者直接接触的国有企业中，高管从军经历（MILITARY）与捐赠规模（LNDONA）的回归系数为-2.213，在1%统计水平上显著为负。结果表明，与消费者

距离越远的国有企业，通过慈善捐赠这种非市场化战略投资寻求声誉资本等战略资源的动机越弱，因此军历高管越不倾向于采取非市场化的慈善捐赠行为。换言之，除了军历高管对慈善捐赠这种非市场化战略投资的态度以外，企业本身的战略捐赠动机会进一步对军历高管对慈善捐赠产生影响，反映出高管的决策自主权会受制于其所处的环境。

表 5-13　进一步分析（二）：国有企业高管从军经历、消费者距离与慈善捐赠

变量	DONA_DUM		LNDONA	
	与消费者直接接触行业（1）	不与消费者直接接触行业（2）	与消费者直接接触行业（3）	不与消费者直接接触行业（4）
MILITARY	15.318	−0.563 ***	2.512	−2.213 ***
	[0.998]	[0.000]	[0.128]	[0.000]
SIZE	0.386	0.226 ***	1.901 ***	1.044 ***
	[0.387]	[0.000]	[0.004]	[0.000]
ROA	0.017	0.030 ***	0.083	0.134 ***
	[0.645]	[0.000]	[0.248]	[0.000]
LEV	0.041 **	0.008 ***	0.002	0.027 ***
	[0.037]	[0.000]	[0.928]	[0.000]
GROWTH	0.112	0.004	−0.516	−0.015
	[0.899]	[0.971]	[0.703]	[0.967]
LNCASH	0.499	0.231 ***	0.099	1.018 ***
	[0.252]	[0.000]	[0.873]	[0.000]
FIRST	−0.030	−0.013 ***	−0.069 **	−0.048 ***
	[0.191]	[0.000]	[0.038]	[0.000]
DUAL	−1.102	−0.065	−0.814	−0.051
	[0.228]	[0.545]	[0.558]	[0.888]
BOARDSIZE	−1.140	0.019	−8.074 ***	−0.130
	[0.565]	[0.918]	[0.000]	[0.823]

表5-13(续)

变量	DONA_DUM		LNDONA	
	与消费者直接接触行业（1）	不与消费者直接接触行业（2）	与消费者直接接触行业（3）	不与消费者直接接触行业（4）
CEO_AGE	0.008	−0.003	−0.154*	−0.019
	[0.878]	[0.615]	[0.064]	[0.338]
CEO_EDU	0.007	−0.108**	−1.143**	−0.379**
	[0.987]	[0.025]	[0.039]	[0.017]
DIR_AGE	0.074	0.015**	0.015	0.052**
	[0.175]	[0.017]	[0.877]	[0.011]
DIR_EDU	0.720**	0.005	0.687	0.096
	[0.043]	[0.919]	[0.207]	[0.529]
AGE_FIRM	0.076	−0.126**	−1.929*	−0.414**
	[0.938]	[0.024]	[0.069]	[0.020]
HERFINDAHL	−10.450	1.926	−23.507	8.821
	[0.762]	[0.301]	[0.384]	[0.147]
Intercept	−38.100	−8.118***	8.321***	−34.017***
	[1.000]	[0.000]	[0.000]	[0.000]
Industry/Year/Province	控制	控制	控制	控制
Observations	283	5 917	283	5 917
Pseudo R^2	0.489	0.143	0.117	0.045
Chi^2	161.917	809.791	—	—
F-value	—	—	66.090	23.915

5.6.3 进一步分析中的相关指标替代测量

本部分以相对捐赠水平（DONA）衡量企业慈善捐赠，将垄断行业的行业属性变更为竞争性行业①，对进一步分析进行了重复检验。

表5-14的（1）列、（2）列显示，在竞争性国有企业中，高管从军经历（MILITARY）与企业相对捐赠水平（DONA）的回归系数为-0.412，在统计水平上不显著；在非竞争性国有企业中，高管从军经历（MILITARY）的回归系数为-2.617，在1%统计水平上显著为负。结果表明，相较于竞争性国有企业，非竞争性国有企业军历高管的相对捐赠水平更低。表5-14的（3）列、（4）列显示，在与消费者直接接触的国有企业中，高管从军经历（MILITARY）与企业相对捐赠水平（DONA）的回归系数为-0.346，在统计水平上不显著；在不与消费者直接接触的国有企业中，高管从军经历（MILITARY）的回归系数为-2.189，在1%统计水平上显著为负。结果表明，在与消费者距离较远的国有企业中，军历高管的相对捐赠水平更低。以上结果表明，非竞争性行业或与消费者距离较远的国有企业，由于战略捐赠动机的弱化，进一步降低了军历高管的捐赠水平。

表5-14　进一步分析（三）：国有企业高管从军经历、行业属性与相对捐赠水平

变量	DONA			
	竞争性行业（1）	非竞争性行业（2）	与消费者直接接触行业（3）	不与消费者直接接触行业（4）
MILITARY	-0.412	-2.617***	-0.346	-2.189***
	[0.485]	[0.000]	[0.650]	[0.000]
SIZE	0.044	-0.472***	0.412	-0.505***
	[0.897]	[0.003]	[0.156]	[0.001]

① 本书参考岳希明和蔡萌（2015）的研究，按照2012年中国证监会《上市公司行业分类指引》的划分，本章涉及的竞争性行业包括批发和零售业（F）、住宿和餐饮业（H）、建筑业（E）、居民服务和其他服务业（O79、O81）、仪器仪表及文化办公用机械制造业（C40）、工艺品及其他制造业（C41）、废弃资源和废旧材料回收加工业（C42）、农副食品加工业（C13）、食品制造业（C14）、饮料制造业（C15）、纺织业（C17）、纺织服装鞋帽制品业（C18）、家具制造业（C21）、皮革毛皮羽毛（绒）及其制品业（C19）、木材加工及木竹藤棕草制品业（C20）、造纸及纸制品业（C22）、印刷业和记录媒介的复制业（C23）、文教体育用品制造业（C24）。

表5-14(续)

变量	DONA			
	竞争性行业 （1）	非竞争性行业 （2）	与消费者 直接接触行业 （3）	不与消费者 直接接触行业 （4）
ROA	0.270***	0.110***	0.008	0.170***
	[0.000]	[0.000]	[0.781]	[0.000]
LEV	0.019	−0.000	0.009	0.007
	[0.343]	[0.986]	[0.341]	[0.361]
GROWTH	−3.029***	−0.587	−0.514	−1.022**
	[0.004]	[0.169]	[0.379]	[0.016]
LNCASH	0.426	1.142***	−0.184	1.082***
	[0.190]	[0.000]	[0.478]	[0.000]
FIRST	−0.051***	−0.039***	−0.012	−0.041***
	[0.002]	[0.000]	[0.405]	[0.000]
DUAL	0.641	0.390	−1.092	0.478
	[0.477]	[0.302]	[0.106]	[0.196]
BOARDSIZE	0.283	−0.279	−2.431**	0.140
	[0.808]	[0.634]	[0.034]	[0.794]
CEO_AGE	−0.008	−0.074***	0.003	−0.053**
	[0.852]	[0.001]	[0.933]	[0.011]
CEO_EDU	−0.261	−0.348**	−0.390	−0.359**
	[0.393]	[0.042]	[0.189]	[0.023]
DIR_AGE	0.108**	0.034	−0.012	0.043**
	[0.039]	[0.101]	[0.725]	[0.037]
DIR_EDU	−0.135	0.341**	0.632**	0.228
	[0.730]	[0.033]	[0.018]	[0.142]
AGE_FIRM	−0.609	−0.521**	−0.692	−0.475**
	[0.185]	[0.013]	[0.141]	[0.015]

表5-14(续)

变量	DONA			
	竞争性行业 （1）	非竞争性行业 （2）	与消费者 直接接触行业 （3）	不与消费者 直接接触行业 （4）
HERFINDAHL	−13.011*	−6.726	30.466	−7.078
	[0.063]	[0.524]	[0.245]	[0.265]
Intercept	−10.842*	−4.693	0.389**	−5.181*
	[0.051]	[0.102]	[0.035]	[0.060]
Industry/Year/Province	控制	控制	控制	控制
Observations	1 230	4 970	283	5 917
Pseudo R^2	0.052	0.042	0.122	0.039
F−value	9.092	7.982	52.123	8.812

5.7 本章小结

高管的战略决策过程是复杂的。在理论上，高管决策不应带有个人主观色彩，但在现实中，高管的决策往往会受到自身认知模式、行事风格等的影响（Cyert & March，1963；March & Simon，1958）。早期经历对个人性格特质及行事风格的影响不容忽视（程令国和张晔，2011；汪小圈等，2015；Becker，1992；Schlag，1998，1999）。近年来，企业家精神成为战略管理理论中的热点，一个成功的企业往往离不开杰出优秀的企业家"掌舵"。企业家本质上是一种精神和职业素质。在实践中，企业家的人格魅力和决策能力都将是关乎企业发展和存亡的关键因素。本章从慈善捐赠的视角，为军历高管影响企业非市场化战略投资提供了经验证据，丰富了高管早期经历影响企业战略决策的相关文献，为企业的重要人才选拔和人力资源管理提供了重要参考依据。同时，本章结合高管的从军经历与企业的资源依赖程度，为战略性企业社会责任提供了更加清晰和深入的逻辑证据。

基于以上背景，本章从企业的慈善捐赠的视角，探讨了军历高管对企业非市场化战略投资的影响。研究发现：第一，相对于非军历高管，军历高管会减少对非市场化战略的投入，体现为军历高管所在企业的慈善捐赠意愿更弱与规模更小。第二，基于资源依赖理论，企业高管通过慈善捐赠行为维护、提升企业与利益相关者之间的关系，为企业争取更多稀缺的战略资源，提高企业的竞争力。相对于非国有企业，国有企业资源禀赋与获取资源的能力更强，因此其会减少这种为获取资源、提升竞争力而进行慈善捐赠的行为。本章的研究发现，在国有企业中，军历高管对慈善捐赠的负向影响也印证了上述观点。第三，进一步地，本章以企业战略捐赠动机作为切入点，根据企业对外部资源依赖的程度，考察了垄断行业及与消费者直接接触行业的国有企业慈善捐赠情况。本章的进一步研究发现，在垄断性国有企业及与消费者距离较远的国有企业中，军历高管对慈善捐赠的抑制作用更加明显。

本章通过深入分析军历高管与企业非市场化战略投资的关系，发现军历高管不倾向于采取通过慈善捐赠这种非市场化战略投资获取诸如关系资源、声誉资本等战略资源的做法进行"关系建设"，这与一些研究（Peng，2003）发现正式制度尚不健全的国家中企业更倾向于依赖非市场化战略投资来完成一些应由市场来完成的活动的结论有所不同，体现出军历高管特立独行的行事风格。企业本身不同程度的战略捐赠动机会进一步影响军历高管对慈善捐赠的作用，反映出高管的决策自主权会受制于其所处的环境。在稳健性检验中，本章在改变相关变量的度量、排除替代性解释、控制内生性问题等后发现，本章的研究结论保持稳健。本章结合高管的从军经历与企业的资源依赖程度，为非市场化战略投资提供了更加清晰的逻辑。本章从非市场化战略投资的视角，为军历高管影响企业战略性投资提供了经验证据，补充了管理者早期经历影响企业战略决策的相关文献，为企业的人力资源管理和高管人才聘任提供了重要参考依据。相较于已有文献，本章的贡献主要在于以下几个方面：第一，拓展了慈善捐赠影响因素的相关研究。关于慈善捐赠影响因素的文献较为丰富，已有文献从宏观层面（唐跃军等，2014；彭飞和范子英，2016）、中观层面（山立威等，2008；潘越等，2017；徐莉萍等，2011）、微观层面（李四海等，2016；贾明和张喆，2010；傅超和吉利，2017）研究企业慈善捐赠行为。近年来，有学者关注到高管早期经历对慈善捐赠的影响（许年行和李哲，2016；Luo et al.，2017）。本章从高管层面出发，基于高管从军经历这一特殊且重要的人生经历进行了补充研究。第二，进一步完善了军历高管与企业非市场化战略决策的相关研究。目前，关于高管从军经历的研究主要集中于对市场化战略决策，如投资（Benmelech & Frydman，2015）、融资（Malmendier et al.，2011；赖黎等，2016）、并购（Lin et al.，2011）、税收筹划（Law & Mills，2017）等，本章将研究视角拓展到慈善捐赠这种非市场化战略投资，有助于深刻认识军历高管对企业非市场化战略行为的影响。第三，本章基于战略资源这一新的研究切入点，研究了军历高管与企业慈善捐赠的关系，并从企业不同的资源禀赋和战略捐赠动机的视角出发对军历高管与企业慈善捐赠的关系进行了深入探讨，在一定程度上突破了已有研究仅基于军历高管性格特质分析军历高管影响企业决策的局限。

6　研究结论、不足与展望

中国作为世界军事强国，现役军人规模庞大，军人退伍后进入企业等市场经济组织中，成为中国市场经济中特殊而重要的一类群体。基于中国"新兴+转型"期的市场制度背景，中国上市公司内外部治理机制仍不健全，公司面临的外部环境以及自身的战略布局均存在特殊性，这使得高管在企业决策中的"人治"作用尤其突出，因此研究中国上市公司军历高管影响企业战略决策是一项十分重要的课题。本书以2007—2014年沪深A股上市公司为研究样本，沿着"企业战略定位→市场化战略投资→非市场化战略投资"的研究逻辑，探讨了高管从军经历对企业战略决策的影响，为企业内部治理、重要的人才选聘和人力资源管理提供了经验支持与参考依据。

6.1　研究结论

基于人格发展理论、高阶梯队理论与战略定位理论，本书认为，从军经历塑造了高管激进的性格特质与特立独行的行事风格，势必在企业的战略管理中有所体现。战略定位作为企业战略管理过程中的关键环节，为企业战略目标的制定、战略决策的执行提供了依据，同时也反映出高管以往经验和背景所形成的认知特征和行事风格（Hambrick & Mason，1984）。进一步地，战略定位的关键在于企业的资源往往是有限的，为了实现资源的最优配置，企业势必在资源投入的过程中有所取舍。因此，本书将研究视角从企业战略定位转移到具体的战略性投资。市场化战略与非市场化战略对企业获取与维持竞争优势都产生了重要影响，且两者在资源投入方向上存在较大差异。基于此，本书区分了市场化战略投资与非市场化战略投资，重点考察军历高管对这两种战略性投资的影响是否存在差异。综上所述，本书从战略差异度、战略性并购以及慈善捐赠三个视角，考察军历高管与企业战略定位、市场化战略投资、非市场化战略投资的关系。本书的主要研究结论可归纳如下：

首先，本书第三章从战略差异度的研究视角检验了军历高管对企业战略定位的影响。研究发现，军历高管所在企业的战略定位与行业常规战略相比差异较大，即军历高管提升了企业的战略差异度。其作用机理是，从军经历塑造了高管特立独行的行事风格，在企业战略定位上表现为不追随行业同伴。与非军历高管相比，军历高管所在企业的战略定位与行业常规战略的差异较大。区分产权性质发现，军历高管对企业战略差异度的正向影响在国有企业中有所削弱，国有企业中政府对高管决策自主权的干预削弱了军历高管对战略定位的影响。结合任职期限的影响，本书发现随着高管任期的增加，高管实施差异战略的动机逐渐变弱。因此，高管任期越长，军历高管对企业战略差异度的影响越弱。

其次，基于战略性并购的视角，本书第四章分析了军历高管与企业市场化战略投资的关系。结论表明，军历高管促进企业实施跨区域并购。其作用机理是，军历高管激进的性格特质使其愿意承担跨区域并购所带来的高风险，以期获得未来的高收益。进一步地，本书发现，在战略风格较为保守的公司中，军历高管对跨区域并购的正向影响更加明显，即在战略风格较保守的公司中，军历高管特立独行的行事风格更容易得以体现。收购方公司所在地区税负较高或目标公司所在地区税负较低时，军历高管与跨区域并购之间的关系更显著。收购方公司与目标公司同属于高税负地区或低税负地区时，军历高管与跨区域并购之间不存在显著关系，这说明区域性税收优惠是军历高管实施跨区域并购的原因之一。此外，军历高管对企业跨行业并购存在正向影响。当行业平均业绩较好时，军历高管与跨行业并购之间的关系更加显著。与一般认为在行业平均业绩较差时企业更倾向于实施跨行业并购不同，在行业平均业绩较好的情况下，军历高管所在企业跨行业并购的概率更大。军历高管在行业平均业绩较好时，通过跨行业并购为企业谋求新的发展方向，在一定程度上体现出军历高管"未雨绸缪"的战略意识与特立独行的行事风格。考虑到高新技术行业中税收优惠、发展前景与行业壁垒等因素，本书发现在收购方公司与目标公司均为高新技术企业时，军历高管实施跨行业并购的概率更大。

最后，基于慈善捐赠的视角，本书第五章检验了军历高管对企业非市场化战略投资的影响。研究发现，军历高管对企业慈善捐赠具有抑制作用。其作用机理是，军历高管对通过慈善捐赠这种非市场化战略投资获取关系、声誉资本等战略资源的做法不予认同，军历高管不倾向于慈善捐赠这种非市场化战略投资，他们更倾向于"生产能力建设"而非"关系建设"。这与一般高管对慈善捐赠的认识与做法有所不同，在一定程度上体现了军历高管特立独行的行事风格。本书从资源依赖的角度通过考察企业先天的资源禀赋优势验证了上述研究逻辑。国有企业拥有先天的资源禀赋，因此更有对通过非市场化战略投资进行"关系建设"说"不"的自身条件。本书区分产权性质发现，相较于资源禀赋较为匮乏的非国有企业，在资源禀赋较为丰富的国有企业中，军历高管对慈善捐赠的抑制效应更加明显，证明了军历高管抑制慈善捐赠的目的是不希望通过慈善捐赠来获取诸如关系等战略资源，而延误了其他战略机会的资源投入。为了进一步印证研究逻辑，本书认为，垄断性国有企业或与消费者距离较远的国有企业由于拥有明显优势的资源条件或企业战略捐赠动机较弱，将强化军历高管对企业慈善捐赠的抑制效应。本书的研究发现，在垄断性国有企业或与消费者距离较远的国有企业中，军历高管与慈善捐赠的负向关系更加明显，与上述研究逻辑一致。

综上所述，军历高管的行事风格对企业战略决策产生了影响。研究发现，军历高管更倾向于实施差异化的战略定位，体现出军历高管特立独行的行事风格。本书将研究视角从企业战略定位转移到具体的战略性投资后发现，军历高管特立独行的行事风格在战略性投资中得以延续。具体而言，为了寻找和确定适合企业生存与发展的理想位置，出于资源分配的考虑，他们更加倾向于市场化战略投资，在"生产能力建设"上投入资源，不倾向于"关系建设"的非市场化战略投资。因此，军历高管对企业战略性投资的影响并不能一概而论，关于企业市场化战略投资与非市场化战略投资，他们表现出"有所为，有所不为"的特点。本书的研究有助于厘清军历高管与企业战略决策背后的逻辑，对军历高管有更加深入的了解与认识，为企业内部治理、重要人才选聘和人力资源管理提供了参考依据，拓展了高阶梯队理论与战略定位理论的深度和边界。

6.2 研究启示与相关建议

6.2.1 研究启示

为什么相似企业在面临相同的决策环境时作出的决策却有所不同？考虑行业特征、地区区位、市场状态、企业属性等因素的传统经济模型并没有对此差异作出较好的诠释。这个疑问逐渐让学者们意识到新古典经济学中关于同质性经理人的假设与现代企业的发展是不相符的。随着高阶梯队理论（Hambrick & Mason，1984）的提出，越来越多的学者关注到高管不同的个人特征对其认知模式、价值观与行事风格等方面都产生了巨大的影响，这使得在相似的决策环境中高管对企业决策相关信息的理解有所不同，从而作出不同的决策。高阶梯队理论将认知心理学等理论引入管理学研究中，在战略管理、行为会计等领域都得到了丰富与完善。基于中国

"新兴+转型"期的市场制度背景，中国上市公司内外部治理机制仍不健全，公司面临的外部环境以及自身的战略布局均存在特殊性，这使得高管在企业决策中的"人治"作用尤其突出。本书主要关注高管一项特殊且重要的人生经历——从军经历对企业战略决策的影响，深入挖掘军历高管战略决策背后的逻辑，有助于理解军历高管对企业战略的部署，从而使得投资者更好地把握投资机遇。

本书基于人格发展理论、高阶梯队理论与战略定位理论，将军历高管特立独行的行事风格纳入企业战略决策这个统一的逻辑框架中。研究发现，军历高管对企业战略性投资的影响不能一概而论，关于企业市场化战略投资与非市场化战略投资，他们表现出"有所为，有所不为"的特点，具体表现为军历高管更加侧重对市场化战略投入经济资源，而在非市场化战略方面则有所保留。因此，本书的研究对深入认识军历高管战略决策背后的逻辑具有一定的启发意义。

一方面，将军历高管的性格特质简单地等同于过度自信（Malmendier et al.，2011）具有一定局限性。本书的研究表明，军历高管对企业战略决策的影响不能一概而论，针对不同的企业战略性投资（市场化战略投资与非市场化战略投资），他们表现出不同的态度。这与已有文献在不同企业决策上发现军历高管不同的表现相吻合。例如，马尔门迪尔等（Malmendier et al.，2011）发现，在企业融资决策中军历高管体现出激进的风格，而在盈利预测（Bamber & Wang，2010）、税收筹划（Law et al.，2017）等方面表现出保守的行事风格，有学者认为这是道德感的体现（Luo et al.，2017；Koch et al.，2013）。因此，未来的研究需要辩证统一地看待军历高管的性格特质与行事风格对企业决策的影响，孤立地分析某一因素不利于对研究问题的深入思考，容易导致研究结论的局限。另一方面，针对军历高管在企业战略性投资中"有所为，有所不为"的特点，在企业的战略管理过程中，军历高管的战略决策具有可预测性，在一定程度上缓解了公司与利益相关者的信息不对称，有助于公司股东更好地把握军历高管的战略决策方向。

6.2.2 相关建议

第一，针对企业重要人才聘任与公司治理的相关建议。首先，就人才聘任而言，公司应该注意聘任的管理层行事风格与自身发展理念、经营文化是否相符。葛永波等（2016）发现，当企业经营不善或经营模式与发展目标相冲突时，企业可以通过选择与自身经营风格相符的管理者改变现状甚至借以摆脱原有的经营困境，促进企业更好发展。因此，聘任与企业自身发展理念相符的管理者对企业战略发展具有重要的影响。本书的研究表明，军历高管对企业市场化战略投资与非市场化战略投资的实施表现出"有所为，有所不为"的特点，即军历高管更加侧重市场化战略投资，而在非市场化战略投资上则有所保留，因此依赖非市场化战略投资获取企业发展资源的公司应该留意高管的早期经历，以期管理层能够更好地融入企业文化之中。其次，就公司治理而言，如何最大限度地激励管理者以股东价值最大化为经营目标成为公司治理领域的经典问题，这往往需要依赖公司成熟的内部治理机制。目前，我国上市公司的治理机制尚不健全，因此建立有效的内部治理机制显得尤其重要。针对军历高管激进的性格特质与特立独行的行事风格，公司需要建立更为完善的决策投票机制，保证军历高管能更多地参考其他管理层的意见进行科学的决策。综上所述，针对军历高管，公司只有对其进行科学且合理地管理，才能使其在企业经营过程中发挥管理优势。

第二，针对退役军人再就业的建议。基于我国不断精简军队的大背景下，大量退役军人通过复员、转业、自主择业等方式进入企事业单位、政府机关等部门，或者通过创业等途径投身于市场经济之中，成为特殊且重要的群体。本书的研究发现，军历高管在企业战略定位、战略性投资等方面表现出特立独行的行事风格，并在一定程度上体现出"未雨绸缪"的战略意识。已有研究表明，当企业面临压力或危机时，军历高管在企业决策中更能表现出领导力的存在，能作出更加明智的决策。不难看出，军人刚毅、正直、忠诚等性格品质以及团队协作能力、执行力、领导力等能力素养对企业经营与发展都具有积极的作用。国外企业已将从军经历视作优秀管理能力的标识，开始从退役军人中招聘管理者，我国应该积极引导退役军人从事相关行业，充分发挥退役军人自身优势，从而实现人力资源结构的优化，提升退役军人再就业的质量。此外，政府可以通过加大退役军人创业税收减免以及贷款优惠等方面的力度，鼓励退役军人积极创业，发挥实干精神，通过创造新的工作岗位解决自身的就业问题，甚至带动他人就业。此外，由于军队的特殊性，退役军人在相关专业素养方面相对欠缺，相关部门应有针对性地对退役军人的专业知识与技能进行培养，提升退役军人的适应能力，增强其就业竞争力。

6.3 研究不足与展望

第一，本书的研究数据可以进一步补充完善。首先，由于我国没有针对高管从军经历数据的研究数据库，因此本书选取的2007—2014年高管从军经历数据是在CSMAR、RESSET以及万得数据库披露的高管个人简历数据基础上进行了手工搜集与整理。2007—2014年CSMAR数据库披露的军历高管样本共363个，占比为1.1%。笔者经过手工搜集高管简历信息发现军历高管样本达到1 034个，占比为3.12%。经过手工搜集和整理的高管从军经历数据更加完整，尽可能避免了由于测量误差导致结论不可靠。其次，企业重大决策的制定与执行虽然主要受到董事长或者总经理的影响，但其他董事会成员的影响也是不容忽视的，因此对董事会其他成员从军经历数据的搜集和整理是有信息增量的，有助于本书更深层次地挖掘企业文化背景等因素对企业战略决策的影响。受限于时间成本等因素，本书并没有进一步补充董事会其他成员的从军经历数据。最后，本书高管从军经历的变量为 0-1 哑变量，虽然能够反映出军历高管与非军历高管的差异，但忽略了高管从军经历异质性带来的影响，如服役年限、最高军衔、军队种类等，这些对军历高管的影响具有一定差异。因此，考察高管从军经历的异质性有助于深入挖掘军历高管对企业决策的影响。笔者将继续补充与完善从军经历数据，进一步丰富军历高管的相关研究。此外，贫困经历、灾难经历等其他早期经历对高管的认知也具有重要的影响，也是笔者将继续关注的方向。

第二，本书理论分析的作用路径没有得到直接的验证。本书基于心理学文献，通过已有文献的积累与现实案例的启示，将军历高管的行事风格与企业战略决策结合起来，得出本书的结论。但本书尚未对军历高管性格特质以及行事风格进行直接度量，因此并没有对中间的作用机制进行直接的验证，在管理决策"黑箱"这一问题中并没有取得实质性研究进展。案例分析法的应用有助于本书更加深入地认识军历高管决策行为背后的逻辑，能为本书的研究逻辑提供更为清晰的证据，增强本书研究结论的说服力，是对大样本研究的有益补充。本书在研究分析中虽有提到具有从军经历的企业家的案例，但并没有进行深入的分析与研究，在今后的研究中可以选取典型的具有从军经历的企业家的案例进行深入分析。总之，作用机制的验证有助于打开高管从军经历研究作用路径这一"黑箱"，为军历高管相关研究构建更为完整的分析框架，这也是笔者今后将关注的方向。另外，针对内生性问题，本书尝试采用倾向评分匹配模型（PSM）和赫克曼（Heckman）两阶段模型解决由内生遗漏变量及样本选择性偏差造成的内生性问题，并基于军历高管动态变更这一视角尽量给出更为充分的证据。但通过上述实证方法并不能保证本书的所有内生性问题得到了彻底的解决，这也是模型需要继续完善的地方。

第三，本书基于战略差异度、战略性并购以及慈善捐赠三个视角分别考察了军历高管与企业的战略定位、市场化战略投资以及非市场化战略投资的关系，但研究结论的应用可能具有一定的局限性。首先，市场化战略投资强调在企业内部生产经营能力建设等方面进行资源投入，除了企业战略性并购之外，具有战略规划特点的研发投入等决策都属于市场化战略投资的范畴，将战略性并购作为研究企业市场化战略投资的切入点，虽然具有一定的研究代表性，但研究内容较为单一，可能造成研究结论的局限性。其次，非市场化战略投资强调企业与外部利益相关者建立关系，在"关系建设"中投入企业资源。除了慈善捐赠以外，企业的政治行为、环保投资都可以纳入非市场化战略投资。考虑到慈善捐赠作为与政府、社会公众、媒体等建立关系的常用方式，在非市场化战略投资中占有重要的地位，本书将慈善捐赠作为研究企业非市场化战略投资的切入点。但仅从一个视角考察企业非市场化战略投资并不全面，因此本书对非市场化战略投资内容有待丰富，以期研究结论更加完善。最后，本书的研究框架仅限于企业战略性投资，发现军历高管对企业战略性投资的影响不能一概而论，他们在市场化战略投资与非市场化战略投资中表现出"有所为，有所不为"的特点。该结论对诸如定向增发引进战略性投资者等其他战略决策的应用可能具有一定的局限性。因此，除了战略性投资以外，其他战略决策也将成为笔者今后研究关注的重点，以进一步丰富本书的研究。

参考文献

中文文献部分

[1] 白雪洁，卫婧婧. 异地并购、地区间资源流动与产业升级：基于中国数据的实证研究 [J]. 当代财经，2017 (1)：100-109.

[2] 毕晓方，张俊民，李海英. 产业政策、管理者过度自信与企业流动性风险 [J]. 会计研究，2015 (3)：57-63.

[3] 蔡春，谢柳芳，马可哪呐. 高管审计背景、盈余管理与异常审计收费 [J]. 会计研究，2015 (3)：72-78.

[4] 蔡庆丰，田霖，郭俊峰. 民营企业家的影响力与企业的异地并购：基于中小板企业实际控制人政治关联层级的实证发现 [J]. 中国工业经济，2017 (3)：156-173.

[5] 曹雅楠，蓝紫文. 高管从军经历能否抑制上市公司股价崩盘风险：基于高管人力资本与社会资本的视角 [J]. 上海财经大学学报，2020，22 (4)：123-137.

[6] 陈仕华，卢昌崇，姜广省，等. 国企高管政治晋升对企业并购行为的影响：基于企业成长压力理论的实证研究 [J]. 管理世界，2015 (9)：125-136.

[7] 陈伟宏, 钟熙, 宋铁波, 等. 高管从军经历、竞争情形与企业研发投入 [J]. 研究与发展管理, 2019, 31 (6): 80-90.

[8] 程令国, 张晔. 早年的饥荒经历影响了人们的储蓄行为吗? 对我国居民高储蓄率的一个新解释 [J]. 经济研究, 2011 (8): 119-132.

[9] 池国华, 杨金, 邹威. 高管背景特征对内部控制质量的影响研究: 来自中国 A 股上市公司的经验证据 [J]. 会计研究, 2014 (11): 67-74.

[10] 崔也光, 赵迎. 我国高新技术行业上市公司无形资产现状研究 [J]. 会计研究, 2013 (3): 59-64.

[11] 代昀昊, 孔东民. 高管海外经历是否能提升企业投资效率 [J]. 世界经济, 2017, 40 (1): 168-192.

[12] 戴亦一, 潘越, 冯舒. 中国企业的慈善捐赠是一种"政治献金"吗? 来自市委书记更替的证据 [J]. 经济研究, 2014 (2): 74-86.

[13] 方军雄. 市场分割与资源配置效率的损害: 来自企业并购的证据 [J]. 财经研究, 2009, 35 (9): 36-47.

[14] 方军雄. 政府干预、所有权性质与企业并购 [J]. 管理世界, 2008 (9): 118-123.

[15] 冯海红, 曲婉, 孙启新. 企业家先验知识、治理模式与创新策略选择 [J]. 科研管理, 2015 (10): 66-76.

[16] 弗雷德·韦斯顿, 马克·米切尔, 哈罗德·马尔赫林. 接管、重组与公司治理 [M]. 北京: 北京大学出版社, 2006.

[17] 傅超, 吉利. 诉讼风险与公司慈善捐赠: 基于"声誉保险"视角的解释 [J]. 南开管理评论, 2017, 20 (2): 108-121.

[18] 傅超, 王文姣, 傅代国. 高管从军经历与企业战略定位: 来自战略差异度的证据 [J]. 管理科学, 2021, 34 (1): 66-81.

[19] 高海涛, 田志龙. 我国企业非市场行为影响因素的实证研究 [J]. 中国工业经济, 2007 (5): 106-114.

[20] 高良谋. 购并后整合管理研究：基于中国上市公司的实证分析 [J]. 管理世界，2003（12）：107-114.

[21] 高勇强，陈亚静，张云均. "红领巾"还是"绿领巾"：民营企业慈善捐赠动机研究 [J]. 管理世界，2012（8）：106-114.

[22] 葛永波，陈磊，刘立安. 管理者风格：企业主动选择还是管理者随性施予？基于中国上市公司投融资决策的证据 [J]. 金融研究，2016（4）：190-206.

[23] 龚强，徐朝阳. 政策性负担与长期预算软约束 [J]. 经济研究，2008（2）：44-55.

[24] 韩朝华. 明晰产权与规范政府 [J]. 经济研究，2003（2）：18-26.

[25] 何威风，刘启亮. 我国上市公司高管背景特征与财务重述行为研究 [J]. 管理世界，2010（7）：144-155.

[26] 何威风，刘巍. 公司为什么选择法律背景的独立董事？[J]. 会计研究，2017（4）：45-51.

[27] 何瑛，张大伟. 管理者特质、负债融资与企业价值 [J]. 会计研究，2015（8）：65-72.

[28] 胡杰武，张秋生，胡靓. 区域产业整合及经济增长研究：基于跨区域并购视角 [J]. 中国软科学，2012（6）：167-174.

[29] 黄继承，盛明泉. 高管背景特征具有信息含量吗？[J]. 管理世界，2013（9）：144-153.

[30] 贾明，张喆. 高管的政治关联影响公司慈善行为吗？[J]. 管理世界，2010（4）：99-113.

[31] 江伟. 管理者过度自信，融资偏好与公司投资 [J]. 财贸研究，2010，21（1）：130-138.

[32] 姜付秀，黄继承. CEO 财务经历与资本结构决策 [J]. 会计研究，2013（5）：27-34

[33] 姜付秀, 石贝贝, 马云飚. 董秘财务经历与盈余信息含量 [J]. 管理世界, 2016 (9): 161-173.

[34] 姜付秀, 伊志宏, 苏飞, 等. 管理者背景特征与企业过度投资行为 [J]. 管理世界, 2009 (1): 138-147.

[35] 姜付秀, 张敏, 陆正飞, 等. 管理者过度自信、企业扩张与财务困境 [J]. 经济研究, 2009 (1): 131-143.

[36] 杰伊·巴尼. 战略管理: 中国版 [M]. 李新春, 张书军, 译. 北京: 机械工业出版社, 2008.

[37] 金智, 宋顺林, 阳雪. 女性董事在公司投资中的角色 [J]. 会计研究, 2015 (5): 80-86.

[38] 靳云汇, 贾昌杰. 惯性与并购战略选择 [J]. 金融研究, 2003 (12): 90-96.

[39] 赖黎, 巩亚林, 等. 管理者从军经历、融资偏好与经营业绩 [J]. 管理世界, 2016 (8): 126-136.

[40] 赖黎, 巩亚林, 夏晓兰, 等. 管理者从军经历与企业并购 [J]. 世界经济, 2017, 40 (12): 141-164.

[41] 郎香香, 尤丹丹. 管理者从军经历与企业研发投入 [J]. 科研管理, 2021, 42 (6): 166-175.

[42] 李彬, 潘爱玲. 税收诱导、战略异质性与公司并购 [J]. 南开管理评论, 2015, 18 (6): 125-135.

[43] 李培功, 肖珉. CEO 任期与企业资本投资 [J]. 金融研究, 2012 (2): 127-141.

[44] 李善民, 周小春. 公司特征、行业特征和并购战略类型的实证研究 [J]. 管理世界, 2007 (3): 130-137.

[45] 李四海, 陈旋, 宋献中. 穷人的慷慨: 一个战略性动机的研究 [J]. 管理世界, 2016 (5): 116-127.

［46］李四海，江新峰，宋献中．高管年龄与薪酬激励：理论路径与经验证据［J］．中国工业经济，2015（5）：122-134.

［47］李四海，陆琪睿，宋献中．亏损企业慷慨捐赠的背后［J］．中国工业经济，2012（8）：148-160.

［48］李维安，王鹏程，徐业坤．慈善捐赠、政治关联与债务融资：民营企业与政府的资源交换行为［J］．南开管理评论，2015，18（1）：4-14.

［49］李维安，徐建．董事会独立性、总经理继任与战略变化幅度：独立董事有效性的实证研究［J］．南开管理评论，2014，17（1）：4-13.

［50］李焰，秦义虎，张肖飞．企业产权、管理者背景特征与投资效率［J］．管理世界，2011（1）：135-144.

［51］李云鹤．公司过度投资源于管理者代理还是过度自信［J］．世界经济，2014（12）：95-117.

［52］李增泉，余谦，王晓坤．掏空、支持与并购重组：来自我国上市公司的经验证据［J］．经济研究，2005（1）：95-105.

［53］连燕玲，贺小刚，高皓．业绩期望差距与企业战略调整：基于中国上市公司的实证研究［J］．管理世界，2014（11）：119-132.

［54］连燕玲，贺小刚．CEO开放性特征、战略惯性和组织绩效：基于中国上市公司的实证分析［J］．管理科学学报，2015（1）：1-19.

［55］连燕玲，周兵，贺小刚，等．经营期望、管理自主权与战略变革［J］．经济研究，2015（8）：31-44.

［56］梁上坤．管理者过度自信、债务约束与成本粘性［J］．南开管理评论，2015，18（3）：122-131.

［57］廖方楠，韩洪灵，陈丽蓉．高管从军经历提升了内部控制质量吗？来自我国上市公司的经验证据［J］．审计研究，2018（6）：121-128.

［58］廖冠民，沈红波．国有企业的政策性负担：动因、后果及治理［J］．中国工业经济，2014（6）：96-108.

[59] 林毅夫, 李志赟. 政策性负担、道德风险与预算软约束 [J]. 经济研究, 2004 (2): 17-27.

[60] 林毅夫, 刘明兴, 章奇. 政策性负担与企业的预算软约束: 来自中国的实证研究 [J]. 管理世界, 2004 (8): 81-89.

[61] 林长泉, 毛新述, 刘凯璇. 董秘性别与信息披露质量: 来自沪深A股市场的经验证据 [J]. 金融研究, 2016 (9): 193-206.

[62] 刘春, 李善民, 孙亮. 独立董事具有咨询功能吗? 异地独董在异地并购中功能的经验研究 [J]. 管理世界, 2015 (3): 124-136.

[63] 刘刚, 于晓东. 高管类型与企业战略选择的匹配: 基于行业生命周期与企业能力生命周期协同的视角 [J]. 中国工业经济, 2015 (10): 115-130.

[64] 刘海建. 红色战略还是灰色战略: 针对我国制度转型中企业战略迷失的实证研究 [J]. 中国工业经济, 2012 (7): 147-159.

[65] 刘青, 张超, 吕若思, 等. "海归"创业经营业绩是否更优: 来自中国民营企业的证据 [J]. 世界经济, 2013 (12): 70-89.

[66] 刘鑫, 薛有志. 基于新任CEO视角下的战略变革动因研究 [J]. 管理学报, 2013 (12): 1747-1759.

[67] 刘行, 梁娟, 建蕾. 实际控制人的境外居留权会使民营企业更多避税吗? [J]. 财经研究, 2016, 42 (9): 133-144.

[68] 刘行. 企业的战略类型会影响盈余特征吗? 会计稳健性视角的考察 [J]. 南开管理评论, 2016, 19 (4): 111-121.

[69] 刘亚伟, 张兆国. 股权制衡、董事长任期与投资挤占研究 [J]. 南开管理评论, 2016, 19 (1): 54-69.

[70] 刘彦文, 郭杰. 管理者过度自信对企业融资次序的影响研究 [J]. 科研管理, 2012 (11): 84-88.

［71］刘运国，刘雯. 我国上市公司的高管任期与 R&D 支出［J］. 管理世界，2007（1）：128-136.

［72］刘钻扩，王洪岩. 高管从军经历对企业绿色创新的影响［J］. 软科学，2021，35（12）：74-80.

［73］逯东，林高，黄莉，杨丹. "官员型"高管、公司业绩和非生产性支出：基于国有上市公司的经验证据［J］. 金融研究，2012（6）：139-153.

［74］罗党论，甄丽明. 民营控制、政治关系与企业融资约束：基于中国民营上市公司的经验证据［J］. 金融研究，2008（12）：164-178.

［75］迈尔克·希特，爱德华·弗里曼，杰弗瑞·哈里森. 布莱克威尔战略管理手册［M］. 闫明，潘晓曦，译. 北京：东方出版社，2008.

［76］潘红波，夏新平，余明桂. 政府干预、政治关联与地方国有企业并购［J］. 经济研究，2008（4）：41-52.

［77］潘红波，余明桂. 支持之手、掠夺之手与异地并购［J］. 经济研究，2011（9）：108-120.

［78］潘玉香，杨悦，魏亚平. 文化创意企业管理者特征与投资决策关系的研究［J］. 中国软科学，2015（3）：172-181.

［79］潘越，翁若宇，刘思义. 私心的善意：基于台风中企业慈善捐赠行为的新证据［J］. 中国工业经济，2017（5）：133-151.

［80］彭飞，范子英. 税收优惠、捐赠成本与企业捐赠［J］. 世界经济，2016（7）：144-167.

［81］乔薇. 地方保护主义、股权转让方式与控制权私有收益：基于大宗股权协议转让的经验证据［J］. 南开管理评论，2012，15（3）：72-81.

［82］秦令华，井润田，王国锋. 私营企业主可观察经历、战略导向及其匹配对绩效的影响研究［J］. 南开管理评论，2012，15（4）：36-47.

［83］权小锋，醋卫华，徐星美.高管从军经历与公司盈余管理：军民融合发展战略的新考察［J］.财贸经济，2019，40（1）：98-113.

［84］权小锋，醋卫华，尹洪英.高管从军经历、管理风格与公司创新［J］.南开管理评论，2019，22（6）：140-151.

［85］权小锋，徐星美，蔡卫华.高管从军经历影响审计费用吗？基于组织文化的新视角［J］.审计研究，2018（2）：80-86.

［86］山立威，甘犁，郑涛.公司捐款与经济动机：汶川地震后中国上市公司捐款的实证研究［J］.经济研究，2008（11）：51-61.

［87］邵剑兵，吴珊.管理者从军经历与政府补助：基于慈善捐赠和冗余雇员的双重视角［J］.上海财经大学学报，2018，20（3）：63-78.

［88］邵剑兵，赵文玉.高管从军经历会提升企业"一带一路"倡议响应度吗［J］.上海财经大学学报，2020，22（3）：50-63.

［89］沈坤荣，付文林，晓鸥.税收竞争、地区博弈及其增长绩效［J］.经济研究，2006（6）：16-26.

［90］苏冬蔚.多元化经营与企业价值：我国上市公司多元化溢价的实证分析［J］.经济学（季刊），2005（S1）：135-158.

［91］孙光国，赵健宇.产权性质差异、管理层过度自信与会计稳健性［J］.会计研究，2014（5）：52-58.

［92］孙健，王百强，曹丰，等.公司战略影响盈余管理吗？［J］.管理世界，2016（3）：160-169.

［93］孙轶，武常岐.企业并购中的风险控制：专业咨询机构的作用［J］.南开管理评论，2012，15（4）：4-14.

［94］孙铮，刘凤委，李增泉.市场化程度、政府干预与企业债务期限结构：来自我国上市公司的经验证据［J］.经济研究，2005（5）：52-63.

[95] 孙自愿, 许若琪. 地方政府政绩诉求、"官员型"高管安插与政企关系动态调整: 基于企业异地并购的调节作用 [J]. 产业经济研究, 2017 (4): 104-114.

[96] 覃家琦, 邵新建. 中国交叉上市公司的投资效率与市场价值: 绑定假说还是政府干预假说? [J]. 经济学 (季刊), 2016 (3): 1137-1176.

[97] 谭力文, 丁靖坤. 21 世纪以来战略管理理论的前沿与演进: 基于 SMJ (2001—2012) 文献的科学计量分析 [J]. 南开管理评论, 2014, 17 (2): 84-94.

[98] 唐建新, 陈冬. 地区投资者保护、企业性质与异地并购的协同效应 [J]. 管理世界, 2010 (8): 102-116.

[99] 唐跃军, 左晶晶, 李汇东. 制度环境变迁对公司慈善行为的影响机制研究 [J]. 经济研究, 2014 (2): 61-73.

[100] 田志龙, 高海涛. 中国企业的非市场战略: 追求合法性 [J]. 软科学, 2005, 19 (6): 56-59.

[101] 田志龙, 贺远琼, 高海涛. 中国企业非市场策略与行为研究: 对海尔、中国宝洁、新希望的案例研究 [J]. 中国工业经济, 2005 (9): 82-90.

[102] 汪金爱, 宗芳宇. 国外高阶梯队理论研究新进展: 揭开人口学背景黑箱 [J]. 管理学报, 2011, 8 (8): 1247-1255.

[103] 汪小圈, 张红, 刘冲. 幼年饥荒经历对个人自雇选择的影响 [J].金融研究, 2015 (5): 18-33.

[104] 王曾, 符国群, 黄丹阳, 汪剑锋. 国有企业 CEO "政治晋升" 与 "在职消费" 关系研究 [J]. 管理世界, 2014 (5): 157-171.

[105] 王春香. 税收对产业结构影响的分析 [J]. 财经问题研究, 2008 (7): 89-94.

[106] 王凤荣, 苗妙. 税收竞争、区域环境与资本跨区流动: 基于企业异地并购视角的实证研究 [J]. 经济研究, 2015 (2): 16-30.

[107] 王化成, 张修平, 高升好. 企业战略影响过度投资吗 [J]. 南开管理评论, 2016, 19 (4): 87-97.

[108] 王庆喜, 徐维祥. 多维距离下中国省际贸易空间面板互动模型分析 [J]. 中国工业经济, 2014 (3): 31-43.

[109] 王山慧, 王宗军, 田原. 管理者过度自信与企业技术创新投入关系研究 [J]. 科研管理, 2013 (5): 1-9.

[110] 王霞, 于富生, 张敏. 管理者过度自信与企业投资行为异化: 来自我国证券市场的经验证据 [J]. 南开管理评论, 2008 (2): 77-83.

[111] 王艳, 阚铄. 企业文化与并购绩效 [J]. 管理世界, 2014 (11): 146-157.

[112] 王元芳, 徐业坤. 保守还是激进: 管理者从军经历对公司风险承担的影响 [J]. 外国经济与管理, 2019, 41 (9): 17-30.

[113] 王元芳, 徐业坤. 高管从军经历影响公司治理吗? 来自中国上市公司的经验证据 [J]. 管理评论, 2020, 32 (1): 153-165.

[114] 魏江, 寿柯炎, 冯军政. 高管政治关联、市场发育程度与企业并购战略: 中国高技术产业上市公司的实证研究 [J]. 科学学研究, 2013, 31 (6): 856-863.

[115] 吴超鹏, 张媛. 风险投资对上市公司股利政策影响的实证研究 [J]. 金融研究, 2017 (9): 178-191.

[116] 吴树畅, 于静, 王新楷. 高管从军经历、公司治埋与成本黏性 [J]. 技术经济, 2021, 40 (12): 139-148.

[117] 夏立军, 陆铭, 余为政. 政企组带与跨省投资: 来自中国上市公司的经验证据 [J]. 管理世界, 2011 (7): 128-140.

[118] 肖峰雷, 李延喜, 栾庆伟. 管理者过度自信与公司财务决策实证研究 [J]. 科研管理, 2011 (8): 151-160.

[119] 肖挺. 高管团队特征、制造企业服务创新与绩效 [J]. 科研管理, 2016, 37 (11): 142-149.

[120] 徐朝辉, 周宗放. 管理者过度自信对企业信用风险的影响机制 [J].科研管理, 2016 (9): 136-144.

[121] 徐虹, 林钟高, 芮晨. 产品市场竞争、资产专用性与上市公司横向并购 [J]. 南开管理评论, 2015, 18 (3): 48-59.

[122] 徐莉萍, 赖丹丹, 辛宇. 不可承受之重: 公司高管婚变的经济后果研究 [J]. 管理世界, 2015 (5): 117-133

[123] 徐莉萍, 辛宇, 祝继高. 媒体关注与上市公司社会责任之履行: 基于汶川地震捐款的实证研究 [J]. 管理世界, 2011 (3): 135-143.

[124] 许楠, 蔡竞, 董艳. 谁更遵守 "游戏规则"? 基于高管部队经历的实证研究 [J]. 管理工程学报, 2019, 33 (2): 72-83.

[125] 许年行, 李哲. 高管贫困经历与企业慈善捐赠 [J]. 经济研究, 2016 (12): 133-146.

[126] 严冀, 陆铭. 分权与区域经济发展: 面向一个最优分权程度的理论 [J]. 世界经济文汇, 2003 (3): 55-66.

[127] 杨蕙馨, 李峰, 吴炜峰. 互联网条件下企业边界及其战略选择 [J]. 中国工业经济, 2008 (11): 88-97.

[128] 杨其静. 企业成长: 政治关联还是能力建设? [J]. 经济研究, 2011 (10): 54-66.

[129] 杨瑞龙, 王元, 聂辉华. "准官员" 的晋升机制: 来自中国央企的证据 [J]. 管理世界, 2013 (3): 23-33.

[130] 杨忠智. 跨国并购战略与对海外子公司内部控制 [J]. 管理世界, 2011 (1): 176-177.

[131] 姚益龙, 刘巨松, 刘冬妍. 要素市场发展差异、产权性质与异地并购绩效 [J]. 南开管理评论, 2014, 17 (5): 102-111.

[132] 叶康涛，董雪雁，崔倚菁. 企业战略定位与会计盈余管理行为选择 [J]. 会计研究，2015（10）：23-29.

[133] 叶康涛，张姗姗，张艺馨. 企业战略差异与会计信息的价值相关性 [J]. 会计研究，2014（5）：44-51.

[134] 易靖韬，张修平，王化成. 企业异质性、高管过度自信与企业创新绩效 [J]. 南开管理评论，2015，18（6）：101-112.

[135] 于连超，张卫国，眭鑫，等. 高管从军经历与企业金融化：抑制还是促进？[J]. 科学决策，2019（6）：20-42.

[136] 余明桂，李文贵，潘红波. 管理者过度自信与企业风险承担 [J]. 金融研究，2013（1）：149-163.

[137] 余明桂，夏新平，邹振松. 管理者过度自信与企业激进负债行为 [J]. 管理世界，2006（8）：104-112.

[138] 岳希明，蔡萌. 垄断行业高收入不合理程度研究 [J]. 中国工业经济，2015（5）：5-17.

[139] 曾庆生，陈信元. 国家控股、超额雇员与劳动力成本 [J]. 经济研究，2006（5）：74-86.

[140] 曾宪聚，陈霖，严江兵，等. 高管从军经历对并购溢价的影响：烙印——环境匹配的视角 [J]. 外国经济与管理，2020，42（9）：94-106.

[141] 查道林，李宾. 高管从军经历对企业现金持有的影响 [J]. 中南财经政法大学学报，2021（1）：3-13

[142] 张建君. 竞争—承诺—服从：中国企业慈善捐款的动机 [J]. 管理世界，2013（9）：118-129.

[143] 张静，林婷，孙光国. 从军高管能抑制企业盈余管理吗？基于高管个人道德品性的视角 [J]. 北京工商大学学报（社会科学版），2019，34（5）：57-68.

[144] 张敏, 马黎珺, 张雯. 企业慈善捐赠的政企纽带效应: 基于我国上市公司的经验证据 [J]. 管理世界, 2013 (7): 163-171.

[145] 张胜, 魏汉泽, 李常安. 实际控制人居留权特征与企业税收规避: 基于我国民营上市公司的经验证据 [J]. 会计研究, 2016 (4): 77-84.

[146] 张书军, 苏晓华. 衍生创业企业的战略选择与绩效 [J]. 研究与发展管理, 2008, 20 (1): 18-25.

[147] 张兆国, 刘亚伟, 亓小林. 管理者背景特征、晋升激励与过度投资研究 [J]. 南开管理评论, 2013, 16 (4): 32-42.

[148] 张兆国, 刘亚伟, 杨清香. 管理者任期、晋升激励与研发投资研究 [J]. 会计研究, 2014 (9): 81-88.

[149] 张兆国, 刘永丽, 谈多娇. 管理者背景特征与会计稳健性: 来自中国上市公司的经验证据 [J]. 会计研究, 2011 (7): 11-18.

[150] 张振刚, 李云健, 李莉. 企业慈善捐赠、科技资源获取与创新绩效关系研究: 基于企业与政府的资源交换视角 [J]. 南开管理评论, 2016, 19 (3): 123-135.

[151] 赵晶, 张书博, 祝丽敏. 传承人合法性对家族企业战略变革的影响 [J]. 中国工业经济, 2015, 18 (8): 130-144.

[152] 赵静, 郝颖. 政府干预、产权特征与企业投资效率 [J]. 科研管理, 2014 (5): 84-92.

[153] 赵民伟, 晏艳阳. 管理者早期生活经历与公司投资决策 [J]. 社会科学家, 2016 (4): 88-92.

[154] 郑志刚, 李东旭, 许荣, 等. 国企高管的政治晋升与形象工程: 基于 N 省 A 公司的案例研究 [J]. 管理世界, 2012 (10): 146-156.

[155] 郑志刚, 梁昕雯, 吴新春. 经理人产生来源与企业未来绩效改善 [J]. 经济研究, 2014 (4): 157-171.

[156] 钟熙，宋铁波，陈伟宏，等. 高管从军经历与企业道德行为：基于企业商业腐败行为的实证研究 [J]. 南开经济研究，2021 (2)：201-224.

[157] 周兵，钟廷勇，徐辉，等. 企业战略、管理者预期与成本粘性：基于中国上市公司经验证据 [J]. 会计研究，2016 (7)：58-65.

[158] 周昌仕，宋献中. 政府干预、跨区域并购与公司治理溢出效应 [J]. 财经科学，2013 (9)：30-39.

[159] 周建，罗肖依，张双鹏. 公司内部治理能阻止财务多元化战略吗？ [J]. 南开管理评论，2017，20 (1)：4-15.

[160] 周楷唐，麻志明，吴联生. 高管学术经历与公司债务融资成本 [J]. 经济研究，2017 (7)：169-183.

[161] 周晓苏，唐雪松. 控制权转移与企业业绩 [J]. 南开管理评论，2006，9 (4)：84-90.

[162] 朱沆，叶文平，刘嘉琦. 从军经历与企业家个人慈善捐赠：烙印理论视角的实证研究 [J]. 南开管理评论，2020，23 (6)：179-189.

[163] 朱滔. 转型经济中上市公司并购行为与绩效研究 [M]. 北京：中国金融出版社，2009.

英文文献部分

[1] ACEMOGLU D, ROBINSON J A. The rise and decline of general laws of capitalism [J]. MIT Department of Economics Working Paper, 2015.

[2] ADAMS R B, FERREIRA D. Women in the boardroom and their impact on governance and performance [J]. Journal of Financial and Economics, 2009, 94 (2): 291-309.

[3] ALI A, ZHANG W. CEO tenure and earnings management [J]. Journal of Accounting and Economics, 2015, 59 (1): 60-79.

[4] ANSOFF H I. Corporate strategy: An analytic approach to business policy for growth and expansion [M]. New York: McGraw-Hill, 1965.

[5] ATKINSON L, GALASKIEWICZ J. Stock ownership and company contributions to charity [J]. Administrative Science Quarterly, 1988, 33 (1): 82-100.

[6] BALAKRISHNAN S, KOZA M P. Information asymmetry, adverse selection and joint-ventures: Theory and evidence [J]. Journal of Economic Behavior and Organization, 1993, 20 (1): 99-117.

[7] BALOGUN J. Senior managers' sense making and responses to strategic change [J]. Organization Science, 2015, 26 (4): 960-979.

[8] BAMBER L S, WANG I Y. What's my style? The influence of top managers on voluntary corporate financial disclosure [J]. The Accounting Review, 2010, 85 (4): 1131-1162.

[9] BANTEL K A, JACKSON S E. Top management and innovations in banking: Does the composition of the top team make a difference? [J]. Strategic Management Journal, 1989, 10 (S1): 107-124.

[10] BARKER V L, MUELLER G C. CEO characteristics and firm R&D spending [J]. Management Science, 2002, 48 (6): 782-801.

[11] BARNEY J. Firm resources and sustained competitive advantage [J]. Journal of Management, 1991, 17 (1): 99-120.

[12] BARNEY J. Strategic management and competitive advantage: Concepts and cases [M]. New York: Pearson Prentice Hall, 2008.

[13] BARON D P. The nonmarket strategy system [J]. Sloan Management Review, 1995, 37: 73-85.

[14] BARRON J M, CHULKOV D V, WADDELL G R. Top management team turnover, CEO succession type, and strategic change [J]. Journal of Business Research, 2011, 64 (8): 904-910.

［15］ BASU N, CHEVRIER M. Distance, information asymmetry, and mergers: Evidence from Canadian firms [J]. Managerial Finance, 2011, 37 (1): 21-33.

［16］ BATSON J G, SLINGSBY J K. Empathic joy and the empathy-altruism hypothesis [J]. Journal of Personality and Social Psychology, 1991, 61 (3): 413.

［17］ BECKER G S. Habits, addictions, and traditions [J]. Kyklos, 1992, 45 (3): 327-345.

［18］ BEN-NASR H, BOUBAKER S, ROUATBI W. Ownership structure, control contestability, and corporate debt maturity [J]. Journal of Corporate Finance, 2015, 35: 265-285.

［19］ BENMELECH E, FRYDMAN C. Military CEOs [J]. Journal of Financial Economics, 2015, 117 (1): 43-59.

［20］ BENTLEY K A, OMER T C, SHARP N Y. Business strategy, financial reporting irregularities, and audit effort [J]. Contemporary Accounting Research, 2013, 30 (2): 780-817.

［21］ BERKOWITZ L, LEPAGE A. Weapons as aggression - eliciting stimuli [J]. Journal of Personality and Social Psychology, 1967, 7: 202-207.

［22］ BERNILE G, BHAGWAT V, RAU P R. What doesn't kill you will only make you more risk-loving: Early-life disasters and CEO behavior [J]. Journal of Finance, 2017, 72 (1): 167-206.

［23］ BERTRAND M, SCHOAR A. Managing with style: The effect of managers on firm policies [J]. Quarterly Journal of Economics, 2003, 118 (4): 1169-1208.

[24] BILLETT M T, QIAN Y. Are overconfident CEOs born or made? Evidence of self-attribution bias from frequent acquirers [J]. Management Science, 2008, 54 (6): 1037-1051.

[25] BLANCHARD O. Sustaining a global recovery [J]. Journal of Policy Modeling, 2010, 32 (5): 604-609.

[26] BOAL K B, HOOIJBERG R. Strategic leadership research: Moving on [J]. Leadership Quarterly, 2000, 11 (4): 515-549.

[27] BOEKER W. Strategic change: The influence of managerial characteristics and organizational growth [J]. Academy of Management Journal, 1997, 40 (1): 152-170.

[28] BOND E W, SAMUELSON L. Tax holidays as signals [J]. American Economic Review, 1986, 76 (4): 820-826.

[29] BRAMMER S, MILLINGTON A, PAVELIN S. Is philanthropy strategic? An analysis of the management of charitable giving in large UK companies [J]. Business Ethics: A European Review, 2006, 15 (3): 234-245.

[30] BROWN R, SARMA N. CEO overconfidence, CEO dominance and corporate acquisitions [J]. Journal of Economics and Business, 2007, 59 (5): 358-379.

[31] BROWN W O, HELLAND E, SMITH J K. Corporate philanthropic practices [J]. Journal of Corporate Finance, 2006, 12 (5): 855-877.

[32] BUYL T, BOONE C, HENDRIKS W, et al. Top management team functional diversity and firm performance: The moderating role of CEO characteristics [J]. Journal of Management Studies, 2011, 48 (1): 151-177.

[33] BYRNES J P, MILLER D C, SCHAFER W D. Gender differences in risk taking: A meta-analysis [J]. Psychological Bulletin, 1999, 125 (3): 367-383.

［34］ CAIN M D, MCKEON S B. CEO personal risk-taking and corporate policies ［J］. Journal of Financial and Quantitative Analysis, 2016, 51 （1）: 139-164.

［35］ CAMPBELL D, SLACK R. Public visibility as a determinant of the rate of corporate charitable donations ［J］. Business Ethics: A European Review, 2006, 15 （1）: 19-28.

［36］ CAMPBELL K, MINGUEZ-VERA A. Gender diversity in the board-room and firm financial performance ［J］. Journal of Business Ethics, 2008, 83 （3）: 435-451.

［37］ CAMPBELL T C, GALLMEYER M, JOHNSON S A, et al. CEO optimism and forced turnover ［J］. Journal of Financial Economics, 2011, 101 （3）: 695-712.

［38］ CAO J, LEMMON M, PAN X, et al. Political promotion, CEO incentives, and the relationship between pay and performance ［C］. American Finance Association Annual Meeting （AFA）, 2011.

［39］ CARPENTER M A, GELETKANYCZ M A, SANDERS W G. Upper echelons research revisited: Antecedents, elements, and consequences of top management team composition ［J］. Journal of Management, 2004, 30 （6）: 749-778.

［40］ CARPENTER M A. The price of change: The role of CEO compensation in strategic variation and deviation from industry strategy norms ［J］. Journal of Management, 2000, 26 （6）: 1179-1198.

［41］ CARTER D A, SIMKINS B J, GARY S W. Corporate governance, board diversity, and firm value ［J］. Financial Review, 2003, 38 （1）: 33-53.

［42］ CHATTERJEE A, HAMBRICK D C. It's all about me: Narcissistic chief executive officers and their effects on company strategy and performance ［J］. Administrative Science Quarterly, 2007, 52 （3）: 351-386.

［43］ CHEN G, CROSSLAND C, LUO S. Making the same mistake all over again: CEO overconfidence and corporate resistance to corrective feedback ［J］. Strategic Management Journal, 2015, 36 （10）: 1513-1535.

［44］ CHEN J C, PATTEN D M, ROBERTS R W. Corporate charitable contributions: A corporate social performance or legitimacy strategy? ［J］. Journal of Business Ethics, 2008, 82 （1）: 131-144.

［45］ CHEN S F S, HENNART J F. A hostage theory of joint ventures: Why do Japanese investors choose partial over full acquisitions to enter the United States? ［J］. Journal of Business Research, 2004, 57 （10）: 1126-1134.

［46］ CHEN S, LAI S M, LIU C L, et al. Overconfident managers and internal controls ［J］. SSRN Working Paper, 2014.

［47］ CHEVALIER J, ELLISON G. Are some mutual fund managers better than others? Cross-sectional patterns in behavior and performance ［J］. Journal of Finance, 1999, 54 （3）: 875-899.

［48］ CHO T S, HAMBRICK D C. Attention as the mediator between top management team characteristics and strategic change: The case of airline deregulation ［J］. Organization Science, 2006, 17 （4）: 453-469.

［49］ CHRISTENSEN H K, MONTGOMERY C A. Corporate economic performance: Diversification strategy versus market structure ［J］. Strategic Management Journal, 1981, 2 （4）: 327-343.

［50］ CHRISTENSEN P O, FELTHAM G A. Information in markets ［J］. Journal of Urology, 2001, 165: 1773-1785.

[51] CHRISTIANSEN C, JOENSEN J S, RANGVID J. The effects of marriage and divorce on financial investments: Learning to love or hate risk? [J]. Creates Research Papers, 2010, 53 (1): 431-447.

[52] CHYZ J, GAERTNER F B, KAUSAR A, et al. Overconfidence and corporate tax policy [J]. SSRN Working Paper, 2014.

[53] CRONQVIST H, MAKHIJA A K, YONKER S E. Behavioral consistency in corporate finance: CEO personal and corporate leverage [J]. Journal of Financial Economics, 2012, 103 (1): 20-40.

[54] CROSSLAND C, HAMBRICK D C. How national systems differ in their constraints on corporate executives: A study of CEO effects in three countries [J]. Strategic Management Journal, 2007, 28 (8): 767-789.

[55] CROSSLAND C, ZYUNG J, HILLER N J, et al. CEO career variety: Effects on firm-level strategic and social novelty [J]. Academy of Management Journal, 2014, 57 (3): 652-674.

[56] CYERT R M, MARCH J G. A behavioral theory of the firm [M]. New York: Prentice Hall, 1963.

[57] DABOUB A, RASHEED A, PRIEM R, et al. Top management team characteristics and corporate illegal activity [J]. Academy of Management Review, 1995, 20 (1): 138.

[58] DATTA D K. Organizational fit and acquisition performance: Effects of post-acquisition integration [J]. Strategic Management Journal, 2010, 12 (4): 281-297.

[59] DEEPHOUSE D L. To be different, or to be the same? It's a question (and theory) of strategic balance [J]. Strategic Management Journal, 1999, 20 (2): 147-166.

[60] DIMAGGIO P, POWELL W. The iron cage revisited: Institutional isomorphism and collective rationality in organizational fields [J]. American Sociological Review, 1983, 48 (2): 147-160.

[61] DITTMAR A, RAN D. Looking in the rearview mirror: The effect of managers' professional experience on corporate financial policy [J]. Review of Financial Studies, 2015, 29 (3): 565-602.

[62] DOUKAS J A, PETMEZAS D. Acquisitions, overconfident managers and self-attribution bias [J]. European Financial Management, 2007, 13 (3): 531-577.

[63] DU X. Is corporate philanthropy used as environmental misconduct dressing? Evidence from Chinese family-owned firms [J]. Journal of Business Ethics, 2015, 129 (2): 341-361.

[64] DUFFY T. Military experience and CEOs: Is there a link? [R]. Korn/Ferry International Report, 2006.

[65] ECKBO B E. Horizontal mergers, collusion, and stockholder wealth [J]. Journal of Financial Economics, 1983, 11 (1-4): 241-273.

[66] EISENHARDT K M, SCHOONHOVEN C B. Organizational growth: Linking founding team, strategy, environment, and growth among U.S. semiconductor ventures [J]. Administrative Science Quarterly, 1990, 35 (3): 504-529.

[67] ELDER G, CLIPP E. Combat experience and emotional health: Impairment and resilience in later life [J]. Journal of Personality, 1989, 57 (2): 311-341.

[68] ELDER G, GIMBEL C, IVIE R. Turning points in life: The case of military service and war [J]. Military Psychology, 1991, 3 (4): 215-231.

[69] ELDER G. Military times and turning points in men's lives [J]. Development Psychology, 1986, 22 (2): 233-245.

[70] ERIKSON E H. Identity: Youth and crisis [M]. Oxford: W. W. Norton, 1968.

［71］ ERIKSON E H. Insight and responsibility: Lectures on the ethical implications of psychoanalytic insight ［J］. Ethics, 1964, 190 (9): 860-860.

［72］ ERIKSON E H. Young man Luther: A study in psychoanalysis and history ［J］. Psychosomatic Medicine, 1959, 21 (3): 261-262.

［73］ FAN J P H, WONG T J, ZHANG T. Politically connected CEOs, corporate governance, and post-IPO performance of China's newly partially privatized firms ［J］. Journal of Financial Economics, 2007, 84 (2): 330-357.

［74］ FINKELSTEIN S, HAMBRICK D C. Strategic leadership: Top executives and their effects on organizations ［J］. Academy of Management Review, 1996 (2): 221-224.

［75］ FINKELSTEIN S. Power in top management teams: Dimensions, measurement, and validation ［J］. Academy of Management Journal, 1992, 35 (3): 505-518.

［76］ FINKELSTEIN S, HAMBRICK D C. Top-management-team tenure and organizational outcomes: The moderating role of managerial discretion ［J］. Administrative Science Quarterly, 1990, 35 (3): 484-503.

［77］ FRANKE V C. Old ammo in new weapons? Comparing value-orientations of experienced and future military leaders ［J］. Journal of Political and Military Sociology, 1998, 26 (2): 253-271.

［78］ FRANKE V C. Generation X and the military: A comparison of attitudes and values between west point cadets and college students ［J］. Journal of Political and Military Sociology, 2001, 29 (1): 92-119.

［79］ FREUD S. The ego and the id ［J］. Tacd Journal, 1923, 17 (1): 5-22.

［80］ Friedman M, Schwartz A J. A monetary history of the United States ［J］. Southern Economic Journal, 1963, 21 (4): 512-523.

［81］FRINO A, LIM M Y, MOLLICA V, et al. CEO narcissism and earnings management ［J］. SSRN Working Paper, 2014.

［82］GABARRO J. The dynamics of taking charge ［M］. Boston: Harvard Business School Press, 1987.

［83］GALASSO A, SIMCOE T S. CEO overconfidence and innovation ［J］. Management Science, 2011, 57 (8): 1469-1484.

［84］GAO Y, HAFSI T. Government intervention, peers' giving and corporate philanthropy: Evidence from Chinese private SMEs ［J］. Journal of Business Ethics, 2015, 132 (2): 433-447.

［85］GELETKANYCZ M A, HAMBRICK D C. The external ties of top executives: Implications for strategic choice and performance ［J］. Administrative Science Quarterly, 1997, 42 (4): 654-681.

［86］GILBERT E. Committed: A love story ［M］. London: Bloomsbury Publishing PLC, 2010.

［87］GODFREY P C. The relationship between corporate philanthropy and shareholder wealth: A risk management perspective ［J］. Academy of Management Review, 2005, 30 (4): 777-798.

［88］GOERTZEL T, HENGST A. The military socialization of university students ［J］. Social Problems, 1971, 19 (2): 258-267.

［89］GRAHAM J R, NARASIMHAN K. Corporate survival and managerial experiences during the great depression ［J］. SSRN Working Paper, 2004.

［90］GRIFFIN D, TVERSKY A. The weighing of evidence and the determinants of confidence ［J］. Cognitive Psychology, 1992, 24 (3): 411-435.

［91］GRIFFITH J. Multilevel analysis of cohesion's relation to stress, well-being, identification, disintegration, and perceived combat readiness ［J］. Military Psychology, 2002, 14 (3): 217-239.

[92] GUNER A B, MALMENDIER U, TATE G. Financial expertise of directors [J]. Journal of Financial Economics, 2008, 88 (2): 323-354.

[93] HABIB A, HASAN M M. Business strategy, overvalued equities, and stock price crash risk [J]. Research in International Business and Finance, 2017, 39: 389-405.

[94] HALEY U C, STUMPF S A. Cognitive trail in strategic decision-making: Linking theories of personalities and cognitions [J]. Journal of Management Studies, 1989, 26 (5): 485-509.

[95] HAM C, LANG M, SEYBERT N, et al. CFO narcissism and financial reporting quality [J]. Journal of Accounting Research, 2017, 4: 1089-1135.

[96] HAMBRICK D C, CHO T S, CHEN M J. The influence of top management team heterogeneity on firms' competitive moves [J]. Administrative Science Quarterly, 1996, 41 (4): 659-684.

[97] HAMBRICK D C, FINKELSTEIN S. Managerial discretion: A bridge between polar views of organizational outcomes [J]. Research in Organizational Behavior, 1987, 9 (4): 369-406.

[98] HAMBRICK D C. Fragmentation and the other problems CEOs have with their top management teams [J]. California Management Review, 1995, 37 (3): 110-127.

[99] HAMBRICK D C. Upper echelons theory: An update [J]. Academy of Management Review, 2007, 32 (2): 334-343.

[100] HAMBRICK D C, FUKUTOMI G D S. The seasons of a CEO's tenure [J]. Academy of Management Review, 1991, 16 (4): 719-742.

[101] HAMBRICK D C, GELETKANYCZ M A, FREDRICKSON J W. Top executive commitment to the status quo: Some tests of its determinants [J]. Strategic Management Journal, 1993, 14 (6): 401-418.

［102］HAMBRICK D C, MASON P A. Upper echelons: The organization as a reflection of its top managers ［J］. Academy of Management Annual Meeting Proceedings, 1984, 9 (2): 193-206.

［103］HANAOKA C, SHIGEOKA H, WATANABE Y. Do risk preferences change? Evidence from panel data before and after the great east Japan earthquake ［J］. SSRN Working Paper, 2015.

［104］HARBAUGH R. China's high savings rates ［C］. Conference on The Rise of China Revisited: Perception and Reality, National Chengchi University, 2004.

［105］HAYN C. Tax attributes as determinants of shareholder gains in corporate acquisitions ［J］. Journal of Financial Economics, 1989, 23 (1): 121-153.

［106］HAYWARD M L A, HAMBRICK D C. Explaining the premiums paid for large acquisitions: Evidence of CEO hubris ［J］. Administrative Science Quarterly, 1997, 42 (1): 103-127.

［107］HELFAT C E, MARTIN J A. Dynamic managerial capabilities: Review and assessment of managerial impact on strategic change ［J］. Journal of Management, 2015, 41 (5): 1281-1312.

［108］HIGGINS D, OMER T C, PHILLIPS J D. The influence of a firm's business strategy on its tax aggressiveness ［J］. Contemporary Accounting Research, 2014, 32 (2): 674-702.

［109］HILLER N J, HAMBRICK D C. Conceptualizing executive hubris: The role of (hyper-) core self-evaluations in strategic decision-making ［J］. Strategic Management Journal, 2005, 26 (4): 297-319.

［110］HIRSHLEIFER D, LOW A, TEOH S H. Are overconfident CEOs better innovators? ［J］. Mpra Paper, 2012, 67 (4): 1457-1498.

［111］ HIRSHLEIFER D, THAKOR A V. Managerial conservatism, project choice, and debt ［J］. Review of Financial Studies, 1992, 5 (3): 437-470.

［112］ HITT M A, MILLER C C, COLELLA A. Organizational behavior: A strategic approach ［M］. Beijing: China Machine Press, 2007.

［113］ HO P H, HUANG C W, LIN C Y, et al. CEO overconfidence and financial crisis: Evidence from bank lending and leverage ［J］. Journal of Financial Economics, 2016, 120 (1): 194-209.

［114］ HOLMSTROM B. Managerial incentive problems: A dynamic perspective ［J］. Review of Economic Studies, 1999, 66 (1): 169-182.

［115］ HRIBAR P, YANG H. CEO overconfidence and management forecasting ［J］. Contemporary Accounting Research, 2016, 33 (1): 204-227.

［116］ HSIEH T S, BEDARD J C, JOHNSTONE K M. CEO overconfidence and earnings management during shifting regulatory regimes ［J］. Journal of Business Finance and Accounting, 2014, 41 (9-10): 1243-1268.

［117］ HUANG H W, ROSEGREEN E, LEE C C. CEO age and financial reporting quality ［J］. Accounting Horizons, 2012, 26 (4): 725-740.

［118］ HUANG J, KISGEN D J. Gender and corporate finance: Are male executives overconfident relative to female executives? ［J］. Journal of Financial Economics, 2013 (3): 822-839.

［119］ HUMPHERY-JENNER M, LING L L, NANDA V, et al. Executive overconfidence and compensation structure ［J］. Journal of Financial Economics, 2016, 119 (3): 533-558.

［120］ JENSEN M C, MECKLING W H. Theory of the firm: Managerial behavior, agency costs and ownership structure ［J］. Journal of Financial Economics, 1976, 3 (4): 305-360.

［121］ JENSEN M C, MURPHY K J. Performance pay and top-management incentives ［J］. Journal of Political Economy, 1990, 98 （2）: 225-264.

［122］ JENSEN M, ZAJAC E J. Corporate elites and corporate strategy: How demographic preferences and structural position shape the scope of the firm ［J］. Strategic Management Journal, 2004, 25 （6）: 507-524.

［123］ JENTER D, LEWELLEN K. CEO preferences and acquisitions ［J］. Journal of Finance, 2015, 70 （6）: 2813-2852.

［124］ JIA Y, LAURENCE V L, ZENG Y. Masculinity, testosterone, and financial misreporting ［J］. Journal of Accounting Research, 2014, 52 （5）: 1195-1246.

［125］ JIANG J, WANG I Y, WANGERIN D. Saying no in standard setting: What influences FASB board members voting decisions? ［J］. SSRN Working Paper, 2014.

［126］ JUDD J S, OLSEN K J, STEKELBERG J. How do auditors respond to CEO narcissism? Evidence from external audit fees ［J］. SSRN Working Paper, 2015.

［127］ KAPLAN S N, KLEBANOV M M, SORENSEN M. Which CEO characteristics and abilities matter? ［J］. Journal of Finance, 2012, 67 （3）: 973-1007.

［128］ KARAEVLI A, ZAJAC E J. When do outsider CEOs generate strategic change? The enabling role of corporate stability ［J］. Journal of Management Studies, 2013, 50 （7）: 1267-1294.

［129］ KILLGORE W, COTTING D J, THOMAS J L, et al. Post-combat invincibility: Violent combat experiences are associated with increased risk-taking propensity following deployment ［J］. Journal of Psychiatric Research, 2008, 42 （13）: 1112-1121.

［130］KIM J, FINKELSTEIN S. The effects of strategic and market com-plementarity on acquisition performance: Evidence from the U. S. commercial banking industry ［J］. Strategic Management Journal, 2009, 30 (6): 617-646.

［131］KLAYMAN J, SOLL J B, GONZALEZ V C, et al. Overconfidence: It depends on how, what, and whom you ask ［J］. Organizational Behavior and Human Decision Processes, 1999, 79 (3): 216-247.

［132］KOCH I, WERNICKE G. A special kind of CEO? Ex-military CEOs, financial fraud and stock option backdating ［C］. Academy of Management Annual Meeting Proceedings, 2013.

［133］KOEHN D, UENG J. Is philanthropy being used by corporate wrongdoers to buy good will? ［J］. Journal of Management and Governance, 2010, 14 (1): 1-16.

［134］KOGUT B, ZANDER U. Knowledge of the firm, combinative capa-bilities, and the replication of technology ［J］. Organization Science, 1992, 3 (3): 383-397.

［135］KUANG Y F, MOHAN A W, QIN B. CEO overconfidence and cost stickiness ［J］. SSRN Working Paper, 2015.

［136］LAW K, MILLS L F. Military experience and corporate taxes ［J］. Review of Accounting Studies, 2017, 22 (1): 141-184.

［137］LEARY M T, ROBERTS M R. Do peer firms affect corporate finan-cial policy? ［J］. Journal of Finance, 2014, 69 (1): 139-178.

［138］LEE J M, HWANG B H, CHEN H. Are founder CEOs more over-confident than professional CEOs? Evidence from S&P 1500 companies ［J］. SS-RN Working Paper, 2015.

[139] LEV B, PETROVITS C, RADHAKRISHNAN S. Is doing good good for you? How corporate charitable contributions enhance revenue growth [J]. Strategic Management Journal, 2010, 31 (2): 182-200.

[140] LEVINTHAL D A, MARCH J G. The myopia of learning [J]. Strategic Management Journal, 1993, 14 (S2): 95-112.

[141] LI J T, TANG Y I. CEO hubris and firm risk taking in China: The moderating role of managerial discretion [J]. Academy of Management Journal, 2010, 53 (1): 45-68.

[142] LI J, HAMBRICK D C. Factional groups: A new vantage on demographicfaultlines, conflict, and disintegration in work teams [J]. Academy of Management Journal, 2005, 48 (5): 794-813.

[143] LI S, SONG X, WU H. Political connection, ownership structure, and corporate philanthropy in China: A strategic-political perspective [J]. Journal of Business Ethics, 2015, 129 (2): 399-411.

[144] LI S, WU H, SONG X. Principal-principal conflicts and corporate philanthropy: Evidence from Chinese private firms [J]. Journal of Business Ethics, 2017, 141 (3): 605-620.

[145] LIEBERSON S, O'C J F. Leadership and organizational performance: A study of large corporations [J]. American Sociological Review, 1972, 37 (2): 117-130.

[146] LIN C, et al. CEOs' military experience, agency costs and acquisition decisions [J]. SSRN Working Paper, 2011.

[147] LIN J Y, CAI F, LI Z. Competition, policy burdens, and state-owned enterprise reform [J]. American Economic Review, 1998, 88 (2): 422-427.

[148] LIN J Y, TAN G. Policy burdens, accountability, and the soft budget constraint [J]. American Economic Review, 1999, 89 (2): 426-431.

[149] LIN Y H, HU S Y, CHEN M S. Managerial optimism and corporate investment: Some empirical evidence from Taiwan [J]. Pacific-Basin Finance Journal, 2005, 13 (5): 523-546.

[150] LIOUKAS S, BOURANTAS D, PAPADAKIS V. Managerial autonomy of state-owned enterprises: Determining factors [J]. Organization Science, 1993, 4 (4): 645-666.

[151] LUO J H, XIANG Y, ZHU R. Military top executives and corporate philanthropy: Evidence from China [J]. Asia Pacific Journal of Management, 2017, 34 (3): 725-755.

[152] MALMENDIER U, NAGEL S. Depression babies: Do macroeconomic experiences affect risk-taking? [J]. The Quarterly Journal of Economics, 2011, 126 (1): 373-416.

[153] MALMENDIER U, TATE G. CEO overconfidence and corporate investment [J]. Journal of Finance, 2005, 60 (6): 2661-2700.

[154] MALMENDIER U, TATE G. Who makes acquisitions? CEO overconfidence and the market's reaction [J]. Journal of Financial Economics, 2008, 89 (1): 20-43.

[155] MALMENDIER U, TATE G, YAN J. Overconfidence and early-life experience: The effect of managerial traits on corporate financial policies [J]. Journal of Finance, 2011, 66 (5): 1687-1733.

[156] MARCH J G, SIMON H A. Organizations [J]. Social Science Electronic Publishing, 1958, 2 (1): 105-132.

[157] MARCH J G. Exploration and exploitation in organizational learning [J]. Organization Science, 1991, 2 (1): 71-87.

[158] MARITAN C A. Capital investment as investing in organizational capabilities: An empirically grounded process model [J]. Academy of Management Journal, 2001, 44 (3): 513-531.

[159] MARQUIS C, LEE M. Who is governing whom? Executives, governance, and the structure of generosity in large U.S. firms [J]. Strategic Management Journal, 2013, 34 (4): 483-497.

[160] MARQUIS C, TILCSIK A. Imprinting: Toward a multilevel theory [J]. The Academy of Management Annals, 2013, 7 (1): 195-245.

[161] MCCLELLAND P L, BARKER V L, XIN L. CEO commitment to the status quo: Replication and extension using content analysis [J]. Journal of Management, 2010, 36 (5): 1251-1277.

[162] MEYER J W, ROWAN B. Institutional organizations: Formal structure as myth and ceremony [J]. American Journal of Sociology, 1977, 83 (2): 340-363.

[163] MILANOV H, FERNHABER S A. The impact of early imprinting on the evolution of new venture networks [J]. Journal of Business Venturing, 2009, 24 (1): 46-61.

[164] MILES R E, SNOW C C. Organizational strategy, structure, and process [M]. New York: McGraw-Hill, 1978.

[165] MILLER D, SHAMSIE J. Learning across the life cycle: Experimentation and performance among the Hollywood studio heads [J]. Strategic Management Journal, 2001, 22 (8): 725-745.

[166] MILLER D. Stale in the saddle: CEO tenure and the match between organization and environment [J]. Management Science, 1991, 37 (1): 34-52.

[167] MINTZBERG H. Patterns in strategy formation [J]. Management Science, 1978, 24 (9): 934-948.

[168] MINTZBERG H. The nature of managerial work [J]. Administrative Science Quarterly, 1973, 19 (1): 505-506.

[169] NDOFOR H A, PRIEM R L, RATHBURN J A, et al. What does the new boss think? How new leaders' cognitive communities and recent "top-job" success affect organizational change and performance [J]. Leadership Quarterly, 2009, 20 (20): 799-813.

[170] NELSON R L. Merger movements in American industry [M]. Princeton: Princeton University Press, 1959.

[171] NEVIN-GATTLE K. Predicting the philanthropic response of corporations: Lessons from history [J]. Business Horizons, 1996, 39 (3): 15-22.

[172] NEYLAND J. Wealth shocks and executive compensation: Evidence from CEO divorce [J]. SSRN Working Paper, 2012.

[173] NICOLOSI G, YORE A S. "I do": Does marital status affect how much CEOs "do"? [J]. Financial Review, 2015, 50 (1): 57-88.

[174] O'KEEFE B. Battle-tested: How a decade of war has created a new generation of elite business leaders [J]. Human Resource Management International Digest, 2010, 18 (6): 36-40.

[175] OLIVER B R. The impact of management confidence on capital structure [J]. SSRN Working Paper, 2005.

[176] OLIVER C. Sustainable competitive advantage: Combining institutional and resource-based views [J]. Strategic Management Journal, 1997, 18 (9): 697-713.

[177] PABLO A L, SITKIN S B, JEMISON D B. Acquisition decision-making processes: The central role of risk [J]. Journal of Management, 1996, 22 (5): 723-746.

[178] PARK S H, LUO Y. Guanxi and organizational dynamics: Organizational networking in Chinese firms [J]. Strategic Management Journal, 2001, 22 (5): 455-477.

［179］ PENG M W, LUO Y. Managerial ties and firm performance in a transitioneconomy: The nature of a micro-macro link ［J］. Academy of Management Journal, 2000, 43 (3): 486-501.

［180］ PENG M W. Institutional transitions and strategic choices ［J］. Academy of Management Review, 2003, 28 (2): 275-296.

［181］ PFEFFER J, NOWAK P. Joint ventures and interorganizational interdependence ［J］. Administrative Science Quarterly, 1976, 21 (3): 398-418.

［182］ PFEFFER J, SALANCIK G R. The external control of organizations: A resource dependence approach ［J］. Social Science Electronic Publishing, 2003, 23 (2): 123-133.

［183］ PFEFFER J. Merger as a response to organizational interdependence ［J］. Administrative Science Quarterly, 1972, 17 (3): 382 -394.

［184］ PORTER M E. Towards a dynamic theory of strategy ［J］. Strategic Management Journal, 1991, 12 (S2): 95-117.

［185］ PORTER M E. What is strategy? ［J］. Harvard Business Review, 1996, 86 (5): 926-929.

［186］ PORTER M E. Competitive strategy ［M］. New York: Free Press, 1980.

［187］ PORTER M E, KRAMER M R. The competitive advantage of corporate philanthropy ［J］. Harvard Business Review, 2002, 80 (12): 56.

［188］ PORTER M E, KRAMER M R. Strategy and society: The link between competitive advantage and corporate social responsibility ［J］. Harvard Business Review, 2006, 84 (12): 78.

［189］ PRENDERGAST C, STOLE L. Impetuous youngsters and jaded old-timers: Acquiring a reputation for learning ［J］. Journal of Political Economy, 1996, 104 (6): 1105-1134.

[190] PRIEM R L, LYON D W, DESS G G. Inherent limitations of demographic proxies in top management team heterogeneity research [J]. Journal of Management, 1999, 25 (6): 935-953.

[191] QUIGLEY T J, HAMBRICK D C. When the former CEO stays on as board chair: Effects on successor discretion, strategic change, and performance [J]. Strategic Management Journal, 2012, 33 (7): 834-859.

[192] RASHAD ABDEL-KHALIK A. CEO risk preference and investing in R&D [J]. Abacus, 2015, 50 (3): 245-278.

[193] REUER J J, KOZA M P. On lemons and indigestibility: Resource assembly through joint ventures [J]. Strategic Management Journal, 2000, 21 (2): 195-197.

[194] REUER J J, SHENKAR O, RAGOZZINO R. Mitigating risk in international mergers and acquisitions: The role of contingent payouts [J]. Journal of International Business Studies, 2004, 35 (1): 19-32.

[195] RICHARDSON S. Over-investment of free cash flow [J]. Review of Accounting Studies, 2006, 11 (2): 159-189.

[196] ROBINS J, WIERSEMA M F. A resource-based approach to the multibusiness firm: Empirical analysis of portfolio interrelationships and corporate financial performance [J]. Strategic Management Journal, 1995, 16 (4): 277-299.

[197] ROLL R. The hubris hypothesis of corporate takeovers [J]. Journal of Business, 1986, 59 (2): 197-216.

[198] SAIIA D H, CARROLL A B, BUCHHOLTZ A K. Philanthropy as strategy when corporate charity "begins at home" [J]. Business and Society, 2003, 42 (2): 169-201.

[199] SANDERS W G, CARPENTER M A. Strategic satisficing? A behavioral-agency theory perspective on stock repurchase program announcements [J]. Academy of Management Journal, 2003, 46 (2): 160-178.

[200] SANCHEZ C M. Motives for corporate philanthropy in El Salvador: Altruism and political legitimacy [J]. Journal of Business Ethics, 2000, 27 (4): 363-375.

[201] SCHILDT H A, LAAMANEN T. Who buys whom: Information environments and organizational boundary spanning through acquisitions [J]. Strategic Organization, 2006, 4 (2): 111-133.

[202] SCHLAG K H. Which one should I imitate? [J]. Journal of Mathematical Economics, 1999, 31 (4): 493-522.

[203] SCHLAG K H. Why imitate, and if so, how? A bounded rational approach to multi-armed bandits [J]. Journal of Economic Theory, 1998, 78 (1): 130-156.

[204] SCHOAR A. CEO careers and style [J]. MIT Working Paper, 2007.

[205] SERFLING M A. CEO age and the riskiness of corporate policies [J]. Journal of Corporate Finance, 2014, 25 (2): 251-273.

[206] SHARFMAN M. Changing institutional rules the evolution of corporate philanthropy [J]. Business and Society, 1994, 33 (3): 236-269.

[207] SHEIN J B. Reversing the slide [M]. San Francisco: Jossey-Bass, 2011.

[208] SHIRLEY M M, WALSH P. Public VS. private ownership: The current state of the debate [J]. Plos Pathogens, 2001, 10 (5): 1178-1191.

[209] SHLEIFER A, VISHNY R W. The grabbing hand [J]. American Economic Review, 1998, 87 (2): 354-358.

[210] SIMON M, HOUGHTON S M. The relationship between overconfidence and the introduction of risky products: Evidence from a field study [J]. Academy of Management Journal, 2003, 46 (2): 139-149.

[211] SIMSEK Z. CEO tenure and organizational performance: An intervening model [J]. Strategic Management Journal, 2007, 28 (6): 653-662.

[212] SNIDER D M. Dissent and strategic leadership of the military professions [J]. Orbis, 2008, 52 (2): 256-277.

[213] SOETERS J L. Value orientations in military academies: A thirteen country study [J]. Armed Forces and Society, 1997, 24 (1): 7-32.

[214] SU J, HE J. Does giving lead to getting? Evidence from Chinese private enterprises [J]. Journal of Business Ethics, 2010, 93 (1): 73-90.

[215] SUNDER J, SUNDER S V, ZHANG J. Pilot CEOs and corporate innovation [J]. Journal of Financial Economics, 2017, 123 (1): 209-224.

[216] TANG Y, QIAN C, CHEN G, et al. How CEO hubris affects corporate social (ir) responsibility [J]. Strategic Management Journal, 2015, 36 (9): 1338-1357.

[217] TANG J, CROSSAN M, ROWE W G. Dominant CEO, deviant strategy, and extreme performance: The moderating role of a powerful board [J]. Journal of Management Studies, 2011, 48 (7): 1479-1503.

[218] THOMAS A S, LITSCHERT R J, RAMASWAMY K. The performance impact of strategy-manager coalignment: An empirical examination [J]. Strategic Management Journal, 1991, 12 (7): 509-522.

[219] THOMAS A S, RAMASWAMY K. Matching managers to strategy: Further tests of the miles and snow typology [J]. British Journal of Management, 1996, 7 (3): 247-261.

[220] TU G, LIN B, LIU F. Political connections and privatization: Evidence from China [J]. Journal of Accounting and Public Policy, 2013, 32 (2): 114-135.

[221] ULRICH K T, ELLISON D J, COFF R W. How buyers cope with uncertainty when acquiring firms in knowledge – intensive industries: Caveat emptor [J]. Organization Science, 1999, 10 (2): 144-161.

[222] VENKATRAMAN N. Strategic orientation of business enterprises: The construct, dimensionality, and measurement [J]. Management Science, 1989, 35 (8): 942-962.

[223] VILLALONGA B. Does diversification cause the "diversification discount"? [J]. Financial Management, 2004, 33 (2): 5-27.

[224] WALKLING R A, EDMISTER R O. Determinants of tender offer premiums [J]. Financial Analysts Journal, 1985, 41 (1): 27-37.

[225] WALSH J P. Managerial and organizational cognition: Notes from a trip down memory lane [J]. Organization Science, 1995, 6 (3): 280-321.

[226] WANG H, QIAN C. Corporate philanthropy and corporate financial performance: The roles of stakeholder response and political access [J]. Academy of Management Journal, 2011, 54 (6): 1159-1181.

[227] WANSINK B, PAYNE C R, ITTERSUM K V. Profiling the heroic leader: Empirical lessons from combat-decorated veterans of World War II [J]. Leadership Quarterly, 2008, 19 (5): 547-555.

[228] WENG D H. Beyond CEO tenure: The effect of CEO newness on strategic changes [J]. Journal of Management, 2014, 40 (7): 2009-2032.

[229] WESTPHAL J D, FREDRICKSON J W. Who directs strategic change? Director experience, the selection of new CEOs, and change in corporate strategy [J]. Strategic Management Journal, 2001, 22 (22): 1113-1137.

［230］WIERSEMA M F, BANTEL K A. Top management team demography and corporate strategic change ［J］. Academy of Management Journal, 1992, 35（1）: 91-121.

［231］WILLIAMS R J, BARRETT J D. Corporate philanthropy, criminal activity, and firm reputation: Is there a link? ［J］. Journal of Business Ethics, 2000, 26（4）: 341-350.

［232］WONG C P W. Fiscal reform and local industrialization: The problematic sequencing of reform in post-Mao China ［J］. Modern China, 1992, 18（2）: 197-227.

［233］WONG L, BLIESE P, MCGURK D. Military leadership: A context specific review ［J］. Leadership Quarterly, 2003, 14（6）: 657-692.

［234］XIN K R, PEARCE J L. Guanxi: Connections as substitutes for formalinstitutional support ［J］. Academy of Management Journal, 1996, 39（6）: 1641-1658.

［235］XUAN Y. Empire-building or bridge-building? Evidence from new CEOs' internal capital allocation decisions ［J］. Review of Financial Studies, 2009, 22（12）: 4919-4948.

［236］YIM S. The acquisitiveness of youth: CEO age and acquisition behavior ［J］. Journal of Financial Economics, 2013, 108（1）: 250-273.

［237］YOUNG A. The razor's edge: Distortions and incremental reform in the People's Republic of China ［J］. Quarterly Journal of Economics, 2000, 115（4）: 1091-1135.

［238］ZHANG R, REZAEE Z, ZHU J. Corporate philanthropic disaster response and ownership type: Evidence from Chinese firms' response to the Sichuan earthquake ［J］. Journal of Business Ethics, 2010, 91（1）: 51.

[239] ZHANG Y, RAJAGOPALAN N. Once an outsider, always an outsider? CEO origin, strategic change, and firm performance [J]. Strategic Management Journal, 2010, 31 (3): 334-346.

[240] ZHANG Y. The presence of a separate COO/President and its impact on strategic change and CEO dismissal [J]. Strategic Management Journal, 2006, 27 (3): 283-300.

[241] ZHU D H, CHEN G. CEO narcissism and the impact of prior board experience on corporate strategy [J]. Administrative Science Quarterly, 2015, 60 (1): 31-65.

[242] ZUCKERMAN M. Behavioral expression and biosocial bases of sensation seeking [J]. Cambrige: Cambrige University Press, 1994.

[243] ZWIEBEL J. Corporate conservatism and relative compensation [J]. Journal of Political Economy, 1995, 103 (1): 1-25.

[244] ZYUNG J, SANDERS G, ZHANG A. The effects of CEO over (under) pay and relative performance on firm strategic behaviors [C]. Strategic Management Society Conference, 2014.